JN087509

Sage 質的研究キット

ウヴェ・フリック監修

4

質的研究のための
フォーカスグループ

ロザリン・バーバー

大橋靖史 [監訳]

新曜社

SAGE 質的研究キット 全8巻

1．質的研究のデザイン	フリック, U.／鈴木聡志（訳）
2．質的研究のための「インター・ビュー」	クヴァール, S.／能智正博・徳田治子（訳）
3．質的研究のためのエスノグラフィーと観察	アングロシーノ, M.／柴山真琴（訳）
4．質的研究のためのフォーカスグループ	バーバー, R.／大橋靖史（監訳）
5．質的研究におけるビジュアルデータの使用	バンクス, M.／石黒広昭（監訳）
6．質的データの分析	ギブズ, G. R.／砂上史子・一柳智紀・一柳梢（訳）
7．会話分析・ディスコース分析・ドキュメント分析	ラプリー, T.／大橋靖史・中坪太久郎・綾城初穂（訳）
8．質的研究の「質」管理	フリック, U.／上淵寿（訳）

DOING FOCUS GROUPS (2nd ed.)

by Rosaline Barbour

SAGE Qualitative Research Kit 4

編者から

ウヴェ・フリック

「SAGE 質的研究キット」の紹介
質的研究とは何か
質的研究をどのように行うか
「SAGE 質的研究キット」が扱う範囲

「SAGE 質的研究キット」の紹介

　近年質的研究は、そのアプローチがさまざまな学問分野にわたってしだいに確立され、尊重されるようにもなってきたため、これまでにない成長と多様化の時期を謳歌している。そのためますます多くの学生、教師、実践家が、一般的にも個々の特定の目的のためにも、質的研究をどのように行ったらよいのかという問題と疑問に直面している。こうした問題に答えること、そしてハウツーのレベルでそうした実際的な問題に取り組むことが、「SAGE 質的研究キット」（以下「キット」）の主な目的である。

　この「キット」に収められた各巻は、全体が合わさって、質的研究を実際に行う際に生じる中心的な諸問題に取り組んでいる。それぞれの巻は、社会的世界を質的な見地から研究するために用いられる主要な手法（たとえば、インタビューやフォーカスグループ）や資料（たとえば、ビジュアルデータやディスコース）に、焦点を当てている。さらに、「キット」の各巻は、多くの多様なタイプの読者のニーズを念頭に置いて書かれている。「キット」とこれに収められたそれぞれの巻は、以下のような広範なユーザーに役立つだろう。

- 質的な手法を使った研究を計画し実行する上で問題に直面している、社会科学、医学研究、マーケットリサーチ、評価研究、組織研究、ビジネス研究、経営研究、認知科学などの質的研究の**実践者**たち。
- こうした分野で質的手法を使用する**大学教員**。授業の基礎としてこのシリーズを用いることが期待される。
- 質的手法が、実際の適用（たとえば論文執筆のため）を含めて大学の学業訓練の（主要な）一部である、社会科学、看護、教育、心理学、その他の分野の**学部生**と**大学院生**。

「キット」に収められた各巻は、フィールドでの広範な経験をもつだけでなく、その巻のテーマである手法の実践においても豊かな経験をもつすぐれた著者たちによって書かれている。全シリーズを最初から最後まで読むと、倫理や研究のデザイン、研究の質の査定といった、どのような種類の質的研究にとっても重要な諸問題に何度も出会うことだろう。しかし、そうした諸問題はそれぞれの巻において、著者の特定の方法論的視点と著者が述べるアプローチから取り組まれる。したがって読者はそれぞれの巻で、研究の質の問題へのさまざまなアプローチや、質的データの分析のしかたへのさまざまな示唆を見出すであろうが、それらが全体として合わさって、この分野の包括的な描写を得ることができるだろう。

質的研究とは何か

質的研究のさまざまなアプローチにも研究者の大多数にも共通に受け入れられている、質的研究の定義を見出すことはますます困難になっている。質的研究はもはや、たんに「量的研究ではない」研究ではなく、それ自身の1つのアイデンティティ（あるいは多数のアイデンティティ）を発展させている。

質的研究には多数のアプローチがあるとは言っても、質的研究に共通するいくつかの特徴を確認することができる。質的研究は「そこにある」世界（実験室のような特別に作られた研究状況ではなく）にアプローチし、「内側から」社会現象を理解し、記述し、時には説明することを意図する。しかしそのやり方は実にさまざまである。

- 個人や集団の経験を分析することによって —— 経験は生活史や日常的・専門的実践と関係づけられることもある。それらは、日常的な知識や説明や物語を分析することによって取り組まれるかもしれない。
- 進行中の相互作用とコミュニケーションを分析することによって —— これは、相互作用とコミュニケーションの実際の観察と記録、およびそうした資料の分析に基づく。
- ドキュメント（テクスト、写真・映像、映画や音楽）を分析することによって、あるいはドキュメントに類した経験や相互作用が残した痕跡を分析することによって。

　このようなアプローチに共通するのは、人びとは周りにある世界をどのように作り上げるのか、人びとは何をしているのか、人びとに何が起きているのかを、意味のある豊かな洞察を与える言葉でひも解こうと試みることである。相互作用とドキュメントは、協同して（あるいは衝突しながら）社会的プロセスと社会的人工物を構成する方法と見なされる。これらのアプローチはみな意味生成の方法であり、意味はさまざまな質的手法で再構成し分析することができ、そうした質的手法によって研究者は、社会的な（あるいは心理学的な）問題を記述し説明するしかたとしての（多少とも一般化可能な）モデル、類型、理論を発展させることができるのである。

質的研究をどのように行うか

　質的研究にはさまざまな理論的・認識論的・方法論的アプローチがあること、そして研究される課題も非常に多岐にわたることを考慮するなら、質的研究を行う共通の方法を示すことはできるのだろうか。少なくとも、質的研究の行い方に共通するいくつかの特徴をあげることはできる。

- 質的研究者は、経験と相互作用とドキュメントに、その自然な文脈において、そしてそれらの個々の独自性に余地を与えるようなやり方で、接近することに関心がある。

- 質的研究は、最初から研究する事柄についての明確に定義された概念を用意し、検証仮説を公式化することを控える。むしろ、概念（あるいは、もし使うなら仮説）は、研究の過程で発展し、洗練されてゆく。
- 質的研究は、手法と理論は研究される事柄に適したものであるべきだ、という考えのもとで始められる。既存の手法が具体的な問題やフィールドに合わないなら、必要に応じて修正されるか、新しい手法やアプローチが開発される。
- 研究者は研究するフィールドの一員であり、研究者自身が、研究者というあり方でそこに臨むという点でも、フィールドでの経験とそこでの役割への反省を持ち込むという点でも、研究過程の重要な部分である。
- 質的研究は、研究課題の理解にあたって文脈と事例を重視する。多くの質的研究は一事例研究や一連の事例研究に基づいており、しばしば事例（その歴史と複雑さ）が、研究されている事柄を理解する重要な文脈となる。
- 質的研究の主要な部分は、フィールドノーツやトランスクリプトに始まり、記述と解釈、最終的には知見の発表、研究全体の公刊に至るまでの、テクストと執筆に基づいている。したがって、複雑な社会状況（あるいは写真・映像のような他の資料）をテクストに変換するという問題（一般には文字化と執筆の問題）が、質的研究の主要な関心事となる。
- 手法が研究されている事柄に適切であると考えられる場合でも、それが質的研究にとって、そして質的研究の特定のアプローチにとって適切かという視点から、質的研究の質を定義し査定する諸アプローチについて（さらに）考察されなければならない。

「SAGE 質的研究キット」が扱う範囲

- 『質的研究のデザイン』（ウヴェ・フリック）は、何らかのかたちで質的研究を使う具体的な研究をどのように計画し、デザインするかという観点から書かれた質的研究の簡潔な入門書である。それは、研究過程でそうした諸問題をどう扱うか、どう解決するかに焦点を当てることで、「キット」の他の巻に対するおおよその枠組みを与えることを意図して

いる。この本では、質的研究の研究デザインを作るという問題に取り組み、研究プロジェクトを機能させる足がかりについて概略を述べ、質的研究における資源といった実際的な諸問題について述べるが、質的研究の質といったより方法論的な問題や倫理についても考察する。この枠組みは、「キット」の他の巻でより詳しく説明される。

• 質的研究におけるデータの収集と産出に、3冊が当てられる。第1巻で簡潔に概説した諸問題を取り上げ、それぞれの手法に対して、さらに詳しく、集中的にアプローチする。まず、『質的研究のための「インター・ビュー」』（スタイナー・クヴァール）は、特定の話題や生活史について人びとにインタビューすることのもつ、理論的、認識論的、倫理的、実践的な諸問題に取り組んでいる。『質的研究のためのエスノグラフィーと観察』（マイケル・アングロシーノ）は、質的データの収集と産出の第二の主要なアプローチに焦点を当てている。ここでも実践的な諸問題（サイトの選択、エスノグラフィーにおけるデータ収集の方法、データ分析における特殊な問題）が、より一般的な諸問題（倫理、表現、1つのアプローチとしてのエスノグラフィーの質と適切性）の文脈で考察される。『質的研究のためのフォーカスグループ』（ロザリン・バーバー）では、データ産出の第三のもっとも主要な質的手法が提示される。ここでも、フォーカスグループでサンプリングやデザインやデータ分析をどう行うかの問題と、データをどうやって生み出すかに焦点が強く当てられている。

• さらに3冊が、特定のタイプの質的研究の分析に当てられる。『質的研究におけるビジュアルデータの使用』（マーカス・バンクス）は、焦点を質的研究の第三のタイプに広げている（インタビューとフォーカスグループに由来する言語データと観察データに加えて）。一般に社会科学研究ではビジュアルデータの使用は主要なトレンドになっているだけでなく、データの使用と分析にあたって研究者を新たな実際的な問題に直面させ、新たな倫理的問題を生み出している。『質的データの分析』（グラハム・R・ギブズ）では、どのような種類の質的データの理解にも共通する、いくつかの実際的なアプローチと問題に取り組む。特にコード化、比較、コンピュータが支援する質的データ分析の使用に、注意が払われ

ている。ここでの焦点は、インタビューやフォーカスグループや個人史と同じく言語データにある。『会話分析・ディスコース分析・ドキュメント分析』（ティム・ラプリー）では、言語データから、ディスコースに関連する異なるタイプのデータへと焦点が拡張され、ドキュメントのような現存資料、日常会話の記録、ディスコースが残す痕跡の発見に焦点が当てられる。アーカイヴの生成、ビデオ資料の文字化、それにこのようなタイプのデータのディスコースの分析のしかたといった、実際的な問題が考察される。

- 『質的研究の「質」管理』（ウヴェ・フリック）は、質的研究の質の問題を取り上げる。この問題は、「キット」の他の巻でもそれぞれのテーマの文脈で簡潔に触れられているが、本書でより一般的なかたちで取り上げる。ここでは研究の質を、質的研究の現存の規準を使って見たり、あるいは規準を再定式化したり新しく定義するといった角度から検討する。この巻では、質的方法論における「質」と妥当性を定めるのは何であるべきかについて現在も進行している議論を検討し、質的研究における質を高め、管理するための多くの戦略を検討することになる。質的研究におけるトライアンギュレーション戦略と、質的研究の質を高めるという文脈での量的研究の使用に、特に関心が払われている。

　本書の焦点、そしてそれが「キット」に果たす役割について概略を述べる前に、この「キット」が世に出る力添えをいただいたSAGE社の方々に感謝を述べたい。いつのことだったか、このプロジェクトを私に勧めてくれたのはマイケル・カーマイケルであるが、いざ始めるに当たって彼の示唆は非常に役に立った。パトリック・ブリンドルはこのシリーズへの支援を引き継ぎ、継続してくれた。ヴァネッサ・ハーウッドとジェレミィ・トインビーは、われわれの草稿を本に仕上げてくれた。

本書とその第2版について

ウヴェ・フリック

　フォーカスグループの使用は、市場調査から健康調査に至るまで、さまざまな分野における質的研究の主要なアプローチとなっている。これらの分野では、データ収集のためにこの方法がより実用的に、かつ体系的に使用されている。フォーカスグループは独立した手法として使用されることもよくあるが、多くの場合、他の質的手法や、時には量的手法と統合された複合手法デザインの中で使用される。また、フォーカスグループは、質的分析のためのデータ基盤として単独インタビューを使用することの強力な代替手段とも考えられている。ここでの利点は、経験や出来事に関する発言や報告を分析できるだけでなく、これらの発言や報告が生み出された相互作用の文脈も分析できることである。この方法には、データを文書化し、分析するという具体的な実践的・方法論的要求が伴う。

　本書『質的研究のためのフォーカスグループ』では、この方法を用いる際の最も重要な問題を検討している。フォーカスグループにおけるサンプリング、文書化、司会進行の実際的な問題だけでなく、倫理や、手法としてのフォーカスグループの適切な使用や誤用についての、より一般的な考察も扱われている。フォーカスグループのデータの意味を理解し、その質と分析の質を評価するための特別な問題も論じられている。本書を読めば、フォーカスグループのやり方だけでなく、なぜ、そしていつ、この方法を使うべきかについても、より深く知ることができるはずである。

　このように、「SAGE 質的研究キット」の文脈において、本書は、質的研究におけるデータ収集の主要な3つ目の方法について概説することで、クヴァールによる『質的研究のための「インター・ビュー」』、アングロシーノによる『質的研究のためのエスノグラフィーと観察』を補完している。フォーカスグ

ループは、トライアンギュレーションや混合研究法を用いた研究の一部となることが多い（Flick, 2018a）。本書では、フォーカスグループで得られたデータを分析する特別な方法についても言及している。しかし、ギブズによる『質的データの分析』やフリックによるグラウンデッドセオリーに関する本（Flick, 2018b）、ラプリーによる『会話分析・ディスコース分析・ドキュメント分析』によって補完されてもいる。質的研究のデザイン（Flick, 2018c）や質的研究の質管理（Flick, 2018d）の問題も同様である。本書は、これらについてフォーカスグループ研究に関連する具体的な問題を取り上げているのに対し、他の本は質的研究のより広範な問題に取り組む上での、より一般的な枠組みを提供している。たとえば、フォーカスグループ研究におけるサンプリングの方法と、それが比較、知見、一般化にとって何を意味するのか、この文脈における倫理的な意味は何か、などについて、さらなる示唆を得られるだろう。第2版では、『質的研究のためのフォーカスグループ』は全体的に更新・拡張され、「SAGE質的研究キット」の各巻とリンクしている。

謝　辞

　フォーカスグループ研究を行うことに関して私が知っていることの多くを教えてくれた、ワークショップの参加者、博士課程の学生、同僚に感謝いたします。

目　次

編者から（ウヴェ・フリック）——————————————— *i*
　「SAGE 質的研究キット」の紹介　　　　　　　　　　i
　質的研究とは何か　　　　　　　　　　　　　　　　ii
　質的研究をどのように行うか　　　　　　　　　　　iii
　「SAGE 質的研究キット」が扱う範囲　　　　　　　iv

本書とその第 2 版について（ウヴェ・フリック）——————— *vii*

謝　辞————————————————————————— *ix*

1 章　フォーカスグループの紹介———————————— *1*
　本書のアウトライン　　　　　　　　　　　　　　　3
　先行研究とその持続的影響　　　　　　　　　　　　8

2 章　フォーカスグループの実際———————————— *17*
　フォーカスグループの強み　　　　　　　　　　　　19
　フォーカスグループの限界　　　　　　　　　　　　22
　焦点となる主張と課題　　　　　　　　　　　　　　26

3 章　フォーカスグループの背景———————————— *35*
　フォーカスグループの位置づけ —— 哲学と方法論の伝統　36
　どの質的伝統か　　　　　　　　　　　　　　　　　38
　学問における採用と適応　　　　　　　　　　　　　43

4 章　研究デザイン———————————————————— *51*
　混合研究法デザイン　　　　　　　　　　　　　　　53
　1 対 1 インタビューとフォーカスグループの
　　どちらを用いるかを決定する　　　　　　　　　　57
　フォーカスグループを単発で行うか、繰り返し行うか　59
　電話会議とビデオ会議　　　　　　　　　　　　　　61

オンライン・フォーカスグループ　　　　　　　62

質的方法を混合する　　　　　　　　　　　　66

トライアンギュレーション　　　　　　　　　67

研究デザインの実用性　　　　　　　　　　　70

5章　サンプリング ──────────────── *79*

サンプリングの可能性を確認する　　　　　　81

質的サンプリングの原則　　　　　　　　　　83

グループ構成　　　　　　　　　　　　　　　84

グループの数とサイズ　　　　　　　　　　　85

既存のグループ　　　　　　　　　　　　　　88

比較の可能性を最大限に活かす　　　　　　　91

フィールドに戻ることと2段階サンプリング　95

6章　データの生成 ──────────────── *101*

トピックガイドを作成し使用する　　　　　102

刺激材料とエクササイズ　　　　　　　　　104

モデレータ
司会者のスキル　　　　　　　　　　　　　114

刺激材料の開発のためにフォーカスグループを用いる　122

比較の視点で考え、分析を予測する　　　　124

7章　倫理と契約 ───────────────── *127*

フォーカスグループに参加することの影響　129

デブリーフィング　　　　　　　　　　　　131

特別な考慮事項と困難な課題　　　　　　　133

8章　フォーカスグループのデータを理解する ─────── *149*

暫定的なコーディング・フレームを生成する　150

グラウンデッドセオリー　　　　　　　　　153

コーディング・フレームのモデル化と改良　157

継続的比較 ── グループ間およびグループ内の違い　161

グループ間の類似 ── 意外性を精査する　　166

リソースとしての個人的・専門的背景　　　169

9章　フォーカスグループを最大限に活かす———————————— *175*

　　相互作用とグループダイナミックスを上手に分析に活用する　　176
　　「共同分析者」としてのフォーカスグループ参加者　　178
　　複雑さを受け入れる　　180
　　理論と関わる　　183
　　ハイブリッド、または複合的アプローチ　　187
　　フォーカスグループ研究から得られた知見を提示し、活用する　　190
　　フォーカスグループで得られた知見の転用可能性　　196
　　おわりに　　199

訳者あとがき　　203
用語解説　　207
文　　献　　213
人名索引　　231
事項索引　　234

装幀＝新曜社デザイン室

ボックス

ボックス

ボックス 4.1	混合研究法の想像力に富んだ使用例	56
ボックス 5.1	人種差別事件の報告が少ない理由	91
ボックス 5.2	参加者と調査場所の選択	95
ボックス 5.3	「2 段階」サンプリングの例	96
ボックス 6.1	仮定の臨床ヴィネット	106
ボックス 6.2	カード・エクササイズの活用	107
ボックス 6.3	ランクづけエクササイズから先に進む	108
ボックス 6.4	明確化を求める	117
ボックス 6.5	手がかりを拾い上げる	121
ボックス 6.6	フォーカスグループから派生した付加的なプローブ	123
ボックス 8.1	開発中のコーディング・フレーム	155
ボックス 8.2	一見ミニマリストなコーディング・フレーム	159
ボックス 8.3	葉酸研究（Barbour et al., 2012）の分析グリッド	164
ボックス 8.4	啓発的な類似の可能性を認識する	167
ボックス 8.5	データの不在を分析する	169
ボックス 9.1	「共同分析者」としてのフォーカスグループ参加者	178
ボックス 9.2	フォーカスグループの参加者は、 一般的な言葉や概念を「問題化」する	179
ボックス 9.3	複雑さを探る —— 例 A	181
ボックス 9.4	複雑さを探る —— 例 B	181
ボックス 9.5	相互作用の文脈を研究する	182
ボックス 9.6	複雑なデータを理解するための、 ハイブリッド・アプローチ	188
ボックス 9.7	提言のためにディスコース分析を用いる	192
ボックス 9.8	詳細な提言の例	194

1章　フォーカスグループの紹介

本書のアウトライン

先行研究とその持続的影響

この章の目標

- 本書のプランを理解する。
- フォーカスグループが、その原点からどのように発展してきたか、正しく認識する。
- この方法の応用的、さらには理論的な適用範囲を理解する。
- さまざまなフォーカスグループの伝統の中でとられてきたいくつかのアプローチについて検討することにより、自身の研究にどのような利益が得られるか理解する。

『質的研究のためのフォーカスグループ』の初版刊行後、時間が経過する中で多くのことが変化した。フォーカスグループは、質的（またしだいに混合研究法の）研究キットの中で認められた方法として、今ではその地位を確立している。研究者たちは、フォーカスグループを選択したことを研究基金の提供者や研究仲間に対して正当化するために、多くの時間や労力を費やす必要はもはやなくなった。しかし、そのことは、フォーカスグループの使用がジレンマや課題から解放されたことを意味してはいない。さまざまな著者（または学問分野の代表者）により、「グループインタビュー」、「フォーカスグループ・インタビュー」、「フォーカスグループ・ディスカッション」などとさまざまな用語が採用されているが、これは、研究の目的と生成されるデータの性質や状態

に関するそれぞれ異なる前提を反映している。[訳注1]「見方」にアクセスするフォーカスグループの力量を重視するものもあり、時に、固定された「態度」の概念を特別視し、暗黙のうちにデータ収集の量的な伝統に言及しているものもある。その他の用法では、明示的もしくは暗示的に、視点や反応を共同的に構築する際に参加者間のやりとりを引き出すフォーカスグループの潜在可能性を強調し、従来の伝統に代わるモデルに焦点を当てている。(この点については、フォーカスグループ研究の「認識論的・存在論的基盤」との関連で、3章でより詳しく議論する。) 私が本書において用いる定義は、フォーカスグループの応用面での使用、理論面での使用の両者に余地を与える、十分に広いものである。すなわち、「いかなるグループ・ディスカッションも、研究者がグループの相互作用を積極的に奨励し、注意を払う限りにおいて、フォーカスグループと呼んで差し支えない」(Kitzinger and Barbour, 1999, p.20)。

　グループのやりとりを積極的に促すということは、非常に明らかなことであるが、フォーカスグループ・ディスカッションを行い、参加者が研究者や「司会者」[訳注2]とのみやりとりするのではなく、参加者間相互で語り合うのを保証することと関連している。しかし、これはまた、トピックガイドを作り上げ、相互作用を促すであろう刺激材料を選択する際に必要な準備をすること、さらには、ディスカッションが適切に行われるのに十分な共通するものをもっていながら、一方で、討論や意見の相違を許すのに十分な多様な体験や視点を有することを保証するように、グループ構成に関してなされる決定とも関連している。同様に、グループの相互作用に注意を向けることは、研究者が参加者たちの見方や強調点の違いを拾い上げ、こうした点を探索しながら、ディスカッ

[訳注1]　我が国においては、これまでフォーカスグループについて紹介した書籍では、「グループインタビュー」(安梅, 2001, 2003, 2010)や「グループ・インタビュー」(ヴォーン・シューム・シナグブ著/井下・田部井・柴原訳, 1999)といった用語が用いられてきた。「フォーカスグループ」という用語は論文においてはしばしば用いられてきたが、書籍のタイトルとして用いられるのは本書が最初である。
[訳注2]　本書末の「用語解説」の司会者(Moderator)を参照。司会者を表す英語には、moderator、chair person、host、MC等があるが、そのうち、moderatorはディスカッションの進行役として、参加者間の橋渡しや調整の役を果たす者を指す。フォーカスグループにおいては重要な役割を果たしていることから、誤解を招くことを避けるため、敢えてふりがな(「モデレータ」)を表記した。

ションを司会するプロセスに関連しているが、また、グループの相互作用、す
なわち、グループダイナミックスやグループが行っている活動に注意を払うこ
との重要性とも関連している。同意を形成しつつあるのか、説明枠組みが作ら
れつつあるのか、ヘルスプロモーション（健康増進）のメッセージを解釈して
いるのか、あるいは、競いあう優先度を勘案しているのか等々である。本書の
以下の章は、フォーカスグループの運用、生み出されたデータの分析といった、
研究デザインのすべての面にアドバイスすることに関わっている。

　以前編集した本で、私たち（Kitzinger and Barbour, 1999）は、多くの研究
者がフォーカスグループを「適合させる（adapting）」より、むしろ、事務的
に「採用している（adopting）」と論じたが、それからほぼ20年を経ても、い
くつかの領域ではこの状態は変わっていない。

　初版と同様に、以下に続くアドバイスは、質的研究を「手作りの技能（クラフトスキル）」
（Seale, 1999）と捉えており、また、フォーカスグループのある推進者にはう
まく機能するものが、他の者の場合には機能しない可能性があるということを
認識する文脈において提供される。おそらく、それは自身の特性（性別、年齢、
民族）、あるいは学問的性向（元々のトレーニングや理論学習）、また、概念的
アプローチ（個々人が学習、理論化、および推論にどのように取り組むか）に依
存するだろう。同様に、特定の研究プロジェクトの要件に対処するために開発
されたアプローチは、データ生成の目的が異なったり、他のグループの人びと
が関わっているため、異なるプロジェクトにうまく移行できない場合がある。

　本書は、マニュアルを意図しているのではなく、フォーカスグループの思慮
深い想像的な使用が促進されることを目指している。現実生活の研究プロジェ
クトに関連づけながら問題を文脈の中に位置づけ、ジレンマを描き出すことを
通して、本書は可能性をもつ——時には部分的な——解決と、少なくとも「急
場しのぎの解決策」をとることに対して注意を喚起することを目的としている。

本書のアウトライン

　章立ては、大まかに直線的に並んでおり、まずフォーカスグループ研究の哲
学的土台と、それが主要な質的研究の伝統との関連においてどこに位置づけら

れるかについて検討し、次に、研究デザインの問題に関わるプロセス、フォー
カスグループの立案と運用、データを生み出すコツ、分析を含む、書き上げる
までの諸段階の探究へと進む。しかしこれは、研究においてフォーカスグルー
プを使用するわざが、ひと続きの段階からなると見るべきことを意味してはい
ないことは、強調する必要がある。むしろこのプロセスは、あらゆる質的研究
と同じように、反復するプロセスである。理論化は、リサーチクエスチョンを
立てるところから始まるが、サンプリングの決定はまた、実行可能な比較を予
期しながら、理論にもとづいて形成される。暫定的な解釈や分析は、データが
生成されている時点ですでに始まっており、分析と書き上げる作業は手を取り
合って進んでいく。

　最初の3つの章では、フォーカスグループ研究の文脈について説明する。そ
の最初は準備の章である。フォーカスグループ研究の先行研究をたどり、こ
の方法の適用に与えた持続的影響を示し、使用における多様なモデルがどのよ
うに学問上の関心事を補完し、促進し、あるいは実際にそれらに挑戦している
かを見る。次の2章では、適切な使用と不適切な使用とを対比させながら、
フォーカスグループに特有の利点と限界を詳細に見ていく。そして、フォーカ
スグループとその力量についてのさまざまな主張について批判的に検討し、ま
たこれまでなされてきた批判について見ていく。3章では、フォーカスグルー
プ・アプローチの哲学的土台に関してしばしば見過ごされてきた問いと、その
質的研究の伝統の中での位置づけを扱う。そして、さらに学問においてフォー
カスグループがどれほど幅広く使用されているかを調べ、フォーカスグループ
研究をこの広い文脈に位置づける。

　本書の中間部では、フォーカスグループ研究の計画と立ち上げについて扱
う。研究デザインは4章の主題であり、そこでは、1対1インタビューを用い
るかフォーカスグループを用いるかの決定、および、**混合研究法**の中でフォー
カスグループを用いることの可能性と難しさについて見ていく。それから、研
究状況の選択、司会者とグループのマッチング、参加者の募集、また、トラン
スクリプションについての決定（と、この決定に関連した要件）といった、実
際的問題について論じる。この章ではまた、問題となる可能性のあるグループ
ダイナミックスの扱い方について、いくつかのヒントを与えている。効果的な
サンプリングは、フォーカスグループの成功と、比較可能性を決定づける鍵で

あり、5章はこのトピックに当てられている。まず、どのように潜在的なサンプリング集団を同定し有効に用いるかについてのアドバイスから始まる。質的サンプリングの原則を概観し、また、グループの構成、グループの数と大きさ、**2段階サンプリング**、比較可能性について考察する。広範囲にわたる研究プロジェクトからの事例を提供し、思いがけない発見の役割も確認される。サンプリングについて決定し、運用可能にするには倫理的問題が含まれることから、既存のグループを使用することの利点と欠点についても論じる。6章では、取り組んでいるトピックに密接に関係する豊かなデータが確実に生み出されるようにするための効果的なトピックガイドの作成や、適切な**刺激材料**とトレーニングの選択に関してアドバイスする。視覚材料の役割と（研究者もしくは参加者による）プロジェクトに特有な材料を生み出すことが探究される。司会者（モデレータ）のスキルが強調され、新たな方向から問いや概念を探究することについて、いくつかの手引きを提供する。2段階サンプリングを行う上での5章の推奨を受けて、「フィールドに戻す」際に使うことができる刺激材料を作るためにフォーカスグループを使用することに関する手引きをいくつか提供する。最後に、この章では、データを生成しているさなかにあっても、比較という視点で考え、分析を見通すことの必要性が強調される。章を通して、広範囲にわたる例が提供される。

　倫理的問題は、研究プロセス全体を通じて、実際的な問題と密接に関連している一方で、独立して注意を払うに値することから、7章は倫理と契約に関わっている。研究に際しての努力における相互性、参加することの影響、**デブリーフィング**の重要性について見てゆく。子どもたち、高齢者、障害者といった社会的に脆弱な立場におかれているグループが参加する際の諸問題や、異文化間研究といった難しい問題に特別な注意が払われている。最後の2つの章（8章および9章）は、フォーカスグループのデータを分析する際に必然的に伴う複雑なプロセスを扱う。8章は、暫定的な**コーディング・フレーム**をどのように作成し洗練させるかについての手引きを提供し、舞台を整える。コーディング・フレームの例をいくつか挙げ、参加者の洞察が確実にコーディングに反映されるようどのように保証するか、また、より豊かでより分析的に情報量の多いコーディング・フレームを生み出すために、差異をどのように使用するかに関する示唆も与えられる。フォーカスグループ研究者は、グループ

間とグループ内の両方の比較を組織的に行うことが奨励される（Flick, 2018b; Gibbs, 2018 参照）。分析において、個人的背景や職業上の背景をリソースとして用いることとともに、グループ間の類似性を同定し、調べることの重要性も強調される。9 章は、参加者間のやりとりやグループダイナミックスをいかに分析的に有効に使用するかも含めて、さらなる分析上の課題を扱っている。フォーカスグループ参加者の洞察の活用のしかたについて考察するとともに、彼らの「共同司会者／分析者」としての潜在的な役割について論じる。フォーカスグループの可能性のすべてをどのように引き出すかを深く考えるとともに、この章では、どのように理論と効果的に関わるかに関する手引きも提供している。そして、リサーチクエスチョンとフォーカスグループの用い方の両者を形作る、学問的関心と方法論上の選好に関する問題について再考し、非常に異なる使用の実際例が提示される。理論と関わるということは、理想的には、研究者がフォーカスグループの中で言われていることを理解する理論的枠組みに全力で取り組むだけでなく、既存の理論やモデルを吟味するために、そしてそれらのどこが改訂・拡張され、あるいは、実際に結合される必要があるかを同定することに関わるべきである。このような開かれた態度は、分析アプローチへと広げることが可能であり、そして混成の、あるいはまさに複数の要素で構成されたアプローチの可能性が、ここでも実際例とともに探究される。この章では、理論化された説明を作り出すために、純粋に記述的な説明を超えるフォーカスグループのデータ分析の潜在可能性が強調される。そうした後、フォーカスグループの知見を提示する（また公刊する）際の諸問題について概観し、フォーカスグループの知見の転用可能性について論じる。ここでもまた、比較を行う視点の力が強調されるが、これにより知見が適切に文脈化されるのである。最後に、新たな発展の可能性について探究し、フォーカスグループ研究者が、新たな可能性や新たな応用や協働の潜在可能性に注目し続けるよう推奨される。しかしながら、そうした先駆的なアプローチと並んで、新たなスキルを発展させ、すでに確立された実践や慣習を再考することの潜在的な必要性に留意し続けることの重要性も強調される。

コミュニティ開発と参加型アプローチは、（専門的実践の研究を含む）他のさまざまな文脈におけるフォーカスグループの使用に影響を与え、研究者と研

究対象者との関係やフォーカスグループの知見が用いられる最終的な活用に関する重要な議論を活発化させてきた。その間に、人びとに力を与え、より真正性のあるデータを提供するフォーカスグループの力量について、いくつかの過度な主張がなされてきた。これらすべてについて、批判的に精査する必要がある。

　社会科学にもとづく多数の専門誌に掲載されている膨大な数のフォーカスグループ研究から、特定の研究を選び出してコメントするのは難しい。また、選んだ事例は、必然的に、持続的なものも一時的なものも含めて、私自身の特有な興味を反映している。しかしながら、社会学者、犯罪学者、心理学者が実際に取り組んだトピックの広がりを感じ取っていただくため、私は（事例を詳細に提示するという意味で）いくつかの研究に集中し、それらを後続の章で特定の問題について例示するために用いた――それらは、革新的なサンプリング、想像力に富んだ研究デザイン、よく考慮されたデータ生成のアプローチ、理論にもとづいた思慮深いデータ分析、あるいは、変化をもたらすために実務家、一般の人びとや政策立案者に参加してもらった研究に関係している。取り上げた実例は次のようなものである。

- ブラジル南部の労働者階級の思春期の少女がHIV／AIDSに関して抱く性的リスクの理解についての、デ・オリヴェイラ（de Oliveira, 2011）の研究。
- 科学技術研究の分野で、新興技術に対する市民の視点を研究するために、カードを使った課題を開発した、フェルトら（Felt et al., 2014）の研究。
- デンマークの若者の薬物リスクに対する認識を研究するために、より伝統的なデータ生成アプローチを強化・拡張し、また、やりとりの中で何が起こっているかに細心の注意を払うことで非常に精妙な説明を作り出した、ディマントとレイヴン（Demant and Ravn, 2010）の研究。
- チリの集合的記憶サイトを研究するために革新的なアプローチをとった、エスピノザとパイパー（Espinoza and Piper, 2014）の研究。
- スウェーデンに住む国際養子の体験談を理解するために、一見単純だが分析的に豊かなコーディング・カテゴリーを開発した、リングレンとネルソン（Lindgren and Nelson, 2014）の研究。

- デンマークの若者がアルコールについてディスカッションする仲間内での社会的資本の働きと、これらの作用がどのように規範に影響を与えたかについて考察した、ディマントとヤルヴィネン（Demant and Järvinen, 2011）の理論にもとづいた研究。
- フィラデルフィアで精神保健に関連した時間や行動的事件の取り締まりについて研究するため参加型のアクションリサーチ・アプローチをとった、ウッドとビーアシュミット（Wood and Beierschmitt, 2014）の研究。

先行研究とその持続的影響

　しかし研究者は、自分たちの研究分野内でフォーカスグループ使用のオーソドックスとして受け入れられるようになった先行研究や、これらがこの方法の発展においてどのように作用し、機会を提供すると同時に制約を設けたかに、気づいていないかもしれない。これが、序章としての本章の後半部のトピックである。フォーカスグループが無批判に取り入れられるなら、革新的な実践の発展が制約されるかもしれない。しかし、歴史的な評価を行うならば、研究者は、フォーカスグループ使用のこれまでの豊富な遺産を、選択的かつ建設的に使用することができ、研究デザインに対するさまざまなアプローチを支える諸仮定を批判的に評価し、リサーチクエスチョンを立て、フォーカスグループを計画・実行し、データを生成・分析し、知見を提示・使用することが可能になる。

　フォーカスグループの可能性と、それがもたらす課題をよりよく理解するために、そしておそらくは、いくつかの建設的な応答を生み出す手助けをするために、簡単に現在も実践に影響を与えているフォーカスグループ研究の起源をたどることには価値がある。

　フォーカスグループは最初、コロンビア大学の応用社会研究部門（the Bureau of Applied Social Research）において、公共放送に対する反応を測定するために開発され（Merton and Kendall, 1946）、すぐに、放送、マーケティング、世論調査に熱心に採用された（Kidd and Parshall, 2000）。これらの使用は、放送、マーケティング、世論調査といった確立された分野で継続しているが、

興味深い新たな姿も現れている。最近の例としては、放射線テロリズム後の一般市民とのコミュニケーション計画を立案するために、フォーカスグループが使用された（この手法が公共放送に起源があることの影響を受けている）(Pearce et al., 2013)。また、オハイオ・ノーザン大学法学部のメンバーが最近実施した、雇用主が新卒者に何を求めているかを調査したマーケティング的な使用も注目に値する（Wawrose, 2013）。デザインの分野では、マーケティングアプローチを用いたフォーカスグループが頻繁に採用されており、プロトタイプが目的にかなっているかを確認するために、ターゲットとする聴衆メンバーが用いられている。

　多くの研究者が、特定の有権者の「見方」や「態度」を引き出すために、フォーカスグループが使い続けられており、それは、これらに限られるわけではないが、とりわけ保健・社会福祉研究の分野において、タイトルにこれらの単語が入っている学術論文が非常に多いことが証明している。こうした分野では、サービス――たとえば、中国系アメリカ人の移民女性に対する乳ガン検診（Lee-Lin et al., 2013）、アメリカの田舎に暮らす黒人男性に対する口腔ガン検診（Howell et al., 2013）など、スクリーニングのための検診プログラム――の恩恵を受けない住民の特定集団（しばしばマイノリティの民族集団）の見方を引き出すために、フォーカスグループがしばしば採用されてきた。これは、市場細分化を研究するためのマーケティングアプローチや、ある特定の顧客グループをターゲットとすることの可能性を反映している。（このような使用のいくつかについては、次章で再び取り上げる。）これらのプロジェクトの多くは、医学や看護学の研究者と社会科学者（主に医療社会学者、健康心理学者、医療人類学者）が協働している。

　保健サービス研究における応用の中には、フォーカスグループの使用をさらに一段階進めて、適切で効果的な介入計画を立てるために、サービス利用者（または、しばしば、非利用者）の視点にアクセスすることを目的としているものもある。フォーカスグループは、教育プログラムの開発に情報を提供するのに特に適している（たとえば、ソングら（Song et al., 2014）は、フォーカスグループを用いて統合失調症患者とその介護者のための心理教育プログラムを設計した）。ボトルフら（Bottorff et al., 2014）は、この方法を用いて、タバコへの暴露と乳ガンとの関連性に関するアボリジニの若者向けメッセージを作成した。

（こうした使用から生じる問題のいくつかについては、2章でさらに論じる。）

　フォーカスグループの発展におけるもう1つの重要な要素は、1940年代に主としてロンドンのタヴィストック研究所のスタッフによって行われた組織研究と開発における使用であった。しかしながら、マーケティングリサーチと同様に、調査された問題の大部分は、彼らがコンサルタントとして顧客ベースのサービスを効果的に提供する企業によって定義された。ケヴィンとウェブ（Kevern and Webb, 2001）が指摘するように、産業界（もちろんマーケティングも含んで）の目的は学術研究者の目的とはいくぶん異なるため、このことは、独自の組織フォーカスグループ・アプローチの出現を妨げた。とはいえ、質的研究の研究者の中には、とりわけ大規模臨床試験の後援の下でフォーカスグループを実施している場合、研究コンサルタントの状況と似ていなくもない状況にあると気づく者もいるだろうし、学際的な作業は、それ自体の重要な課題を生じさせる。臨床家／実践家と社会科学者がフォーカスグループ研究にアプローチする際のレンズがまったく異なることが、データの解釈と分析の過程で明らかになる（ただし、これは建設的に扱えば、データの意味を理解するための貴重なリソースとなりうることを、分析に関する後の章で論じる）。

　とりわけ看護と医療の専門家は、タヴィストック研究所の研究コンサルタントを雇用した組織と非常に類似したアプローチで、問題があると考えられてきた臨床実践の領域に関して「トラブルシュート」するために、フォーカスグループを使用してきた。これには、たとえば、会陰切開術（エ゙ピ゙ゾドミ゙ー）の実施（Wu et al., 2013）など、特定の問題に関連した臨床的意思決定の研究が含まれる。フォーカスグループは、新たな医療処置の提供を計画するためにも用いられてきた（Lane et al., 2011：このケースでは最初の皮質内視覚人工装具）。

　これらの研究活動は、たとえば、地域看護における政策の実施（Haycock-Stuart and Kean, 2013）、労働および配送の文脈における事故報告（Waters et al., 2012）といった、管理の問題にも拡大している。デザイン分野のリードに続いて、より最近では情報システムの研究者も、彼らに特有の問題に取り組むために、フォーカスグループの使用を発展させており（Belanger, 2012; O'hEocha et al., 2010）、また、ウェブデザイン研究を進めるために活用されている（Küster and Vila, 2011）。

　マーケティングやビジネスモデルとは非常に対照的に、多くの研究者（やは

り、圧倒的に保健・社会福祉の分野）は、公平性とエンパワメントに関して深く抱いている信念に従ってフォーカスグループを使用し、また、周縁に追いやられているグループやその貢献があまり顧みられることがないグループに「声^{ヴォイス}を与える」[訳注3]ことを求めてきた。こうした一連の研究は、変化をもたらすという最終的な目的（意識を高める、障壁を特定し公表する、政策立案者と一緒に取り組む、など）をもって、コミュニティ開発の提供するモデルを大いに利用してきた。このアプローチは一般的に、ブラジルの教育学者フレイレ（Freire, 1972）が提唱したある種の「対話的研究法」を採用しようとする。パディリャは、「対話的研究における研究者の本質的な役割は、対象者のための、対象者による知識の生産を促進することにある」（Padilla, 1993, p.158）と論じ、研究する者とされる者との間の権力関係に関する慣習的な仮説に挑戦している。こうした伝統におけるプロジェクトの中には、コミュニティのメンバーを共同研究者として関与させるものもあり、これは彼らを、フォーカスグループのファシリテータや共同司会者^{コ・モデレータ}[訳注4]（たとえば、Littlechild et al., 2015）、さらにはデータ分析者（Makosky-Daley et al., 2010）として活動させることになる。こうした参加型研究モデルは、マイターら（Maiter et al., 2013）が「共有された批判的意識」と述べたものを発展させるために実施された、少数民族グループを対象にした多くの研究を支えてきた。このアプローチは、フェミニスト研究者の方向性とよく一致しており、一部の者は、フォーカスグループは本質的にフェミニストの方法であると主張しているが、ウィルキンソン（Wilkinson, 1999）は、これはおそらく若干誇張しすぎであると述べている。しかしながら、こうした多くのプロジェクトは、女性に焦点を当てたものであり、たとえば、最近ではタイで女性の織工のセルフケアを強化しようとしたプロジェクトがある（Nilvarangkul et al., 2013）。フォーカスグループはまた、さまざまな状況において社会から取り残された多くのグループに声^{ヴォイス}を与えるためにも採用されてきた。たとえば、視覚障害のある子どもたちの視点を引き出すことを目指し

［訳注3］　「声」という概念は、ミハイル・バフチン（Mikhail Bakhtin）による人格としての声・意識としての声にもとづく（ワーチ, 1995等）。そうした概念を含む単語として、本書では「ヴォイス」とふりがなを付記することとした。
［訳注4］　参加者の発言を促したり、話をまとめたりすることで、話し合いを進める役割の人を指す。

たカドカらの研究がある（Khadka et al., 2012）。

　実務家−研究者はまた、コミュニティ開発と組織研究モデルの要素を融合させ、実践の特定の側面に取り組むために、専門家仲間とともにアクションリサーチを実施している。たとえば、ジンボら（Jimbo et al., 2013）は、大腸ガンのスクリーニングのためのウェブベースの双方向意思決定支援ツールを使用することに関して感じる障壁と促進要因を明らかにするために、プライマリケア医と医務室スタッフと一緒にフォーカスグループを開催した。一方ファーディとジェフス（Fardy and Jeffs, 1994）による事例は、一般診療／家庭医療における閉経管理に関するコンセンサス・ガイドラインを開発するアプローチの一環としてフォーカスグループを使用し、現在までで最も詳細な説明を提供している。

　このような使用例のほとんどは保健・社会福祉分野から来ているが、ボルチモアにおける参加型プロジェクトでは、都市部の消防団員募集プログラムの実施に関する情報を得ることを目的として、消防組合幹部と消防士に対する調査が行われた（Frataroli et al., 2012）。またフィラデルフィア市は、ウッドとビーアシュミット（Wood and Beierschmitt, 2014）が指摘するように、刑事司法制度に関する実験的な歴史に特徴があり、彼らは、精神的・行動的健康事案を取り締まる実践に取り組むために参加型アクションリサーチのアプローチを用いた。

　ここでも、コミュニティ開発アプローチにもとづいて、研究者と参加者の間の権力の違いに取り組むことへの関心に呼応して、専門的な実践や方針に情報を与えたり、あるいは変えたりするために、フォーカスグループは、患者やクライアント、コミュニティのメンバーと協働することを求めるアクション指向のプロジェクトでしばしば採用されてきた。そうした例として、マコスキー＝デイリーら（Makosky-Daley et al., 2010）の研究が挙げられる。彼らは、カンザス州とミズーリ州のアメリカインディアンを対象に、乳ガンおよび大腸ガンのスクリーニングに対する障壁、および、健康関連の情報を得るためのインターネットの使用について調査した。もう１つの例として、保健サービスと政策の影響を評価するために、高齢者（黒人や少数民族のメンバーや認知症の人びとを含む）と関わった、リトルチャイルドら（Littlechild et al., 2015）による研究がある。（これらのプロジェクトについては、フォーカスグループがもたらす具体的な利点と関連させて、次章でさらに議論する。）

政策立案者とのコミュニケーションや、さらには協働作業によい効果をもたらすために、フォーカスグループを用いてきた研究者もいる。その例として、アリゾナ州の水資源政策担当者の見解を引き出した、ヴテックら（Wutich et al., 2010）の研究がある。一般市民の持続可能性と日常的な実践に関する研究という文脈で、プラデスら（Prades et al., 2013）は、アクションリサーチのアプローチを通じて、政策立案者たちを巻き込もうと努めた。

　フォーカスグループを用いたさまざまな利用をこのように簡単に整理してみてもわかるように、確かでしっかりした1つの方法があるわけではない。しかしながら、研究者が、これらの非常に異なる伝統から与えられるそれぞれの利点を考慮することなく、不用意にフォーカスグループを採用するなら、その可能性を見逃してしまうだろう。たとえば、マーケティングリサーチ・マニュアルを介して提供される助言は、他の文脈におけるフォーカスグループ研究のある側面に関しては助けとなるかもしれないが、その方法が異なる目的を達成するために採用される場合には、あまり適切ではないかもしれない。

　マーケティング研究者や政治世論調査者は、フォーカスグループから得た調査結果を住民全体について推測するために、「掛け合わせ」ようとするが（Asbury, 1995）、一方、フォーカスグループを使った保健・社会福祉や社会科学の試みは、一般的にはるかに小規模に実行され、統計的な一般化ができないサンプリング技法に頼っている（5章参照）。また、保健・社会福祉分野で実施される研究の多くは参加者の視点を引き出すことに関わっており、その焦点は、聴衆の反応が肯定的か否定的かを単に確認することはあまりなく、これらの視点の背後にある理由を引き出すこと、すなわち、誰が特定の視点をもち、それはなぜなのか、また、最終的には、態度がどのように形作られるのかを引き出すことにある。したがって、保健・社会福祉の研究者は、マーケティングの教科書が提供するサンプリング方略を超えて（5章の議論を参照）、代わりに、「代表的」サンプリングの概念を乗り越えるアプローチを探索することが賢明だろう。ここで研究者は、フォーカスグループのコミュニティ開発への適用から重要な教訓を得ることができるだろう。そこでは、認識がさまざまに異なったレンズによって与えられ、「コミュニティ」や社会状況のさまざまなセクターはそれらのレンズを通して出来事を見るのであって、どれだけ多くの人びとが関与しているか、あるいは、彼らがより広範な集団の中でどれだけ「代

表的」であるかにかかわらず、研究者がこれらの異なる層の人びとと話し合う必要性、あるいは、単に彼らの視点を反映する必要性に留意すべきであることを示している。

プフタとポター（Puchta and Potter, 2002）は、「態度」とは実際には、ある種の見解をもっていると公言する人びととの、一連の分析的決定の結果であると論じている。これは、こうしたプロセスを解きほぐし、「態度」がやりとりを通じてどのように明確化され、競われ、防衛され、認められ、修正されるかをより深く理解する、フォーカスグループの力量をよく示している。多くの研究で採用されている質問票を使用する研究で大切に祭られている見解の測定という概念から離れ、代わりに、一貫性の欠如や矛盾を許容しながら、関係しているであろう多様な意味の陰影を探究するのである。グループ・ディスカッションのこうした特徴を利用したフォーカスグループの使用法は、最終的には、より複雑ではあるが、より有益な洞察の提供を可能にし、よりニュアンスに富んだ説明を生み出す（分析については、8章および9章の議論を参照）。さらに、コミュニティ開発アプローチは――グループ内でのやりとりの内容やプロセスに注意を払う他のアプローチも――、このような複雑さに対処するのにより一層適しており、「混乱し散らかったもの」を、分析者にとってのフラストレーションの源、もしくは「ノイズ」としてよりむしろ、データとして扱うのである。

同様に、フォーカスグループ使用の組織モデルでは、患者や顧客の関心よりも、雇用主や専門家の関心を優先する傾向がある（このトピックについては、2章で再度触れる）。このことは、なぜ研究が行われているのか、誰がそれを委嘱したのか、また、それは最終的に誰の利益になるのかに関連した、一連のさまざまな疑問を提起する。繰り返しになるが、このようなトピックは、コミュニティ開発の文献の中でより十分に扱われており、特に変化をもたらすことに向けられた研究ではない場合でも、そこでの議論から重要な洞察を得ることができる。

これらさまざまなモデルによるフォーカスグループの使用に対する多様なアプローチがもたらす無数の可能性に話を戻すならば、それぞれが研究者に提供できる何かを潜在的に有している。しかしながら、異なる文脈で与えられる助言を無批判に受け入れるならば、それに伴う緊張や困難を単に悪化させること

に役立つだけである。フォーカスグループ研究を行うにあたっての、正しい方法も間違った方法もない。しかしながら、異なるさまざまなフォーカスグループの伝統の中からアプローチや要素を選択する際の考え方次第で、思慮の足りないやり方にも、よりよく考えられたやり方にもなる。研究者は、自分の好みのアプローチを自由に適用したり、借用したり、組み合わせたりすることができるが、こうしたアプローチと今取り組んでいるリサーチクエスチョンとの間の適合性に常に留意すべきである（Kitzinger and Barbour, 1999）。ハイブリッドなやり方の開発はまったく差し支えないし、フォーカスグループの最も革新的な使用、そして、最も洞察に富んだデータと分析をもたらす可能性さえある。モーガンとボトルフ（Morgan and Bottorff, 2010）が薦めているように、研究者は、自分たちに役立つものを見つけ、「そのプロジェクトの目標に合ったフォーカスグループの用い方を選択する」（p.579）べきである。しかしながら、これは言うだけなら簡単であるが実行するのは難しい。次の2つの章では、フォーカスグループの利点と潜在的な欠点を比較検討し、また、哲学的・方法論的・学問的伝統との関連において自らの使用法がどこに当てはまるかを見極めた上で、フォーカスグループ研究者がよく考えて選択できるようにすることに取りかかる。

▉ キーポイント

- 提供されているさまざまなフォーカスグループの「伝統」の中から、選択的に利用することができる。
- 選択は、調査の目的、使用可能な資金や、研究を実行するために使える時間に依存する。
- 自らの研究の文脈において、使用可能なアドバイスを批判的に評価すべきである。
- ハイブリッド・アプローチは、研究の目的に合っていれば有効である。

さらに学ぶために

以下の文献は、本章で述べたフォーカスグループへの最初の導入を拡充してくれるだろう。

Bloor, M., Frankland, J., Thomas, M. and Robson, K. (2001) *Focus Groups in Social Research*. London: Sage.

Kitzinger, J. and Barbour, R. S. (1999) 'Introduction: The challenge and promise of focus groups', In R. S. Barbour and J. Kitzinger (eds.), *Developing Focus Group Research: Politics, Theory and Practice*. London: Sage, pp.1-20.

Macnaghten, P. and Myers, G. (2004) 'Focus groups', In C. Seale, G. Gobo, J. F. Gubrium and D. Silverman (eds.), *Qualitative Research Practice*. London: Sage, pp.65-79.

訳者補遺

安梅勅江 (2001)『ヒューマンサービスにおけるグループインタビュー法——科学的根拠に基づく質的研究法の展開』医歯薬出版.

上野啓子 (2004)『マーケティング・インタビュー——問題解決のヒントを「聞き出す」技術』東洋経済新報社.

ヴォーン, S.・シューム, J. S.・シナグブ, J.／井下理（監訳）／田部井潤・柴原宣幸（訳）(1999)『グループ・インタビューの技法』慶應義塾大学出版会.［Vaughn, S., Schumm, J. S. & Sinagub, J. M. (1996) *Focus Group Interviews in Education and Psychology*, Thousand Oaks, CA: Sage. の訳］

2章　フォーカスグループの実際

フォーカスグループの強み
フォーカスグループの限界
焦点となる主張と課題

この章の目標
- フォーカスグループに特徴的な利点を理解する。
- フォーカスグループに関する主張を批判的に検討する力を身につける。
- 欠点と潜在的なリソースを区別することができる。
- フォーカスグループの適切／不適切な使用法について理解する。

　フォーカスグループを採用することがもたらす機会とその潜在的な落とし穴を吟味するため、過去、そして現在行われているフォーカスグループの力量と、その使用が研究者 —— 初心者であれ、経験豊富な研究者にとってさえ —— に与える課題に関する議論を再検討することは有用である。これが、本章の最初の節の主題である。

　具体的にどのようなアプローチが採用されるかにかかわらず、フォーカスグループには、アクセスできる参加者という点でも、取り上げることができるトピックという面でも、取り組みを広げようと模索している研究者にとって、とりわけ魅力的な特質がある。この章ではまず、特定の学問分野ないしは専門家にとって、フォーカスグループを効果的なツールにする、この方法の強みに光を当てる。また、ある種の問いを扱いやすくするフォーカスグループの側面についても検討する。

次に、フォーカスグループの主要な性質として、「届きにくい」人びとや社会的に脆弱な立場におかれている人びとにアクセスする可能性、「扱いが難しい」あるいは「デリケートな」トピックを扱うことに適していること、急速に展開する状況に対する反応を捉える力量などが示される。さまざまな研究領域にわたるこのような適用例を示す。

　次に、この章では、記述的研究の限界や、ソーシャルマーケティング・アプローチ[訳注1]によって引き起こされるいくつかの論争を含む、潜在的な諸問題に光を当てる（なお、こうしたアプローチでは、フォーカスグループによってもたらされる潜在可能性を利用することがしばしばある。最も一般的には、ヘルスプロモーションのメッセージの届く範囲を、「届きにくい」人びとや頑強な反対者たちにまで拡大するために利用されている）。これはいくつかの難しい問題を生むが、コミュニティ開発モデルによって提供される洞察の利点がここでも強調され、そうした問題にいかにより適切に対処するかを示唆する。フォーカスグループは、出来事の展開に対応した研究者の関与という点で迅速な対応を可能にするであろう一方で、（特に、この方法の経験がほとんどない研究者に使用される場合）、場当たり的に使用されてしまう危険性もある。しばしば見過ごされがちな、フォーカスグループをどのように使用するかを決定する際の研究者の性向と関心の役割についても、ここで触れる。研究者が経験する困難のいくつかは、（すでに述べたように、不合理な期待といった）誤解の結果であり、フォーカスグループの不適切な使用（「ナラティヴ」を引き出す、「態度」を測定する、データへの安易で、「手っ取り早く不正な」経路を提供する等々）につながる可能性がある。こうした後者のアプローチには、研究デザインへの注意の欠如によって生じる問題があることが強調される。

［訳注1］　マーケティングの諸概念や技法を社会的な目標達成に役立てること。

フォーカスグループの強み

「届きにくい」人びとへのアクセス

　フォーカスグループは、主に形式ばらないと認識されていることから、調査の網の目や、サービスを受けられる人を募集することに頼る研究をすり抜けてしまう人びととつながる力量の点で評価を得てきた。フォーカスグループは、少数民族グループ（Chiu and Knight, 1999）、移民（Ruppenthal et al., 2005）、路上生活する若者（Ferguson and Islam, 2008）といった、「届きにくい」と見なされる集団にアプローチしようとする研究者に決まって選択される方法であった。もちろん、クルツ（Kurtz, 2005）が研究した HIV 感染率が高い環境に住んでいるゲイの薬物使用者や、視覚障害のある子どもたち（Khadka et al., 2012）のように、いくつかの属性の点から周縁化されているグループもある。フォーカスグループは、特に、ある集団が他の集団と区別される共通の属性や経験を反映するように集められる場合には、「数的安全性」^[訳注2]が用意され（Kitzinger and Barbour, 1999）、参加者により率直さを促し（Krueger, 1994）、通常は語られない論点について話す機会を与えることができる。より最近では、潜在的にスティグマとなりうる皮膚疾患をもつ若年成人（Fox et al., 2007）、生まれつき片腕しかない子どもや青年（de Jong et al., 2012）、ゲイやバイセクシュアルの青年（Ybarra et al., 2014）といった構成員を含むよう研究の及ぶ範囲を広げるために、オンライン・フォーカスグループが採用されている。（オンライン・フォーカスグループについては、研究デザインについての 4 章で詳しく説明する。）対面でもオンラインでも、フォーカスグループは、どちらかといえば自らの視点や経験を詳しく説明することに消極的な回答者と研究者がつながることを可能にするだろう。

[訳注2]　フォーカスグループでは複数の参加者が参加することで、1人では声を上げにくいマイノリティの人たちであっても、比較的安心して発言することができること。

社会的に脆弱な立場におかれている人びととの関わり

　これには、特定の経験や属性の結果として特に脆弱な立場におかれている潜在的な参加者が含まれ、彼らの多くは、調査やインタビューといったより伝統的な方法を使ったのでは、届きにくいと考えられる。フォーカスグループの研究者は、学習障害者（Kaehne and O'Connell, 2010）や、脳性麻痺、二分脊椎、嚢胞性線維症の子どもたち（Nicholas et al., 2010）、自殺未遂者（Ghio et al., 2011）、重度の精神疾患をもつ人たち（Whitley and Campbell., 2014）などと関わることに、かなりの成果を上げてきた。（これらのカテゴリーに分類される参加者に慎重かつ責任をもって対応する際に生じるいくつかの問題については、7章でより詳細に検討する。）募集とサンプリングに困難が伴うため、周縁化されてきた、あるいは単にほとんど無視されてきたと思われるグループを含むように研究の取り組みを拡大することは、彼らの経験に「声を与える」役割を果たすことができることから、本質的にエンパワメントであると見なされることがある。研究目的であるとはいえ、そうした個人を一堂に集めることには、支援を提供するという付加的な利点があり、フォーカスグループは、参加者が継続的な支援グループを立ち上げる触媒のような働きをもつことがありうることを見出した研究者もいる（ガンに罹った子どもたちの父親へのフォーカスグループ研究（Jones and Neil-Urban, 2003）に続いて実際に起こったことである）。

扱いが難しい、または「デリケートな」トピックを取り上げる

　フォーカスグループは、とりわけ、グループの設定や「数的安全性」によって、末期患者の終末期ケア（Seymour et al., 2002）、臓器提供における家族の関与（Regan, 2003）、子どもたちのネットいじめ体験（Mishna et al., 2009）、あるいは深刻な病気の子どもをもつ親の事前指示書に関する視点[訳注3]（Boss et al.,

---

［訳注3］　事前指示書（Advance Directive: AD）：自分で意思を決定・表明できない状態になったときに自分に対して行われる医療行為について、あらかじめ要望を明記しておく文書。DNR、リビングウィル、医療判断代理委任状などがある。

2015）といった、扱いづらいトピックについて参加者と話すことが可能となる
ために、研究者によってしばしば採用されてきた。このような事例では、時に
フォーカスグループの多様な利点が活かされ、たとえばイギリスに住むイン
ドアジア系のイスラム教徒の移植に関する見方について研究したアルカワリ
ら（Alkhawari et al., 2005）の研究がある。研究者たちは、全住民中の特定の
セクターに到達し、「デリケートな」トピックを取り上げることができるとい
うフォーカスグループの二重の力量について述べている。このようなフォーカ
スグループ・プロジェクトの中には、サービス提供者にとって潜在的に価値を
もつ洞察を与えてくれるものがある。一例として、デ・フリーズら（de Vries
et al., 2014）は、乳ガン生存者が再発の不安にどのように対処しているかにつ
いて調べた。こうした微妙な点に関する知見は、たとえば、過去のサービスの
提供のしかたに関して見落としてきたことに、専門家の注意を喚起することが
できる。

　論者の中には、フォーカスグループはデリケートなトピックに関する経験を
引き出すのに適しておらず、1対1インタビューがより適切であると断言する
者もいる。しかしながら、こう決めつけることには疑問がある。ファーカーと
ダス（Farquhar and Das, 1999）が指摘するように、トピックのデリケートさ
は固定的なものではなく、むしろ、ある人またはグループにとっては「立ち入
れないトピック」が、別の人にとっては完全に受け入れることができるという
ように、社会的に構築されたものである。選択肢を検討する際に、研究者は、
フォーカスグループ・ディスカッションが行われる、より広範な文脈を考慮
するのが賢明である。ブラジル南部の思春期の少女たちに性的リスクの認識に
関するフォーカスグループを行ったデ・オリヴェイラ（De Oliveira, 2011）は、
次のように説明している。

　　性的リスクの見方に関するフォーカスグループ研究も、「デリケートなこ
　　と」と見なされうる。「リスクを冒すこと」について話すことは、モラルに
　　反すると受け取られている行為の開示に関わる可能性があるためである。リ
　　スクを冒すことへの否定的な考えは、現代の個人の幸福に対する道徳的責任
　　の強調に由来する。（2011, online）

「リスク」の社会文化的性質に関するこの観察から、デ・オリヴェイラは、同じような社会文化的背景を共有する少女たちのグループを招集した。

　一部の研究者は懐疑的であるものの、多くの研究者は、潜在的に社会的に脆弱な立場におかれていると見なされるグループと、広範囲にわたる「難しい」状況において「デリケート」と考えられるトピックを扱うために、フォーカスグループを用いてきた。フォーカスグループは、性行動に関する研究の主力であることが立証されており（Frith, 2000）、デ・オリヴェイラのように、しばしばあらかじめ面識のあるグループが利用される。性行動に焦点を当てたその他の研究としては、性的機能とガンとの関係について調査したフリンら（Flynn et al., 2011）の研究や、乳ガンがセクシュアリティに及ぼす影響について女性たちと話し合ったクレソンら（Klaeson et al., 2011）の研究がある。こうした研究は、異性愛男性のコンドーム使用とそれへの抵抗戦略についての説明に関するデイヴィスら（Davis et al., 2014）の研究のように、単に態度や経験を記録するのではなく、しばしばニュアンスに富んだ説明を提供してきた。個人的なナラティブを引き出すことに優れている1対1インタビューとは対照的に、フォーカスグループは、研究者にとって捉えにくいが、しかし潜在的に非常に実際的な意味のある了解や行動を考察することを可能にする。

フォーカスグループの限界

　ナラティブを引き出す際のフォーカスグループの限界に関して言えば、問題は、人びとがグループの場で自身の体験を共有したがらないことにあるというより、むしろ、何人かの参加者が競って個人的で詳細なストーリーを話すことで、「ノイズ」、すなわち、どの話し手による語りなのかを見極め、整理することが難しいデータとなる可能性が高くなることにある。こうしたフォーカスグループ・ディスカッションの性質は、1対1インタビューのようにストーリーが連続的に展開する可能性が低いことを意味し、そのため、提示される全体像が混乱し、データを分析しようとしても挫折してしまうかもしれない。オング（Ong, 2003）は、腰痛体験の研究について報告しているが、最初のフォーカスグループでは、参加者に個々のストーリーを話してもらい、その後、より明確

にリサーチクエスチョンに焦点を当てたフォーカスグループを行った。そこでは、個人の体験の詳細な状況を築き上げることが意図され、これにより、一連のフォーカスグループがより適切なものとなることが示唆される。

「態度」にアクセスする

　すでに見たように、態度を測定したいのならば、フォーカスグループは適切な方法ではない。プフタとポッター（Puchta and Potter, 2002）は、態度とは一連の分析的決定の最終結果であると論じているが、このことは、「態度」といったものがあると考えることに慎重であるべきことを示唆している。彼らは、態度とは「事前に形成される」のではなく、「実行される」ものであることを私たちに気づかせてくれる（Puchta and Potter, 2004, p.27）。フォーカスグループの知見を分析し、使用するプロセスの意味については、9章でさらに論じる。

　マーケティング研究者は、より幅広い消費者の態度や嗜好について推論するために、フォーカスグループのデータを用いることに焦点を当てる傾向があるが、社会科学研究では、これは一般的に好ましい最終成果ではない。また、一般的にマーケティングリサーチのように迅速な結果が求められることはなく、社会科学には、この要求をはるかによく満たす由緒ある調査の伝統がある。データから統計的な一般化を行いたいのであれば、フォーカスグループは選択すべき方法ではない。「フォーカスグループのサンプルは、通常、代表的ではなく、危険なほど小さい」（Morgan and Krueger, 1993, p.14）。

　こうした留保は、医療サービス研究者、特に臨床医と一緒に仕事をする研究者がフォーカスグループを用いる一部の場合にも言えるだろう。たとえば、サービスやスクリーニング・プログラム、ヘルスプロモーションのアドバイスなどを受けたがらず、「反抗的」と見なされる患者にアクセスする目的でフォーカスグループを用いる際に、いくつかの難しい問題が持ち上がることがある。こうしたジャンルの研究は、組織研究の後援のもとで行われる研究と非常に類似しており、この種のアプローチに共通することとして、リサーチクエスチョンを主に「専門家」のレンズを通して見るという傾向がある。

研究者の関心なのか、参加者の関心なのか

「ノンアドヒアランス（non-adherence）」とか「コンプライアンス違反（non-compliance）」といった言葉が登場するのは、このような偏った、あるいは党派的な専門的見方から実施された研究であることを示す可能性があるが、ここでもフォーカスグループ研究は、ギャップを埋めるよう橋をかける。元々の関心が「ノンアドヒアランス」であったとしても、フォーカスグループは、たとえば患者にとって優先度が競合する事項を特定することで、貴重な説明を提供することができる。ブルーアら（Bloor et al., 2001）は、フォーカスグループは、たとえば意思決定プロセスや、人びとが競合する優先事項を天秤にかけて判断する方法、あるいは状況的要因や環境的要因を考慮して自分の意見を修正する方法などを研究するのに特に適していると論じている。意思決定プロセスを解明するために、フォーカスグループをこのように用いた研究がある。たとえば、骨粗鬆症治療（Iversen et al., 2011）、喘息をもつ青年の吸入長期管理薬の使用（Wamboldt et al., 2011）におけるノンアドヒアランスの研究である。

　また、フォーカスグループは、妊娠中に葉酸摂取を怠る（Barbour et al., 2012）といった、一見不合理な健康関連行動の理解を深めるためにも使用されてきた。こうした研究は、一般の人びとの理解の重要性に焦点を当て、一見非論理的に見える信念や慣習も、いったん当事者の視点から見れば、首尾一貫している、おそらくは高度に洗練された論理を示す可能性が高いという考え方を出発点としているところに特徴がある。ただし、こうしたことは、フォーカスグループの参加者に、批判されることのない環境のもと、自分たちの意見を正当化し、展開する余地が与えられた場合にのみ明らかになる。

　臨床医研究者の中には、特定の患者グループに対して、より強化された、もしくはより適切なメッセージや治療パッケージを開発するために、フォーカスグループ研究から得られた知見をもとに研究を進めている人びともいる。たと

［訳注4］　ノンアドヒアランスとは、通常医療の文脈で、患者が治療に積極的に参加しないことを指すのに対し、コンプライアンス違反とは、患者が医師の指示を守らないことを指す。

えば、ブライアンら（Bryan et al., 2008）は、前立腺ガンのハイリスク男性ス クリーニング・プログラムのために、情報収集と募集メッセージを民族的に彼 らに適切なものにする目的で、フォーカスグループを用いた。さらに、ボトル フら（Bottorff et al., 2014）が、カナダ先住民族とメティ族におけるタバコ暴 露と乳ガンの関連性の研究において、オーダーメイドのメッセージを作成した 例もある。このような研究は、特定の人びとに向けてデザインされたメッセー ジを生成することを目的としたマーケティングリサーチで用いられるアプロー チを思い出させるもので、「ソーシャルマーケティング」と軌を一にしている。 ソーシャルマーケティングに対する最近の批評（Crawshaw, 2012）では、対象 とする個人やグループの日常生活、優先事項、制約を常に十分に考慮していな いことが指摘されている。

　この分野で働く研究者は、励まし、説得、エンパワメントの間の細い線上を 歩んでおり、どのフォーカスグループを行うか、どのように研究に組み込む か、そして重要なことだが、誰が調査を委託し、調査結果をどうするかに大き く左右される。確かに、ヘルスプロモーションのアドバイスの基礎となる知識 の多くは本質的に暫定的なものであり（推奨事項が撤回されたり、覆されるこ とさえ頻繁にある）、医療専門家の確固たる信念は、おそらく患者やクライア ントの信念の欠如の調査に用意されているのと同じ程度の精査を受けるべきで ある。（このことは、開業医／臨床医の同僚とヘルスサービス調査に関わる社会 科学者に、特に難しい問題を提起する。）結局のところ、この分野の研究におい て、潜在的に強制的なものと潜在的にエンパワーするものとを分けるのは、プ ロジェクトの過程における患者との協議の程度と性質であるだろう。ステレフ ソンら（Stellefson et al., 2010）は、デザイン研究者が支持するモデルにより近 いものを用いて、農村住民向けの慢性閉塞性肺疾患（COPD）の自己管理教育 DVD のプロトタイプ教材を作成し、テストと改良を進めた。このアプローチ は、明らかに自己管理の価値を疑うことなく受け入れているが、ユーザーと関 わり、彼らの関心を反映させようとする純粋な試みの証拠である。

　フォーカスグループの知見は、そこにかかわるプロセスの理解を提供し、そ れを将来の実践において考慮に入れる可能性を提供することから、臨床医や他 の専門家の知識を間違いなく向上させることができる。たとえば、釈放され た出所者のニーズに関するフォーカスグループ研究（Luther et al., 2011）では、

HIV／AIDS に関連したハイリスク行動への回帰を制限するために、実践への影響を明らかにすることに焦点が当てられた。

　モランら（Moran et al., 2012）は、2つの方向性——特定の実践上の問題に焦点を当てることと、予期しなかった洞察を提供すること——をうまく組み合わせた興味深いアプローチの例を示している。彼らは、患者（ADHDと自閉症スペクトラム障害者）と介護者が、「児童・青年期メンタルヘルス」サービスで使用される通常のアウトカム指標をどのように考えているかに関心があった。アウトカム指標に主に重点が置かれ、研究者たちは（カッパ係数を使用して）一致のレベルを判定しようとしたが、それにもかかわらず、ディスカッションでは、いくつかのより広く有用な関心事項が明らかになった。興味深いことに、これは研究の元々の目的からは「無関係」であったと述べられている。

　　　最も優勢な懸念は、退院と、その結果サポートを受けられず、将来問題が再発することであった。介護者たちは、すぐ受けたりやめたりできる迅速なアドバイスへのアクセスを望んでいた。また、成果モニタリングがサービスへのアクセスを制限するために使われることを心配していた。（2012, p.74）

　同様に、デン・アウツテンら（den Oudsten et al., 2011）は——この場合、大規模な量的国際共同研究と並行して——生活の質（QOL）の指標に関する彼らの見解を確立するために、パーキンソン病患者、その家族介護者、専門家を対象としたフォーカスグループを実施した。研究者たちは、この取り組みによって、新たな重要なテーマが明らかになったと報告している。

　しかしながらフォーカスグループは、特に実務家研究者にとって、明白にアクションリサーチ指向のプロジェクトでの使用に可能性を加えてきた。クラブツリーらは、「フォーカスグループをデータ収集ツールとしてと同時に、介入として使用することは可能である」と論じている（Crabtree et al., 1993, p.146）。

焦点となる主張と課題

　さまざまな著者（または学問分野の代表者）により、「グループインタ

ビュー」、「フォーカスグループ・インタビュー」、「フォーカスグループ・ディ
スカッション」などとさまざまな用語が採用されているが、これは、研究の目
的と生成されるデータの性質や状態についてのそれぞれ異なる前提を反映して
いる。「見方」にアクセスするフォーカスグループの力量を重視するものもあ
り、時に、固定された「態度」の概念を特別視して、暗黙のうちにデータ収集
の量的な伝統に言及しているものもある。他の用法は、明示的もしくは暗示的
に、見解や反応を共同的に構築する際に参加者間のやりとりを引き出すフォー
カスグループの潜在可能性を強調する、社会構築主義モデルに焦点を当て
ている。(この点については、フォーカスグループ研究の「認識論的・存在論
的基盤」との関連で、3章でより詳しく議論する。) 私が本書において用いる定
義(最初に1章で述べた)は、フォーカスグループの応用面での使用、理論面
での使用の両者に余地を与える、十分に広いものである。すなわち、「いかな
るグループ・ディスカッションも、研究者がグループの相互作用を積極的に奨
励し、注意を払う限りにおいて、フォーカスグループと呼んで差し支えない」
(Kitzinger and Barbour, 1999, p.20)。

　非常に明らかなことではあるが、グループのやりとりを積極的に促すことは、
フォーカスグループ・ディスカッションを行い、参加者が研究者や「司会者」
とのみやりとりを行うのではなく、参加者間相互で語り合うのを保証すること
と関連している。しかし、これはまた、トピックガイドを作り上げ、相互作
用を促すであろう刺激材料を選択する際に必要な準備をすること、さらには、
ディスカッションが適切に行われるのに十分な共通するものをもっていながら、
一方で、ディスカッションや意見の相違を許すのに十分な多様な体験や見解を
有することを保証するように、グループ構成に関してなされる決定とも関連し
ている。同様に、グループの相互作用に注意を向けることは、研究者が参加者
たちの見解や強調点の違いを拾い上げ、こうした点を探査しながら、ディス
カッションを司会するプロセスに関連しているが、また、グループの相互作用、
すなわち、グループダイナミックスやグループが従事している活動に注意を払
うことの重要性とも関連している。同意を形成しつつあるのか、説明枠組みが
作られつつあるのか、ヘルスプロモーションのメッセージを解釈しているのか、
あるいは、競いあう優先度を衡量しているのか等々である。本書の以降の章は、
フォーカスグループの運用、生成されたデータの分析といった、研究デザイン

のすべての面にアドバイスすることに関わっている。

　フォーカスグループは、他の質的方法と同様に、結果よりもむしろプロセスへの洞察を提供することに優れている。しかしながら、このことは、手法としてフォーカスグループを採用する研究者に見落とされることがある。一般的な用法は、いわゆる「ノミナル・グループ技法」であり、ヘルスサービス調査では非常に人気があることがわかっている。文字どおり、「自然発生的なグループではなく、研究者が招集したグループ」——名のみのグループ——という意味である。「ノミナル・グループ」の最も一般的なバリエーションは、参加者に優先順位を決定するよう促すために、順位づけ課題を用いることである。私は、競合する優先順位について考え、討議するプロセスで生まれるディスカッションに細心の注意を払うことで重要な洞察が得られると主張するが、このアプローチの支持者の多くは、その代わりに、そのような討議の結果に努力を集中する。特筆すべき例外としてはディマントとレイヴン（Demant and Ravn, 2010）の研究があり、デンマークの若者が薬物とリスクに関する自分たちの考えを明確にし、探究し、ディスカッションし、洗練させるのに、順位づけ課題によってもたらされるデータ生成の力を活用した（この研究については、データ生成に関する6章で詳しく説明する）。

　フォーカスグループがコンセンサスを生み出そうとする傾向を嘆く論者もいるが、マイヤーズとマクナハテン（Myers and Macnaghten, 1999）のように、結果として、多くのグループがコンセンサスを得られないこと、また、さらに、グループのプロセスへの洞察を得ようとする研究者にとって最も価値のあるデータを構成するのは、参加者間の交流であり、ディスカッションの結果ではないと指摘する人たちもいる。

　フォーカスグループ中に出されるすべての意見は、文脈に大きく依存し、他のメンバーの発言に対するグループメンバーの応答とその特定のグループのダイナミックスに左右される。たとえば、レホウら（Lehoux et al., 2006）は、現れてくる患者の見解を構成するコンセンサスに疑問を呈し、それが大きく文脈に依存し、またフォーカスグループ・ディスカッションの設定の産物であることを強調している。（この問題については、グループ内の相互作用の分析プロセスにおける、グループ相互作用の利用について論じる8章と9章で再考する。）ビリグ（Billig, 1991）が思い起こさせているように、フォーカスグルー

プにおいて表明される意見は非常に固有のものであり、「起こっているディスカッションに束縛されている」のである。フォーカスグループのディスカッションから推し量って個人の態度を測定しようとするのは、見当違いなのである。データを調査するための「裏口」ルートとしてフォーカスグループを明確に利用するわけではないにしても、フォーカスグループ・ディスカッション全体を通じて意見が「掴みどころのない」ことに、不満を表明する研究者もいるかもしれない。参加者は、特に、フォーカスグループが以前あまり注意を払ってこなかったトピックに取り組む場合に、ディスカッションの過程で問題に対する考えをしばしば変えることがある。研究者は、研究の出会いそれ自体を「パフォーマンスの場」(Brannen and Pattman, 2005, p.53) として見なすほうがより有益であるのに、意見をフォーカスグループ・ディスカッションとは無関係に存在するかのように扱う危険性がある。フォーカスグループのディスカッションを詳細に分析すると、必ずと言ってよいほど、一貫性のなさと矛盾が浮き彫りになる。これは、態度を固定したものと見なす場合にのみ問題となる。デビッド・モーガン (Morgan, 1988) は、「フォーカスグループは、参加者が**何**を考えているかを調査することに関して役に立つが、参加者が**なぜ**そのように考えるのかを明らかにすることに優れている」と述べている (1988, p.25)。

　別のレンズを通して見るなら、こうしたいわゆる「掴みどころのない」意見は、問題ではなく、リソースとして見なすことができる。フォーカスグループは、態度形成のプロセスや、意見を問い質したり修正したりするメカニズムを研究するのに優れている。こうした利点を利用して、たとえば、肝臓移植の臓器提供に対する一般市民の態度に及ぼす影響を明らかにした研究者もいる (Wilmot and Ratcliffe, 2002)。フォーカスグループの研究者はまた、時間の経過に伴う見解の変化を調べるのにも適した立場にある。たとえば、ヤルヴィネンとディマント (Järvinen and Demant, 2011) は、参加者がそれぞれ 14 〜 15 歳、15 〜 16 歳、18 〜 19 歳の時にフォーカスグループを実施して得られたデータを比較し、デンマークの若者の薬物使用に関する見方の変遷を追跡した(この研究については、研究デザインとの関連で 4 章で詳しく説明する)。

　フォーカスグループは、半構造化トピックガイド (6 章参照) を用いたり、自由回答形式の質問と刺激材料を詳細に検討したりすることができ、厳密に研

究者の計画（アジェンダ）に従うのではなく、参加者にとって重要な問題や関心事を反映する力量を備えている。これは、結果として得られるデータが驚きをもたらす可能性があることを意味している。たとえば、参加者は、研究者が予期していなかった要因を考慮に入れて検討することがあり、それによって、研究者にとって認識や行動に対する別の説明の妥当性が浮き彫りになったり、分析に有効な新たな理論的枠組みがもたらされたりするかもしれない。

　フォーカスグループはまた、参加者の誤解を見つけ、それがどのように生じるかを明らかにするのにも特に適している。このような理由から、フォーカスグループはその長所を活かし、ヘルスプロモーション・キャンペーンの効果を評価するために頻繁に利用されている。キーンら（Keane et al., 1996）は、アフリカ系アメリカ人の乳幼児への予防接種や、病気の概念化、ワクチンの効果に対する信念について調査を行った。興味深いことに、この研究の文脈でのフォーカスグループ・ディスカッションで、両親が発熱を病気の主要な指標として見なしており、ワクチンは病気を予防するのではなく、むしろ発症の原因と見られていることが明らかになった。フォーカスグループは、このような誤解と、それが行動に及ぼす影響を探索し、明らかにすることに優れている。

　フォーカスグループ研究者にしばしば持ち上がるもう１つの課題は、参加者が「真実」を語っていると実証することである。繰り返しになるが、こうした懸念は、矛盾を浮き彫りにするために、回答をクロスチェックする特別の目的をもった質問を含める、質問紙のデザインの慣行に関連している。しかし、質的研究の伝統の中で仕事をすると、こうした矛盾こそが、参加者が自分の意見を形成するプロセスや、一見矛盾しているように見える立場をどのように吟味し、受け入れるのかを理解する上で、最も豊かな可能性を与えてくれるのである。すべての研究者は、回答者が単に私たちが聞きたいと思うことを伝えているだけだという可能性に直面せざるをえない。彼らはまた、参加したグループの仲間からの不賛同を恐れるかもしれない（Smithson, 2000）。しかしこれは、ピアグループが意見の明確化、展開、交渉を管理するメカニズムを研究することに特別な関心をもつ研究者にとっては朗報であり、そしてさらに、フォーカスグループが本領を発揮するところなのである。

　フォーカスグループで表明された意見もまた、研究の文脈の外で表明された意見とは異なる場合がある。しかしながら、既存のチーム、サポートグルー

プ、友人グループでフォーカスグループを実施すると、他者の説明に異議を唱えたり、他者の意見に説明を求めたりする機会も必要な知識ももっているため、グループメンバーにより円熟した、理性的な応答が促進されるかもしれない。ウィルソン（Wilson, 1997）はこう論じている。

　　回答者が深層インタビューの「プライバシー」にかかわることで何を明らかにしたのかは知るよしもない。しかし、仲間たちが一緒にいるときに、何を詳しく話し、擁護する用意があったかを私たちは知っている。(1997, p.218)

　研究者の中には、フォーカスグループが参加者をエンパワーする可能性について、熱心に語る人もいる。たとえば、ジョンソン（Johnson, 1996）は、「話せてよかった（It's good to talk）」というタイトルのフォーカスグループに関する論文を発表し、フォーカスグループは大きな変化を刺激し、参加者が自分たちの問題をより政治的な方法で再定義できるように導くことができると考えている。フォーカスグループは、フランスの社会学者アラン・トゥーレーヌ（Touraine, 1981）によって開発され、提唱された「社会学的介入」アプローチの重要な構成要素であった。トゥーレーヌが思い描く社会学者の役割は、社会運動の先頭に立って社会変革 —— 革命さえ —— を先導する知識人という、今となってはやや時代遅れのマルクス主義的な概念を反映している。このアプローチは、かなりの期間にわたって人びとをグループに集め、社会学理論を直接関係する聴衆に提示することによって引き出される参加者からのフィードバックを重視する、「受容の認識論」に依拠している。マンデイ（Munday, 2006）など一部の論者は、研究に参加している人びとよりも社会学者の視点を重視しているとして、トゥーレーヌのアプローチを批判している。しかしながら、研究者と「研究対象者」の関心は、必ずしもそれほど異なるわけではない。ゴメスら（Gómez et al., 2011）は、アクションリサーチが、現代社会における、彼らの言う「対話的転回」にうまく適合していると指摘している。彼らは、「今日、人びとは、より広い社会に参加し、家族や親しい関係にある人たちから子どもの学校、職場、都市に至るまで、自分たちの生活における問題についてディスカッションすることを期待している」(p.236)と述べている。フォー

カスグループは、批判的に使用されるならば、「正統的慣行への挑戦に貢献し、それによって、フーコー派の伝統における、確立された真実の体制を克服することができる」（Stahl et al., 2011, p.378）のである。（フーコー派の影響を受けた研究に関するさらなる議論については、3章の哲学的・方法論的伝統のセクションを参照。）

　フォーカスグループは、研究者と研究対象者の間に本質的により対等な関係を生み出すという見方から、フォーカスグループはフェミニスト的な方法であると主張する論者もいる。しかしウィルキンソン（Wilkinson, 1999）の思慮深い議論では、フォーカスグループはフェミニスト的な研究トピックを扱うことに適してはいるが、それを使ったからといって「フェミニスト研究」を構成するとは限らないと結論づけている。さらに、ブルックス（Brooks, 2014）が指摘するように、決定的なフェミニストの方法論のようなものは存在しないであろうし、研究者は、すべての女性が、たとえ同じような状況にあったとしても、必ずしも抑圧、差別、無力感といった経験を同じように共有しているわけではないということに留意すべきである。ブルーアら（Bloor et al., 2001, p.15）が結論づけているように、フォーカスグループは「人びとの真正の声ではない」のであって、フォーカスグループが実際に誰かを「エンパワー」するか否かは、グループディスカッションの後に何が起こるかにかかっている。

　こうして、フォーカスグループの支持者も批判者も、共に方法に関して誇張しがちであることが明らかになった。フォーカスグループとそのデータ生成力や洞察力に対する批判の中には、量的研究の前提に固執するあまり、質的手法の可能性を評価するには不適切なものもある。たとえフォーカスグループが適切に用いられていたとしても、その力量を十分理解していないために、あまりに無頓着に用いられることがある。たとえばブレインストーミングを行ったとして、多くのことを明らかにできる可能性があるのに、フォーカスグループ研究に可能な最低限しか達成できないことになりかねない。トピックガイドの準備、先行試行、改良の不足は、量的伝統における調査手法の開発における配慮不足と同様の結果をもたらす。すなわち、最適な研究とは言えない。（この点については、フォーカスグループの計画に関連して6章で論じる。）

　フォーカスグループは本質的に柔軟な方法であり、幅広い選択肢を提供するが、それは研究者が、進めているプロジェクトに何が最適なアプローチである

かを慎重に検討する場合だけである。そうした素晴らしい血統にもかかわらず、フォーカスグループは常に最適な方法とは限らない。フォーカスグループを不適切に使用すると、不十分な研究デザインになってしまうだけでなく、クリューガー（Krueger, 1993）が指摘するように、行きすぎた不適切な使用は、この方法自体の信用を傷つけるおそれがある。

　しかしながら、応用的な使い方と理論的な使い方を明確に区別することもまた、有益でないこともある。というのも、両者には多くの示唆に富む類似点もあり、この連続体の両端で活動する研究者は、特に研究のデザインと生成された豊富なデータの活用に関して、互いに学ぶべきことが多いからである。

　私たちは１章で、特に初心のフォーカスグループ研究者が体験する問題のいくつかは、量的研究とは対照的な質的研究の特性に対する認識の欠如による不適切な期待から生じていることを見た。いったんフォーカスグループを質的研究の文脈に位置づけ、かなり異なる一連の質問群に取り組む方法として捉えれば、フォーカスグループ研究者が直面する多くの問題や不満、また、この手法の弱点と思われていることが、実際には利点であることがわかる。次章では、読者に本質的に質的な方法としてのフォーカスグループについての理解を深めてもらうことを目的とする。

■■■ キーポイント

- フォーカスグループは、「届きにくい」人びとや社会的に脆弱な立場におかれている人びとにアクセスすることを可能にするという利点をもっている。
- フォーカスグループは、「扱いが難しい」トピックや「デリケートな」トピックを扱う際に役に立つ。
- 「態度」を測定したいのなら、フォーカスグループを使用しないこと。
- 参加者の関心事よりも研究の目的を優先していないかについて、慎重に検討する必要がある。
- アクション志向のアプローチの１つとして、フォーカスグループを用いる可能性を考えよう。
- フォーカスグループは、結果よりもプロセスに関する洞察を提供することに優れている。

- 参加者の意見の流動性を問題としてではなく、むしろリソースと見なし、利用すべきである。
- フォーカスグループ参加者のエンパワメントに関して主張することには、適切な慎重さを要する。

さらに学ぶために

次のテキストは、フォーカスグループの実際の雰囲気を伝えてくれる。

Barbour, R. S. (2010) 'Focus groups', In I. Bourgeault, R. Dingwall and R. de Vries (eds.), *The SAGE Handbook of Qualitative Methods in Health Research*. London: Sage, pp.327 - 352.

Kitzinger, J. and Barbour, R. S. (1999) 'Introduction: The challenge and promise of focus groups', In R. S. Barbour and J. Kitzinger (eds.), *Developing Focus Group Research: Politics, Theory and Practice*. London: Sage, pp.1 - 20.

Puchta, C. and Potter, J. (2004) *Focus Group Practice*. London: Sage.

訳者補遺

安梅勅江 (2003)『ヒューマンサービスにおけるグループインタビュー法II／活用事例編』医歯薬出版.

3章　フォーカスグループの背景

フォーカスグループの位置づけ —— 哲学と方法論の伝統
どの質的伝統か？
学問における採用と適応

■■■　この章の目標

- 学問的・専門的関心がフォーカスグループの使用にどのように影響してきたかがわかる。
- フォーカスグループが、認識論的（エピステモロジカル）および存在論的（オントロジカル）議論の中でどのような位置づけにあるか理解する。
- 主要な質的伝統の中で、フォーカスグループがどこに位置づけられるかを理解する。

　フォーカスグループは、質的手法としてみた場合にのみ適切に評価できると主張されてきたが、質的研究それ自体が、さまざまなアプローチを支持する人たちの意見の相違や論争に特徴があることを認識することが重要である。これらのアプローチには重なりもあるが、それぞれに伝統があり、何が適切なリサーチクエスチョンであるか、何が「データ」や知識を構成するのか、どのようにデータを生成しデータ分析に着手するのか、どのような用途に調査結果を利用するのかといったことに関して、それぞれ独自の、特徴的な前提をもっている（Barbour, 1998）。

　フォーカスグループ研究を位置づけるためには、まず、これらの議論から一歩退いて、質的方法一般、特にフォーカスグループが受け入れられ開発されて

きた、広範な哲学的、方法論的背景を調べる必要がある。その後、さまざまな質的研究の伝統、その起源、およびフォーカスグループ・データの生成と理論化の傾向について探究する。これはまた、フォーカスグループ研究に特有の記述のあり方が、この方法を採用しているさまざまな学問分野、そして実際にそれらの中の下位分野において好まれてきたのかを理解する上でも役立つ。この章の最後の部分では、これらの使用法のいくつかを探り、主要な哲学的および方法論的議論を参照することによって、それぞれの立場がどのようにフォーカスグループを利用するかを見ていく。しかしながら、学問のあり方自体が変化し、一時的な興味でフォーカスグループに関わる人もいる一方で、特定の理論的関心事に取り組むために利用可能なフォーカスグループのバリエーションを開発することに、かなりの時間と労力を費やす人もいる。そのため、ここで概説するようなすっきりとした類型があるわけではない。

フォーカスグループの位置づけ ── 哲学と方法論の伝統

　主要な哲学的議論と関連して意味あるかたちでフォーカスグループを文脈に位置づけるためには、「認識論」と「存在論」の概念を探究する必要がある。「認識論」とは、「私たちが社会的世界における物事の知識や証拠と見なすもの」を指す（Mason, 1996, p.13）。一方、「存在論」とは、社会的世界に関する私たちの見方と、それを研究する方法に関係する。

　質的研究に関する多くのテキストは、「パラダイム論争」の考えに訴えており、そこでは、「実証主義」と「解釈主義」が並置され、質的研究は後者の伝統の中に位置づけられる。これらの対立するアプローチは、しばしば「実在論」そして「構成主義」とも呼ばれる。「実証主義／実在論」は、自然科学で使用されるアプローチを反映しており、科学的方法論によって検証される、一連の普遍的法則の確立を目指すのに対し、「解釈主義／構成主義」はその代わりに、すべての知識は社会的に構築されるため、究極的な客観的現実は存在しないと仮定する（すなわち、立証される、あるいは検証されるべき普遍的法則は存在しない）。この類型論に従って、フォーカスグループへの応用的指向と理論的指向を区別し、「見方」や「態度」を引き出し、実践的に定義さ

れた問題に取り組もうとするすべての研究を「応用的立場」、相互作用の間に何が起こるかを分析し、その洞察を学問上のモデルや理論に関連づけようと試みるすべてのフォーカスグループ研究を「理論的立場」に分けたくなる。しかし実際には、このような単純な分類に当てはまらない多くの応用がある。特定の集団の意見を引き出すためにフォーカスグループを使用するすべての研究が、機械的に「裏口調査」のアプローチをとっているとして批判されるわけではないし、相互作用の理論モデルや特徴に訴えたからといって、必ずしも信念の普遍性やその結果について誤った仮定をすることから守られるわけでもない。

「実在論」と「構成主義」を相反する２つの別個のアプローチと見なすのではなく、これら２つの（しばしば誇張された）両極端の中間領域を探究している論者もいる。マクスウェル（Maxwell, 2011）は、批判的実在論が占める中間領域について、有益な説明をしている。

> 批判的実在論は、実在論者の存在論（私たちの信念や構造とは独立して存在する現実の世界があるという信念）と構成主義者の認識論（この世界についての私たちの知識は、必然的に私たち自身の構築物であり、特定の視点から作成されたものであるという信念）を組み合わせる。(2011, p.180)

この説明は、他の方法との併用であれ、単独のアプローチであれ、フォーカスグループを使用した多くの研究を見るのに非常に役立つ。極端な実在論と構成主義の間のこの広い連続体上の一端または他端に向かう応用もあるにせよ、この「批判的実在論」の中間点を占め、それぞれに異なるが、しかし重なりあう数多くの質的研究の伝統がある。フォーカスグループを適用する方法と質的研究の伝統は、結局のところ、取り組んでいるリサーチクエスチョンと研究者、あるいは研究チームの出身分野と素養に依存する。フォーカスグループは、それが利用される文脈と独立して存在するものではないため、多くの（矛盾をはらむ可能性のある）質的手法のいずれかにきちんと割り当てることはできない。

フォーカスグループが使用されてきた前例がこのように多面的であることは、フォーカスグループがいずれの特定の伝統とも密接に関連することなく発展したことを意味する。そのため、フォーカスグループは「それらに関わる方法論

の観点から見れば、比較的不可知論的」（Kidd and Parshall, 2000, p.296）であると見なすことができる。これは時に、方法論的な何でもあり状態につながるが、フォーカスグループ・ディスカッションには質的アプローチに適した特定の特徴があり、フォーカスグループがその潜在力を最大限に発揮するのは、そのような利用の文脈においてのみであると主張されている。フォーカスグループの使用を検討している研究者は、初めから特定の質的研究の伝統を選択するのではなく、提供されているさまざまなオプションを慎重に検討し、（その内容、焦点、分析の可能性の観点から）取りかかっている研究プロジェクトの「目的に合った」データが生成される可能性に細心の注意を払うことが、良策と言えよう。

どの質的伝統か

　観察的フィールドワークと1対1インタビューの中間に位置づけられるフォーカスグループは、「構造化された盗み聞き」であると言われてきた（Powney, 1988）。フォーカスグループのこの特徴づけは、「批判的実在論」によく合致している（Bhaskar, 1989; Hammersley, 1992）。マクスウェル（Maxwell, 2011）が概説しているように、このアプローチは現実世界の役割（およびリサーチクエスチョンの作成、研究サイトの選択、フォーカスグループのためのサンプリング、調査結果の利用と伝達普及においてこの方法を利用する研究者の力量）と、参加者の（相互作用を通して表明、異議申し立て、正当化または修正された、そして分析データを構成する）視点の流動的かつ暫定的な性質の両方を認めている。
　フォーカスグループが、構造と自発性の間の連続体上のどこに正確に当てはまるかに関して、活発な議論がなされてきた。これは、ある程度、研究者がどの程度積極的にディスカッションを指示するかに依存しており、「研究者が招集した」グループと「自然発生」グループの相対的な利点についてかなり意見の相違があり、フォーカスグループの研究がエスノグラフィーと人類学の確立された伝統とは「貧しい関係」にあると見る論者もいる。一部の論者によれば、「もし、研究者が集団を『創り出す』ならば、その研究はもはやエスノグ

ラフィーではない」（Brink and Edgecombe, 2003, p.1028）。この立場は、エスノグラファーと人類学者の両者の実践の特定の要素——とりわけ、探究するリサーチクエスチョンや理論的枠組みに沿った研究の現場を慎重に選択すること、多くの場合補足的なインタビューの使用を通じて、「重要な情報提供者」または「利害関係者」を特定し、その洞察を引き出すことに注意を払うこと——を都合よく見落としている。

　フォーカスグループは参加者間の活発な相互作用をもたらし、意味の積極的な構築を強調するシンボリック相互作用論のアプローチによる分析に適したデータを生成する機会を提供する。ブルーマー（Blumer, 1969）によると、このアプローチは次のことを前提としている。

　　　人間社会は、自己をもつ（つまり、自分自身に指示をする）個人から作られている。個人の行為は、彼が行為する状況の特徴に注意し解釈することを通して個人によって作り上げられるのであって、構築であり、解き放たれるのではない。グループまたは集合的行為は、互いの行為を解釈したり考慮したりすることによってもたらされる、個々人の行為の調整からなる。（1969, p.184; 括弧は原文）

　これは、「シカゴ学派」と称されるようになった社会学者たちによって展開されたアプローチである。彼らは、第二次世界大戦後にアメリカで活動しながら、人間の行為は、重要な他者との集団内での相互作用を通した能動的な意味の構築によって生じるという考えに熱心に取り組んだ。相互作用を通して、概念が調べられ、関心が表明され、意味が与えられ、見方と行動の根拠が明らかになるのである。シンボリック相互作用論は近年、やや流行からすたれ、代わりに「現象学」が重要視されるようになってきている。しかしどちらも、相互作用と積極的な意味の構築のプロセスに注意を集中している。

　言語を社会活動の一形態と見なし（Burr, 1995）、会話の順序と構造にさらに注意を払うことで、会話分析研究者も、相互作用を、研究者が成されつつある意味の構築と社会的行動にアクセスすることができる研究の現場と見なしている。プフタとポッター（Puchta and Potter, 2004）は、以下のように説明している。

特に会話分析研究者は、通常の会話、平凡な会話、私たちが互いに交わす
　日常的なおしゃべりは、あらゆる種類のより特殊な相互作用を理解するため
　の基礎であると主張してきた……会話は……私たちが生きていくための膨大
　な種類の実際的な作業を行うために用いる何かである。（2004, p.9）

　シンボリック相互作用論と**会話分析**は、どちらも構造（行為の可能性に影
響する、あるいは制限する、より広い文脈と制約）よりも、行為主体性の考え
（変化と行為をもたらす個人の力量）を特権化しているという批判を受けてきた。
つまり、彼らは「マクロ」を排除して「ミクロ」に集中し、両者の重要な関係
を無視しているとして批判されてきた。したがって、こうしたアプローチは、
些細なことに対して詳細な洞察を与えるが、これらのプロセスがそうした小集
団のレベルよりも高次のレベルで社会に与える影響を説明する力量をもたな
いと見なされることがあった。そのため、質的研究者の多大な努力が、「日常
生活の現実がどのように達成されるのか……」の説明に費やされ、「どうして
物事が、そのようなしかたで起こるのかといった問題を、ほとんど扱わない」
（Seale, 1999, p.39）。

　フォーカスグループは、慎重に使用すれば、この重要な理解のギャップに効
果的に対処できると主張したい。多くのプロジェクトがフォーカスグループ・
データの分析を純粋に記述的なものに制限しているにもかかわらず、より厳
密で理論に裏打ちされたアプローチは、説明を提供することを目指すことが
できる。しかし、このようなより高いレベルの理解は、フォーカスグループ・
ディスカッションの固有の特性を通じて魔法のように実現するわけではない。
フォーカスグループが最大限に貢献するためには、研究者の思慮深い、意図的
な関与が必要だからである。
　広義の社会構築主義的アプローチ（Berger and Luckmann, 1966）は、
シールが指摘した説明上のギャップを埋めるのに最も有望である。研究者が、
シンボリック相互作用論の提唱する相互作用に対するミクロな注目と、比較を
行い、文脈に位置づけ、新しく出現した説明を調べるために、データを生成し、
分析に役立つ情報を提供できる、よりマクロな（社会的、経済的、政治的、お
よび政策的文脈を考慮に入れた）要素を組み合わせることができるからである。

これは、ガーゲン（Gergen, 1973）が提唱したアプローチと一致している。彼は、現象が特定の時間、場所、文化に特有であると強調し、彼の言う「歴史的社会心理学」を主張した。

　研究デザイン、特に十分に考慮されたサンプリング方略は、フォーカスグループを、行為主体性と構造の関係を調べるための特に効果的な道具にすることができる。バーガーとルックマン（Berger and Luckmann, 1966）によると、客観的な社会は重要な他者によって仲介されており、彼らは、「それを仲介するプロセスで［この世界を］修正する。彼らは……、社会構造における自らの立ち位置に応じて、また彼らの個人的で伝記的なものに根ざした特異性によって、その側面を選択する」（Berger and Luckmann, 1966, p.151）。バーガーとルックマンは、社会的現象が参加者によって集合的に作り上げられると主張するとともに、社会現象（質的研究の努力の焦点）は社会的実践によって支えられていることにも言及している。フォーカスグループにおける相互作用は、そのような社会的実践の形態の１つを構成するのであって、それゆえ、考え、意味、ディスコースが形成され、競われ、議論され、修正されるプロセスを観察する特権的で有利な視点を提供するのである。

　構造と自発性に関する先の議論に戻ると、フォーカスグループの研究者は、自然発生的なディスカッションに頼るのではなく、（質問をしたり刺激材料を提示することによって）積極的にディスカッションに焦点を当てることができ、さらに、（積極的で応答的な司会運営によって）、これらの貢献——そして、実際に出現した説明——を問い質すことができる。（生産的な司会運営についての詳細なアドバイスは、後の章で提供する。）これには、研究プロジェクトのデザインとデータの生成と分析のプロセスの両方において、関連するディスコースや分析枠組みに注意を払うことが含まれる。

　社会構築主義の可能性を探る他の著者たち（たとえば、Burr, 1995）は、さらに進めて個人と集団の相互作用のプロセスをより広い社会的関心とプロセスに結びつけるイデオロギーの役割を強調し、主観性をその社会的文脈に位置づけた。キャラハン（Callaghan, 2005）は、フォーカスグループが参加者に、個々のアイデンティティを管理すると同時に、研究者に対して集合的に表現する機会をもたらすことができ、それによって意味の構築とその行為への影響に関する貴重な洞察が得られると論じている。彼女はさらに、「慎重に選ば

れたフォーカスグループは、より広いコミュニティの『ハビトゥス』を体現する知識にアクセスできる」と説明している。「ハビトゥス（habitus）」とはブルデューの造語で、個人が世界を見る「傾向」、またはレンズを指し、それは、「社会的に構築され」「獲得される」（Bourdieu, 1990）。ブルデューは、「ハビトゥス」の「生成的」「創造的」「独創的」な力量についてさらに詳しく説明し（Bourdieu, 1999）、この概念の柔軟性を強調している。キャラハン（Callaghan, 2005）によれば、この創造的な努力に関わるプロセスは——ここでも、構造に注意を払うことによって——研究者が年齢、性別、民族、社会階級などの社会的および文化的カテゴリーに関連するパターンを探究することを可能にする戦略的サンプリングのかたちで、さらに明らかにすることができる。

　ディスコース分析——または、一部の応用では、潜在的に相反するディスコースや権力に特に注意を払う批判的ディスコース分析、またはフーコー派ディスコース分析（Willig, 2003; Wodak, 2004）——の実践は、ガーゲン（Gergen, 1973）が概説している「歴史社会心理学」アプローチと一致している。それは、（使用されている言語としての）ディスコースは社会的行為や人間関係と交差し、それらを形成するという考えにもとづいている。自然に発生する会話や文書の分析に集中するディスコース分析者がいる一方で、フォーカスグループを採用し、テクストとして生成されたトランスクリプトを分析する分析者もいるが、ここでも、アピールされた言語と概念、およびディスコースの構築と強化が相互作用を通じて達成される方法の両方に、細心の注意が払われる。そして会話分析と同様に、言語方略と会話の特徴にも細心の注意が払われる。このような方向性は、フォーカスグループを採用または適合させてきたさまざまな分野、または下位分野の起源に由来しており、次のセクションでは、フォーカスグループを採用してきたさまざまな分野の歴史を簡単に見てゆく。具体的には、フォーカスグループを既成の研究グループと新興の研究グループ両方の狙い、目的、関心事、政治的姿勢に多少とも適合させる、研究伝統の方法論的、哲学的特徴について見てゆく。

学問における採用と適応

　フォーカスグループの使用が適しているとするさまざまな分野は、「実在論者-解釈主義者／構成主義者」の連続体上の異なる場所に位置している。しかし、学問分野自体は絶え間なく流動しており、新しい理論的方向性が展開しているため、フォーカスグループはより適していると見られたり、あるいは、適切でないと見られたりすることにつながる。学問分野内であっても、特に学際的な協働が関わる場合、研究グループ間で何を重視するかがかなり異なることがある。もちろん、これは、フォーカスグループが役立てられる方法、引き出されるデータの種類、および分析方法にも影響を与える。

　比較的最近まで、フォーカスグループは、一般的に主流の研究では使用されておらず、評価の状況といったずっと応用側の分野においてさえ、研究者は主として、サーベイと1対1インタビューに依存していた。これは、人類学や社会学などの分野の研究者も同様であったが、後者のグループは、サーベイやインタビューと並行して、または単独のアプローチとして、観察的フィールドワークを頻繁に採用していた。過去20〜25年にわたって、フォーカスグループは前例のないほどの人気を博し、非常に多様なトピックを研究しようとする幅広い分野の背景をもつ研究者に採用されるようになった。フォーカスグループ研究のこの広がりは、連続体のより理論的な端（多くの異なる分野で支持されてきた）と連続体のより実用的な端の両端にまたがっている。

　前述したように、連続体のより実用的な端においては、フォーカスグループはデザインの分野で広く使用されており、それ自体「エスノグラフィー的転回」を目撃しており、その結果、デザインのプロトタイプに対する「現実世界」の反応を吟味するためにフォーカスグループが使用されている。

　フォーカスグループは、少なくとも、発表された論文の量に関しては、医療サービスの研究者によって圧倒的に利用されており、すでに見てきたように、この膨大な著作群は、幅広い使用法を探究し、仮定と実践を批判的に検証するための有用なレンズを提供している。しかし、環境問題、ソーシャルワーク研究、心理学、社会学、エスノグラフィーなど、フォーカスグループが採用さ

れ、実際に適応されてきた分野は他にもいくつかあり、これらの分野の研究者は、フォーカスグループの潜在的可能性について理解を深め、自由な分析の可能性の拡大という点で重要な貢献をしてきた。

　研究者は自らの専門分野に特有な理論的関心に取り組む潜在的可能性に気づいたため、フォーカスグループはますます多くの研究分野で支持を集めている。したがって、フォーカスグループの採用は、人口地理学（Skop, 2006）、人文地理学（Crang, 2002）、心理学（Wilkinson, 2003）、ソーシャルワーク（Linhorst, 2002）、教育（Wilson, 1997）のような分野で、質的研究方法がますます受け入れられてきていることと関連している。フォーカスグループに対するこの新しい情熱は、組織研究における「言説的転回」（Grant et al., 1998）、デザインの「エスノグラフィー的転回」、またはソーシャルワークの「言語論的転回」（Hitzler, 2011）と言われるような、新しい考えを受け入れる学問的な「視線」の移動とも呼応している。

　環境問題を含む現代の争点となっているトピックを研究する文脈におけるフォーカスグループの使用は、世論にアクセスしようとするフォーカスグループの原点にさかのぼるが、ここでは、研究者の多くが、世論調査に関する正統性に疑問を投げかけている（Myers and Macnaghten, 1999）。このような研究は、会話分析またはディスコース分析に依存することが多く、データが生成される文脈の重要性を認識している。自然科学者を含め、持続可能性や気候変動に関心をもつ他の分野の人びとがフォーカスグループを採用するようになったことも興味深い展開である。二酸化炭素回収・貯留（CCS）に対する市民の認識に関する汎欧州プロジェクト（Upham and Roberts, 2011）では、欧州6カ国の一般市民をメンバーとするフォーカスグループが開催された。カナダの研究プロジェクトでは、「新しい技術（ゲノム科学）と一連の科学的実践の適切性についての倫理分析と公開討論に幅広い声を取り入れることの利点を検討する」（Tansey and Burgess, 2008, p.481）幅広いプログラムの一環として、フォーカスグループが採用された。これにより、一般の人びとの分類法に関する情報が引き出された。

　伝統的なフォーカスグループ実践以外の分野におけるさらなる応用としては、沿岸および島嶼のコミュニティと、海草藻場形態の海洋環境との相互作用の研究がある（Cullen-Unsworth et al., 2013）。単に反応を記録するのではなく、こ

のアプローチによって、研究者は関係する緊張についてニュアンスに富んだ説明を提供することができた。彼らは説明する。

　　政策立案者は、生態系と社会プロセスの関係に注目している……沿岸と島嶼のコミュニティが社会と自然の相互作用の明確な例を提供していることはよく知られている。そこでは、両方の人びとがともに基本的な生活ニーズを提供するために海洋環境に依存しており、また、海洋環境は社会的圧力に直面し非常に脆弱であることが証明されている。(2013, online)

　心理学、ソーシャルワーク、教育、ビジネス研究、組織研究、社会学の分野はすべて、最終的な焦点が実践に関連した関心事にあるか、理論主導の問いにあるかによって、若干異なる方法、異なる目的で使用されてはいるものの、フォーカスグループの熱烈な支持者である。たとえば、社会学者は、アイデンティティ形成のプロセス、社会資本や「ハビトゥス」の働きを明らかにするため、いち早くフォーカスグループの力量を活用してきた（たとえば、Callaghan, 2005; Munday, 2006）。これらの研究については、この章の後半で詳しく説明する。これらの応用の一部は、学問分野の境界にまたがっている。たとえば、国際的な養子縁組者のアイデンティティ構築に関するリングレンとネルソン（Lindgren and Nelson, 2014）の研究は、焦点は社会学的であるが、同時にソーシャルワークの実践者を対象としている。
　エスノグラフィー研究では、一般的にフォーカスグループは、1対1インタビュー、観察的フィールドワーク、およびドキュメント分析などの他のアプローチと一緒に用いる方法が用いられてきた。たとえば、大学のキャンパスに隣接するアパラチア出身者のコミュニティ内の近隣関係に関するパウエルの研究（Powell, 2014）や、チリにおける集合記憶としての場所に関するエスピノザとパイパーの研究（Espinoza and Piper, 2014）（これについては、混合研究法デザインに関連して4章でさらに議論する）がある。コミュニティ開発の伝統もまた、フォーカスグループを他の方法と一緒に用いる傾向がある。このアプローチは一見、人類学研究の伝統と共鳴しているように見えるかもしれないが、ベイカーとヒントン（Baker and Hinton, 1999）が認めているように、効果的な変化について重点が異なるからだけではなく、両者は緊張関係にある。

各分野は、それぞれ独自の方法でフォーカスグループにアプローチする可能性が高い。各分野を特徴づける中心的な理論的関心に関連するさまざまな目的でフォーカスグループを使用し、分野内の議論や関心を考慮し、ソーシャルワークにおけるグループワークのように、既存の専門分野にもとづいている（Cohen and Garrett, 1999）。フォーカスグループの可能性を探究してきた他の分野としては、作業療法（Hollis et al., 2002）、小児の健康研究（Heary and Hennessy, 2002）などがある。

　こうしたことの結果、初心者のフォーカスグループ研究者は、時にやや杓子定規で、当面する研究課題におそらく不適切でもある、混乱した一連のアドバイスに直面しかねない状況に置かれている。こうしたアドバイス、特に連続体のより応用領域で活動する研究者に向けられたものの中には、フォーカスグループを質的研究の広い文脈からほとんど切り離して、単に一連の技術として扱っているものもある。こうした文脈を無視するなら、研究者は生成したデータの深さ、豊かさと、往々にして不適切な期待とを調和させるのに苦労することとなり、問題が生じる可能性がある。

　マーケティングのテキストは、気が進まない参加者に話すよう促したり、ディスカッションを刺激するエクササイズを選択したりする際に役立つヒントを与えてくれる。しかし、マーケティングリサーチ事業の根底には非常に異なる目的があることを念頭に置くことが重要であることから、サンプリングに関するアドバイスについては慎重に扱う必要がある（サンプリングについては5章を参照）。マーケティングリサーチは大きなビジネスであり、しばしば全国規模で行われ、非常に短期間に、さまざまな場所で多くのグループを招集する力がある。サンプリングは、広告のターゲット市場を識別することに依存しており、このターゲット集団を広く代表するサンプルを募集することを目的としている。この伝統では、フォーカスグループは、医療サービスの研究者や社会科学者が一般的に必要とする種類の詳細な情報を提供する力量よりも、最新の反応を提供する、したがって市場動向を予測する力量によって高く評価されている。

　マーケティングリサーチやフォーカスグループを使用して世論を評価する従来型のアプローチとは対照的に、動物実験、環境問題、持続可能性など、論争となる問題に関する研究では、会話分析の技法がしばしば使用され、データの

46

意味を理解するために理論的枠組みが大いに活用されている。もちろん、どの程度詳細に分析するかは、誰がどのような理由で研究を委託したかに依存するだろう。マクナハテンとマイヤーズ（Macnaghten and Myers, 2004）が指摘しているように、プロジェクトの背景と期間により、フォーカスグループを使用する際の選択の多くが決まる（これらと関連する問題については、4章と9章で詳しく説明する）。

　専門的・学問的な焦点と関心は、フォーカスグループがさまざまな専門家や学界で開発され、採用される方法を形作ってきた。フォーカスグループ適用の詳細は、クライアントや調査対象者とのかかわりの性質、提供されるサービス、使用される専門的モデル、採用される理論的枠組みによって異なる。そうした違いはまた、提起されたリサーチクエスチョンの種類、トピックガイドの内容、司会者の質問スタイル、データ分析へのアプローチ、調査結果の公表方法、使用方法とも関連している。また使用法は、その専門にとって、また理論的枠組みにとって、相互作用そのものやグループワークがどの程度実践の中心にあるかによっても異なり、また、資金調達源や政府機関を含む、より広い社会との関わりの性質によっても異なる。

　研究者はこれらさまざまな伝統によって生み出されたテキストに助言を求めることに多くの時間とエネルギーを費やしてきたが、しばしばこれらの特定の分野内の議論に巻き込まれ、本来あるべきように、常に自分の研究と目的に合致するものを選択し、そうでないものを拒否するという批判的なふるいにかけてきたわけではないと、私は主張したい。

▰▰▰　キーポイント

- フォーカスグループは質的研究法である。
- フォーカスグループは、応用的プロジェクトとより理論的に焦点を合わせたプロジェクトの両方で使用できる。
- ほとんどの使用法は、実在論者－構築主義者の連続体の中間に位置している。
- フォーカスグループは、既存の質的研究の伝統のいずれにおいても使用できるが、その結果、使用方法、特にデータの分析方法にばらつきが生じる可能性がある。

- 新しいユーザー、または特定の学問分野、または理論的な「本拠地」を もたない使用者にとって、広義の「社会構築主義者」のアプローチが最 も役立つ可能性が高い。
- フォーカスグループは、特定の学問分野に固有の問題に対処するために 活用できる。
- 各学問分野は、独特の方法でフォーカスグループにアプローチすると思 われる。
- フォーカスグループ・プロジェクトがどの程度学問分野、および理論的 な関心を反映できるかは、目的、資金源、およびスケジュールによって 異なる。

さらに学ぶために

　以下の文献を読めば、自身のフォーカスグループ・プロジェクトを、次のような さまざまな伝統や用法の中に有意義に位置づけることができる。

Barbour, R. S. (2014) 'The scope and contribution of qualitative research', Chapter 1 In *Introducing Qualitative Research: A Student's Guide*. London: Sage, pp.11-27.

Barbour, R. S. (2014) 'Qualitative traditions: Epistemology and ontology', Chapter 2 In *Introducing Qualitative Research: A Student's Guide*. London: Sage, pp.28-45.

Maxwell, J. A. (2011) *A Realist Approach for Qualitative Research*. Thousand Oaks, CA: Sage.

　以下の文献は、特定の学問分野の文脈におけるフォーカスグループの使用につい て考察している。

Belanger, F. (2012) 'Theorizing in information systems research using focus groups', *Australasian Journal of Information Systems, 17*(2): 109-135.

Burgess, S. (2010) 'The use of focus groups in information systems research', *International Journal of Interdisciplinary Social Sciences, 5*(2): 57-68.

Küster, I. and Vila, N. (2011) 'Successful SME web design through consumer focus groups', *International Journal of Quality and Reliability Management, 28*(2): 132-54.

Jayasekara, R. S. (2012) 'Focus groups in nursing research: Methodological perspectives',

Nursing Outlook, 60(6): 411-16.

Lindhorst, D. M. (2002) 'A review of the use and potential of focus groups in social work research', *Qualitative Social Work, 1*(2): 208-28.

Macnaghten, P. and Myers, G. (2004) 'Focus groups', In C. Seale, G. Gobo, J. F. Gubrium and D. Silverman (eds.), *Qualitative Research Practice*. London: Sage, pp.65-79.

O'hEocha, C., Conboy, K. and Wang, X. (2010) 'Using focus groups in studies of ISD team behaviour', *Electronic Journal of Business Research Methods, 8*(2): 119-131.

Skop, E. (2006) 'The methodological potential of focus groups in population geography', *Population, Space and Place, 12*: 113-124.

Stalmeijer, R. E., Mcnaughton, N. and van Mook, W. N. K. A. (2014) 'Using focus groups in medical education research', *Medical Teacher, 36*(11): 923-939.

Webb, C. and Doman, M. (2008) 'Conducting focus groups: Experiences from nursing research', *Junctures: The Journal for Thematic Dialogue*, 10. www.junctures.org/junctures/index.php/junctures/article/view/49/394.

Wilkinson, S. (2003) 'Focus groups', In J. A. Smith (ed.), *Qualitative Psychology: A Practical Guide to Research Methods*. Thousand Oaks, CA: Sage, pp.184-204.

Wilson, V. (1997) 'Focus groups: A useful qualitative method for educational research?', *British Educational Research Journal, 23*(2): 209-224.

訳者補遺

バー, ヴィヴィアン／田中一彦・大橋靖史 (訳) (2018)『ソーシャル・コンストラクショニズム』川島書店.［Burr, V. (2015) *Social Constructionism*, 3rd ed., London: Routledge. の訳］

4章　研究デザイン

混合研究法デザイン

1対1インタビューとフォーカスグループのどちらを用いるかを決定する

フォーカスグループを単発で行うか、繰り返し行うか

電話会議とビデオ会議

オンライン・フォーカスグループ

質的方法を混合する

トライアンギュレーション

研究デザインの実用性

この章の目標

- インタビューとフォーカスグループのどちらにするかを決定する際の、根拠を理解する。
- フォーカスグループを一度だけ使うか、繰り返し使うか、十分な情報にもとづいた決定を下せる。
- 電話もしくはビデオ会議形式によるフォーカスグループと、オンラインによるフォーカスグループの可能性を見極める力量を備える。
- 混合研究法とトライアンギュレーションにおいて、フォーカスグループを使用する利点と問題点を確認する。
- 最初に実際的なことに取り組むことの大切さを理解する。

　この章では、研究デザインの選択（詳細については、Flick, 2018c を参照）と、利用可能なさまざまなオプションの概要に関する手引きを提供し、それらの長

所と短所の双方を評価する。前の章で見てきたように、研究者がフォーカスグループから最も利益を得る可能性が高いのは、この汎用性が高い質的アプローチの力量の全体を理解している場合である。ただし、フォーカスグループは、機器の開発やテストに使用されていることからもわかるように、本質的に量的研究にも価値ある貢献をすることができる。とはいえ、明らかに異常な結果や、あるいは単に興味深い所見や連関を探究するために、混合研究法の後の段階でフォーカスグループを使用するなど、他の可能性もある。

　この章ではまた、代替可能な調査デザインについてどう判断するか、混合研究法を連続的に使用するか並行して使用するか、また自分の研究プロジェクトに最も適したアプローチをいかに決定するか——量的方法と質的方法の混合か、それとも純粋に質的な研究法の組み合わせか（たとえば、インタビュー、観察的フィールドワーク、ドキュメント分析とフォーカスグループを併用する）——についてアドバイスする。また、単独の方法としてフォーカスグループを採用する可能性と、1対1インタビューに対するフォーカスグループの適切性をめぐる議論についても評価する。

　混合研究法デザインの長所と短所の両方、そして**トライアンギュレーション**に関する主張についても、批判的に検討する。手法を組み合わせることで並行したデータが生み出されるが、それは、データを生成するさまざまな方法を用いて、得られた知見を裏付ける力量が貴重なのではなく、焦点や強調点の違いを明らかにするために用いられるべきことが主張される。ここでも、比較を容易にし、他の方法では得られない洞察を得られるフォーカスグループの力量が、その主要な貢献と見なされる。

　研究者がフォーカスグループを（単独で、または他の方法と一緒に）使用することを選択した場合でも、さらに検討すべき問題がある。対面、電話、テレビ会議、オンライングループのいずれを行うか、または、これらのアプローチの組み合わせが最適かどうかを決定する必要がある。「1回限りの」フォーカスグループを開催するだけでなく、繰り返しセッションを行うことで、さらなる可能性が広がり、これは、アクションリサーチのアプローチに従っている

場合に特に有用である。近年、視覚的手法、「フォトボイス」[訳注1]、ソーシャルメディア・プラットフォームの使用が増加するなど、データを生成するためのさまざまな新しいアプローチが開発されており、研究者は、単独で使用する場合も相互に組み合わせて使用する場合も、これらのアプローチの長所と短所を慎重に検討する必要がある。ただし、新しいアプローチを含む、より古くから確立されている方法（ランクづけエクササイズなど。ディマントとレイヴンによる2010年の論文（Demant and Ravn, 2010）が提供している例を参照。フォーカスグループデータの生成について検討する本書の6章で紹介されている）を含む、興味深い展開もある。

　研究デザインの選択は、最終的には、リサーチクエスチョンや、求められるデータの深さ、想定される分析の詳細さに依存する。しかし、関連する実際的なことに注意を払うことも重要である。フォーカスグループの開催場所の選択、司会者（モデレータ）と参加者のマッチング、タイムテーブルの組み方などに関して、いくつかのヒントを提供して、この章を締めくくる。最後に、しばしば見過ごされがちな伝達普及セッションの可能性を検討し、これは、研究者が特定の問題に焦点を絞ることを可能にするため、さらなるデータを生成する貴重なルートとなりうることについて論じる。

混合研究法デザイン

　フォーカスグループは、大規模な量的研究の探索段階で頻繁に使用されている。主に量的研究パラダイムの中で研究している研究者の中には、臨床の場で使用する測定道具の有効性を検証するためにフォーカスグループを使用している者もいる（たとえば、Kirchberger et al., 2009）。このような研究は一般に、より大きな研究の予備作業として実施されてきた。そこでは、フォーカスグ

[訳注1]　フォトボイス：Photo（写真）とVoice（声）を組み合わせた参加型の問題発見、解決に向けた提案を考える方法。地域社会の問題に直面する人びと自身が、写真撮影や話し合いを通して、問題の本質を考え、それに見合った解決法を模索し提案したり、実際に変革に向け働きかけていくので、「参加型」の調査方法、住民「参加型」の社会変革の方法と言われる。

ループは、科学者ではない人びとの見方にアクセスし、研究者の参照枠組みを広げるという点で重要な貢献をすることができる。たとえば、キルヒベルガーら（Kirchberger et al., 2009）は、患者の視点から機器を検証するために行ったフォーカスグループにおいて、糖尿病の国際機能分類（ICF）のコアセットに組み込むための 47 の追加カテゴリーを特定したと報告している。

　フォーカスグループはまた、QOL（Quality of Life ： 生活の質）ツールや PROM（Patient Related Outcome Measure ： 患者関連アウトカム評価指標）の開発にも有効に利用されており、いずれの分野でも、臨床研究者と社会科学者との共同研究が頻繁に行われている。デン・アウツテンら（den Oudsten et al., 2011）は、世界保健機関の後援による広範な国際的 QOL 共同研究と並行して、パーキンソン患者と家族、医療専門家を含めたフォーカスグループを行った。ゼルデンリュクら（Zeldenryk et al., 2013）は、（以前は軽視されていた熱帯病に関連して）バングラデシュで使用する文化的に適切な QOL ツールを開発するために、フォーカスグループを実施した。より最近では、医療サービスの研究が PROM に注目し、脳卒中の自己管理に関する研究に用いる新しい尺度を開発する目的で、混合研究法の中でフォーカスグループを用いている（Boger et al., 2015）。

　イリフェら（Iliffe et al., 2005）による多国籍の専門家フォーカスグループを招集した研究のように、いくつかのヨーロッパ諸国における認知症者の認知機能やそれへの対応といった専門的な関心事に対応するために、専門家によるフォーカスグループが採用されることがある。ヘルスサービスの研究では、デルファイ法の使用の伝統もある。これは通常**専門家パネル**が用いられ、彼らは他の方法（最も多いのはサーベイ）を用いて得られた結果についてコメントする（フォーカスグループ・ディスカッションで行われる場合もある）(Kitzinger and Barbour, 1999)。しかし、コミュニティ開発モデルにもとづいた多くの方法と同様に、灰色文献[訳注2]の一部というかたちをとることが多く、このアプローチでどのようなフォーカスグループが用いられたのかについて詳細に説明している出版物はほとんどない。ここで注目に値する例外としては、ニールら

[訳注2]　灰色文献は、報告書、ワーキングペーパー、白書など、商業出版や学術出版の流通ルートに乗らない出版物や文献を言う。

（Neale et al., 2014）による報告書がある。彼らはまた、研究実施におけるインターネットの可能性、特に必要な数と範囲の「専門家」を集める上でのインターネットが提供する利点（Bloor et al., 2013）を利用した。この例では、研究の目的は、依存症からの回復を測定する方法に関する専門家間の合意の程度を決定することだった。このプロジェクトでは、3回のデータ収集を繰り返し、依存症精神科医、薬物・アルコール入所サービスの上級スタッフ、入院解毒ユニットの上級スタッフの視点を捉えようとした。ブリュッヘンとウィレムス（Brüggen and Willems, 2009）は「e- デルファイ」の原則について説明している。そこでは、ディスカッションリーダーが初期の回答の集計と分析に関与し、その後、この概要をオンライン参加者に送信して、さらなるディスカッションを促すというものである。これは、オリジナルのデルファイ研究で採用された形態に非常に類似したアプローチである。

　ブルーアら（Bloor et al., 2013）は、**デルファイ・グループ**が政策研究に特に適していると主張している。しかしこの方法は、有用な追加エクササイズとなる可能性が高いが、「パネリスト」の合意は、［自動的に］一般参加者とメンバーによる検証のいずれとも同じではない、と警告している（2013, p.67）。繰り返しになるが、「専門家」の広がりを確保するためには、**目的的サンプリング**が重要であり、政策の専門知識をもつ人たちを含めることが重要なのである。

　混合研究法の研究、特に医療サービスの研究においてフォーカスグループを組み入れるもう 1 つの確立されたアプローチとして、質問票作成のためのフォーカスグループの使用がある（たとえば、O'Brien, 1993）。精神医学的な問題を抱える女性への専門家の対応に焦点を当てた研究で、児童保護に関連する問題も要因の 1 つであったため、質問票作成を支援するために、複数の専門家によるフォーカスグループを用いることにした。私たちは、問題となっている 2 つの質問の文言を洗練させることに集中したが、続くフォーカスグループのディスカッションで、異なる専門的背景をもつ専門家が、状況の「危機性」を判断するために、さまざまに異なる基準を採用していることが示唆された（Barbour et al., 2002）。そこで、この問題を探るために特別に設計された一連の仮想シナリオを開発し、質問票に組み込むことにした（Stanley et al., 2003）。

　オニールとニコルソン゠コール（O'Neill and Nicholson-Cole, 2009）は、フォーカスグループとインタビュー、および Q メソドロジー（定性データの定

量化の試み）を組み合わせた。ここでは、フォーカスグループによって、参加者は、視覚的および象徴的な表現を介して、気候変動への関与に関する過去の調査結果についてディスカッションし、精緻なものにすることができた。この研究デザインの対比を際立たせる可能性によって、興味深い矛盾が浮き彫りになった。すなわち、「参加者に気候変動が重要であるという感覚を最も強く抱かせたイメージは、個人レベルでは無力に感じさせるものでもあった」（2009, p.373）。

　量的研究から得られた驚くべき結果や特異な結果をさらに明らかにするためにフォーカスグループを採用することの可能性はかなり高いにもかかわらず（Barbour, 1999b）、混合研究法でのこのような使用はまだあまり一般的ではない。ボックス 4.1 に、このような非常に有用な可能性に向けてフォーカスグループが使用された数少ない一例を挙げる。

ボックス 4.1　　混合研究法の想像力に富んだ使用例

　ウィルモットとラトクリフ（Wilmot and Ratcliffe, 2002）は、サーベイの結果をさらに解明するためにフォーカスグループを使用した経験について報告している。彼らの研究は、肝臓移植における臓器提供に関する、一般市民メンバーの公正性の原則に関するものだった。この分野の他の研究と同様に、ドナーの臓器配分に関する情報提供者の選好を調べるために、仮説的な選択状況を用いたサーベイによって量的データが集められた。しかし彼らは、この方法は、「参加者が彼らの特定の選択を説明し正当化する方法を研究者が特定する」ことができないとして、こうしたデータの限界を認めている（2002, p.201）。彼らはフォーカスグループのディスカッションを通じて、「配分の決定と正当化、そして表明された倫理的・道徳的議論」に用いられた論議と説明について、より深い理解を提供しようと試みた（2002, p.201）。

　量的調査によって臓器配分に対する市民の態度を決定する重要な要因であると明らかになった患者基準のリスト（手術後の予後、患者の年齢、患者の病気に対する責任、待機リストの期間、患者が初めて移植されるのか再移植か）を用いて、研究者たちは 5 つの仮説的なシナリオを作成し、それがフォーカスグループでのディスカッションを生み出すために使用された。これに続いて、フォーカスグループの参加メンバーに、追加的な周辺情報が彼らの反応に与

える影響を探索するため、さらに提示された仮説的個人の社会的背景に関する情報が提供された。結果は、参加者の理由づけと、公平性、効率性／有用性、相応の報いという3つの主要な原則との関係が、予想よりも複雑であることが明らかになった。参加者はいくつかの基準に対して他の基準よりもより受容的だったが、研究された各基準を当てはめるのは困難であることが確認された。この研究によって、一般の人びとが、この基準にいかに思慮深く、柔軟に関わっているかについて洞察が与えられた。

1対1インタビューとフォーカスグループの
どちらを用いるかを決定する

　フォーカスグループと1対1インタビューのどちらが最も適切かを決定する、確固としたルールはない。答えは、新しいプロジェクトごとに長所と短所とを慎重に比較検討することにある。選択肢が与えられたとき、回答者の中には、研究者と1対1で会話するほうが気楽で、グループセッションに参加するのは抵抗があると言う人がいるかもしれない。しかし、人によっては、複数の人の中にいるほうが安全に感じ、フォーカスグループのディスカッションに参加することで、調査に貢献できる「関心のある何か」がないのではないかという懸念を和らげることができる人もいるかもしれない。フォーカスグループは、孤立している人や、自分と同じ境遇の人と話す機会を切望している人、特に、関連するサポートグループをもっていない場合に、魅力的なオプションかもしれない。ブルックス（Brooks, 2014）（若い女性と安全性に関する研究を行った）のように、参加者が明確な優先傾向をもっている可能性を認識して、フォーカスグループに参加するか、1対1インタビューに参加するかを選択できるようにした研究者もいる。ただし時には、やむを得ない倫理的配慮の必要から、フォーカスグループに個人を集めることを抑えるべき場合もある。たとえば、衰弱状態と診断されたばかりの人が、病気が進行した段階にあって身体的、認知的機能が著しく低下している人と対面することは、苦痛である可能性がある。また、既存のピアグループや作業チームを集める場合、その関係が研究プロジェクトを超えて継続する可能性が高いことに留意することも重要であ

る。こうした状況では、1対1インタビューがより安全な選択肢となる場合もある。他にも、研究者は、特に強い見解をもっているとわかっている個人をフォーカスグループに含めることの意味を十分考えたほうがよいだろう。

　アドバンス・ディレクティブ[訳注3]、または、リビングウィルをテーマに専門家と研究を行った際、私たち（Thompson et al., 2003a, 2003b）は、何人かの著名な推進者たちにフォーカスグループに参加してもらうのではなく、インタビューをすることに決めた。グループのディスカッションにそのような人びとを含めれば、刺激的なものになることは間違いない。しかし、熱心な個人の貢献が他の人の貢献を覆い隠してしまい、それほど明確でもなく、十分に訓練もされていない自分の意見を表明することに怖じ気づいてしまう参加者もいるかもしれない。また、シフト勤務や家族との関連もあって、フォーカスグループに参加できない人もいたため、インタビューが実施された。このことは、倫理的な問題と実際的問題の両方を考慮に入れ、フォーカスグループあるいは1対1インタビューを使用して何を達成したいのかを慎重に検討する——やりとりの起こりそうなスタイルと内容を視覚化する——必要性を示している。これは、どちらが最も適切な方法であるかを判断するのに役立つだろう。ここで重要なのは、他の研究者の選択に気圧されないことである。他の研究者が1対1インタビューを支持したからといって、フォーカスグループが不適切であることを意味するわけではない。実際、別の方法を使用することによって、たとえば特定の種類の行動や信念の背後にある理由を明らかにするなど、取り組んでいる問題に関して以前には探究されていなかった側面を浮き彫りにすることで、専門分野の知識ベースにオリジナルな貢献ができるかもしれない。

　1対1インタビューを使用するか、フォーカスグループを使用するかを検討する際、この2つの方法は近しい従兄弟の関係にあり、多くの認識論的前提を共有しているが、フォーカスグループは、1対1インタビューによって生成されるものとは内容の異なるデータを引き出すことを認識しておくことが重要である。このことは、フォーカスグループのデータ分析には、若干異なるスキルが必要だということでもある。特に、研究者が相互作用に細心の注意を払うことを排除し、個々の声に焦点を当てる傾向から遠ざかることが重要である

[訳注3]　意思決定能力を喪失した場合の医療行為について、前もって意思表示すること。

（この点については、分析のトピックを扱う8章で詳しく説明する）。

　まとめるなら、新しいプロジェクト、文脈ごとに、フォーカスグループと1対1インタビューの長所・短所を比較検討すること以外に、普遍的な指針となる原則はない（Flick, 2018c, 2018d; Brinkmann and Kvale, 2018 参照）。クラブツリーら（Crabtree et al., 1993）はこう要約している。

　　　特定のプロジェクトに対する研究スタイルの選択は、研究の包括的な目的、具体的な分析の目的、関連するリサーチクエスチョン、優先されるパラダイム、望ましい研究制御の程度、研究者の介入のレベル、利用可能なリソース、時間的制約、および美学に依存する。（1993, pp.139-140）

フォーカスグループを単発で行うか、繰り返し行うか

　おそらく、質的研究法の選択に関する議論の多くが、インタビューとフォーカスグループの相対的なメリットを中心に展開されてきたため、繰り返し行うフォーカスグループの可能性についてはほとんど考慮されてこなかった。プロセスを明らかにする質的方法、特にフォーカスグループの可能性を考えると、プロセスの展開を詳らかにするために、フォーカスグループを再招集することは理にかなっているだろう。このアプローチは、ホイットリーとキャンベル（Whitley and Campbell, 2014）により用いられた。彼らは5年間にわたる観察的フィールドワークと4か月のフォーカスグループ・セッションを組み合わせ、3つの回復コミュニティにおける精神疾患からの回復プロセスを研究した。

　フォーカスグループを含む縦断的研究デザインが明らかに乏しいもう1つの理由として、ウォルトン（Walton, 2009）は、こうした研究が意識改革やエンパワメントの一般的なプロセスの一部と見なされているため、研究デザインの説明が公刊されることがほとんどないのではないかと指摘している。しかし、そのようなアクションリサーチに焦点を当てた研究の1つで、連続的にフォーカスグループを実施した経験が報告されている（Bronstein and Mason, 2013）。これは、シニア・ボランティアと非営利機関のスタッフの経験を調べた市民サービス・プロジェクトの研究である。研究者たちは、次のように結論してい

る。

　　この同時並行デザインにより、研究者は、ボランティアと非営利スタッフの両サイドから、行動を起こす機会が与えられた時間枠の中で、懸念していることを聞くことができた。(2013, p.82)

　繰り返しフォーカスグループを用いた別の例を 2 つ挙げると、デ・オリヴェイラ（de Oliveira, 2011）は、性的リスクを冒すという潜在的に難しいトピックを探究するために、ブラジル南部の思春期の少女たちの 2 つのグループと毎週、12 回のミーティングを繰り返した。少女たちが社会文化的背景を共有していることを利用して、ミーティングを繰り返し、時間とともに信頼を築くことができた。同様に、ヤルヴィネンとディマント（Järvinen and Demant, 2011）は、同一の若いデンマーク人の参加者たちを対象に、彼らが 14 〜 15 歳、15 〜 16 歳、18 〜 19 歳の時にフォーカスグループを行うようにして、繰り返した。この研究では、薬物使用という潜在的にデリケートなトピックも取り上げられた。これにより、研究者は、フォーカスグループ参加者がどのように互いに関わりあっているのか、互いの認識と行動を理解し、それについてコメントする際に、研究者たちが「象徴的境界作業_{シンボリック・バウンダリーワーク}」と呼ぶことをどのように行っているのかを探究する上で、有用な視点を得ることができた。ここでも研究者たちは、既存の（相互に信頼しあっている）仲間グループを長期にわたって用いることで、さらなる洞察を得た。この議論から明らかなように、これらの後者の 2 つの研究は、テキスト化された相互作用データを生成することに関心があり、そのデータを詳細に分析して、適用され創造される意味や、参加者が用いる言語戦略を詳細に調べた。参加者が互いによく知っている状況は、このようなミクロ社会学的分析に適したデータが得られる可能性が高い（ディマントとヤルヴィネン（Demant and Järvinen, 2011）が強調しているように）。彼らは、以下のように説明している。

　　私たちの理解では、リスクの概念とリスク行動（ここでは薬物使用）は、個人の決定と認知だけの産物ではなく、何よりもまず「社会的相互作用的な企て」である。……若者たちが薬物を試すのは、彼らの社会的ネットワーク

がリスクに関する知覚的コーディングを行うため……また、特定の仲間ネットワークの一員として、薬物使用を奨励する態度と概念をもつようになるためである。(2011, p.180)

　ここで採用された研究デザインは、こうしたプロセスに特権的にアクセスすることを可能にし、研究者がめったに行えないような方法で、このようなきめ細かな相互交換を研究することができた。

電話会議とビデオ会議

　電話によるフォーカスグループは、「バーチャル」フォーカスグループを実施するためのより洗練されたインターネット利用の先駆けと見なされることもあるが、特定の状況では今も検討する価値がある。それは、研究者にとって、準備等の負担が小さいという理由だけではない。アレン（Allen, 2014）は、オレゴン州の農村部および都市部と、アラスカの農村部全域における幼児期の精神保健コンサルタントを対象とした研究で、電話によるフォーカスグループが有用であることを見出した。グラットンとオドネル（Gratton and O'Donnell, 2011）も、カナダの遠隔地先住民の村にアクセスする際の、ビデオ会議の有用性を強調している。

　私は、地理的に分散した専門家グループのシニアメンバーにアクセスするのに電話会議を使用した。この後者の使用法の興味深い側面の1つは、対面グループよりも個人がディスカッションを支配する可能性が低いことであった。おそらくこれは、視覚的な接触がないため、地位やボディランゲージに頼って「映っている時間」中に優位に扱われるよう主張することができないためであろう。デリケートな問題を扱うフォーカスグループの可能性を利用して、電話会議は、たとえば、臓器提供に関わる家族の経験について話し合うのに上手に利用されている（Regan, 2003）。しかしながらリーガンは、デリケートなトピックのディスカッションに適した仮想環境の準備に、さらに時間を割くよう勧めている。

　フレーザーら（Frazier et al., 2010）は、卵巣ガン、子宮内膜ガン、浸潤性子

宮頸ガンの女性を対象に電話および対面のフォーカスグループを実施した経験について考察している。電話フォーカスグループを採用している他の研究者と同様、彼らは電話というオプションが、対面グループに参加できなかったであろう地方や遠隔の都市に住む参加者の募集を容易にしたと振り返っている。興味深いことに、彼らは、セクシュアリティや克服できない恐怖といった特定のトピックは、電話グループでのみ提起され、対面のディスカッションでは取り上げられなかったと指摘している。ただし、このことは、これらのトピックが電話でのみ探究できることを示唆するものではない。司会者（モデレータ）がこれらの問題に敏感であるなら、おそらく、対面式のセッションで取り上げることもできただろう。この状況では、司会者（モデレータ）と参加者の両方にこれらのトピックを提起する「許可」を与えるため、刺激材料として、電話によるフォーカスグループ中に出されたコメントの一部（無記名）を利用することも可能かもしれない（フォーカスグループ・データの生成に関する詳細については、6章参照）。

オンライン・フォーカスグループ

　過去10年にわたり、多くの研究者が、インターネットによってもたらされる「バーチャル」フォーカスグループ実施の可能性に注目してきた。ここでは研究者は、積極的にディスカッションの司会を行うか、ウェブベースのディスカッション・サイトに投稿された自然素材を「収集するか」に関わっている。オンライン・フォーカスグループは、募集、旅費、トランスクリプションの観点から経済的である（オンライン・ディスカッションはすでに文字化されている）。また、単により一般的な質的研究のためのサンプリング・プールを提供するためにも使用できる（Stewart and Williams, 2005）。オンラインによるディスカッションでは、司会者（モデレータ）の性別（Campbell et al., 2001）や年齢は特段明示する必要がなく、データに影響することがないため（もちろん、参加者は、おそらく使用される言語や応答のスタイルにもとづいて、それぞれに推測するであろうが）、司会者（モデレータ）とグループのマッチングに関連する問題のいくつかを除くことができる。ブルーアら（Bloor et al., 2001）は、オンライン手法が提供する即時性と空間的距離の崩壊を強調している。

電話によるフォーカスグループと同様に、インターネットは、遠隔地の集団や犯罪行為に従事している人びと（Underhill and Olmsted, 2003）を調査したり、潜在的に「難しい」トピックを調査したり、何であれ対面のフォーカスグループ・ディスカッションに参加したがらないグループに関与する場合に特に役立つ。たとえば、フォックスら（Fox et al., 2007）は、オンライン・フォーカスグループを使用して、社会的に嫌われる可能性のある皮膚疾患をもつ若者を対象とした調査を実施した。ニコラスら（Nicholas et al., 2010）は、脳性麻痺、二分脊椎、嚢胞性線維症を対象にオンライン・フォーカスグループを開催し、テーツら（Tates et al., 2009）は、小児ガン患者を対象にオンライン・フォーカスグループを実施した。デ・ヨングら（de Jong et al., 2012）は、片腕のみで生まれた子どもや青年を募集し、オンライン・ディスカッションを行った。時に、潜在的な参加者の属性の組み合わせが募集の課題となる場合がある。イバラら（Ybarra et al., 2014）は、ゲイおよびバイセクシュアルの男性青年を対象にオンラインによるフォーカスグループを用い、これにより「安全で匿名の環境で、性経験の少ない他のゲイ、バイセクシュアル、クィアの若者と話す機会」が得られ、これが「孤立感を軽減し、禁欲に関する決断に対する支持感情を高めるのに役立った」（2014, p.561）。そしてこれが、HIV 予防プログラムの貴重な支援となったと述べている。

　重要な決定は、フォックスら（Fox et al., 2007）が行ったように、同期オンライン・ディスカッション（「リアルタイム」で展開）を採用するか、非同期形式（参加者が他の人びと ── 他の参加者、司会者（モデレータ）に関わらず ── にコメントしたりユーザーに応答したりするとき遅延が生じる）を採用するかである。オンライン形式に独特の課題は、司会者（モデレータ）がディスカッションを導いたり、詳細な説明を求めたりする力量を低下させることで、司会者のスキル強化が必要な場合がある（Stewart and Williams, 2005）。しかしブルーアら（Bloor et al., 2001）は、素早くてヒートアップしがちな「リアルタイム」のやりとりとは対照的に、非同期のディスカッションは司会がはるかに簡単であると指摘している（もっとも、即時性には欠ける）。非同期のディスカッションでは、バーンズ（Burns, 2010）が言うところの「ずっとゆっくりとしたコミュニケーションのダンス」となる（13.1 項）。これにより、参加者は自分の述べたことを振り返り、意味が適切に捉えられているかを確認できる可能性がある（Nicholas et al., 2010）。

もっとも、この場合も学問的背景にもよるが、正確さよりも自発性を好む研究者もいるかもしれない。非同期形式を使用することで、研究者は、どの問いをさらに提起するか、どのようにそれらを表現するかについて、慎重に考えることができる。そしてバンプトンとカウトン（Bampton and Cowton, 2002）は、司会者が流暢ではない言語で非同期オンラインによるインタビューを実施することさえ可能であると主張しており、これは非同期によるオンラインのフォーカスグループにも当てはまるであろうことを示唆している。

　研究者が既存のチャットルームを使用して、研究目的のためにすでにあるディスカッション材料を「収集」する場合、回答を文脈化するために、収集可能な背景情報の量を制御することはできない（Bloor et al., 2001, p.78）。アリネジャド（Alinejad, 2011）は、アメリカとカナダに在住のイラン人二世にアクセスするために、ブログサイトを利用した。彼女は、これらの人びとは社会的混乱に苦しむ可能性が高いため、互いの経験を共有する手段として、この媒体を使用するだろうと推論した。しかしながら、こうしたサイトは研究者を念頭にデザインされているわけではないことから、参加者に関する背景情報が欠けていることが研究の妨げとなる可能性がある。既存の Web サイトを使用して、研究者が介入したり最小限の参加をすることなくデータを得るとき、これらの研究が「フォーカスグループ研究」としてふさわしいのか、それとも、不活性ではなく（Prior, 2008）むしろ活性していて進化しているとも言え、特段に生き生きとしたかたちのドキュメント分析として最善と見なされるのか、という問題を投げかける。

　オンラインデータを「収集する」ことはまた、重要な倫理的な配慮事項を提起する（Robson and Robson, 1999）。スチュワートとウィリアムズ（Stewart and Williams, 2005）は、元データがすべてのディスカッション参加者に自動的に利用できることから、データ保存と匿名性をめぐる複雑さについて指摘している。これは、個人が、少なくとも理論的には、演繹的にさかのぼって、他者に特定されうることを意味する。スチュワートとウィリアムズ（Stewart and Williams, 2005）は、匿名性を維持するために、参加者が登録プロセスを完了するために情報の開示を求めるウェブボード[訳注4]を使用することに伴う問題につ

［訳注4］　インターネット上で利用可能なオンライン掲示板やフォーラムのことを指す。

いても論じている。ザオら（Zhao et al., 2008）が私たちに思い出させてくれるように、「オンラインの世界とオフラインの世界は2つの別々の世界だと考えるのは間違っている」（2008, p.1831）。

　オンラインソフトウェアは、ディスカッションリーダーが参加者と個別に会話ができるように画面を分割する機能など、同期方式を採用する際に有利に使用できる追加機能を提供する（Brüggen and Willems, 2009）。ただし、これには司会者側に特定のスキルが必要であり、一部の研究者は、ソフトウェアにアクセスするためと、場合によってはオンライン・フォーカスグループのセッションを運営するために、専門会社のサービスを利用することを選択している。ヒリアーら（Hillier et al., 2012）は、彼らがアクセスしたい若者たちと使用するのに適していると判断した独自のソフトウェアプログラムを開発した国際調査会社を利用した。

　ここで議論した他の選択や決定と同様に、データを生成するために従来の対面方式よりもオンライン方式が優れているかどうかについて、決定的な答えはない。ブルーアら（Bloor et al., 2001）は、**バーチャル・フォーカスグループ**の可能性について、次のように慎重に要約している。

　　バーチャル・フォーカスグループは、フォーカスグループ研究の未来図ではない……しかし、バーチャルなフォーカスグループは、フォーカスグループの伝統における有用で安定した仲間であり、社会研究者にとって価値のある新しいツールを提供している。（2001, p.75）

　一部の研究者（たとえば、Nicholas et al., 2010; Krol et al., 2014）は、オフラインとオンラインのフォーカスグループを組み合わせている。これは、単独で採用される方法の欠点を認め、並列アプローチを使用して補おうとする混合研究法デザインの理論的根拠に立っており、場合によっては有用な妥協案を提供するだろう（Kelle, 2006）。重要なのは、オンライン・ディスカッションが研究の範囲を広げるかもしれないことである。ニコラスら（Nicholas et al., 2010）は、（脳性麻痺、二分脊椎、嚢胞性線維症の）子どもたちは、「内気だったりスポットライトを浴びることをためらい」、オンライン形式を強く好み、一方、より外交的な他の子どもたちは、仲間と対面で経験を議論する機会を好むと報

告している。

　ただし、生成されるデータの形式と内容に関しては重要な違いがあるかも
しれない。ニコラスら（Nicholas et al., 2010）は、彼らの非同期オンライン・
ディスカッションの参加者が提供した情報はかなり少なく、仲間の経験につい
ての理解も少なかったことを見出した（これは、意識を高めたり行動を起こさ
せたりすることを目的とする非同期オンライン手法の使用に影響を与える可能性
がある）。オンラインとオフラインのフォーカスグループの組み合わせは、質
的パラダイムの中ではあるが、本質的に混合研究法アプローチを構成するため、
生成されるデータの種類は非常に異なり、分析に課題をもたらす可能性がある。

質的方法を混合する

　ホイットリーとキャンベル（Whitley and Campbell, 2014）が採用した参与観
察や繰り返しフォーカスグループなど、非常に相性の良い質的方法を複数利用
するアプローチもある。ちなみに、彼らの研究は、（研究が行われた）メンタ
ルヘルスの場で実践されている治療的介入とそれほどかけ離れているわけでは
ない。エスピノザとパイパー（Espinoza and Piper, 2014）は、人類学的／エス
ノグラフィー的アプローチと対話型のグループ・ディスカッションを組み合わ
せ、「対話的同行」と呼ばれるハイブリッドな方法を開発した。ここでは、研
究者がサイトと参加者の両方を選択し（サンプリングに関する 5 章で詳細に説
明する）、自然発生の、しかし焦点を絞った（かつ、実際にビデオに撮る）対話
の比較的構造化されていない観察からなり、その後詳細なディスコース分析
がなされた。彼らは、この方法によって「参加者と空間の間の二重の相互作用、
およびグループの発展過程における参加者同士の相互作用」（2014, p.19）に焦
点を合わせることができ、通常の研究実践を超えることができたと論じている
（この研究については、フォーカスグループのデータの生成に関する 6 章でも詳
しく説明する）。

　質的混合研究法デザインにおけるフォーカスグループの使用のほとんどの例
は、広い意味でのエスノグラフィーのアプローチと関連しており、そこでは
フォーカスグループは、混合研究法が確立され、比較的問題のない領域におい

て、単に可能性を広げる別の方法を提供している。このような使い方の例として、大学のキャンパスに隣接するアパラチアのある町における近隣関係のエスノグラフィー研究がある（Powell, 2014）。そこでは、フォーカスグループが半構造化面接と「フォトボイス」とともに採用された（後者の方法については、フォーカスグループのデータ生成に関する6章でさらに説明する）。アクションリサーチ主導の取り組みは、混合研究法が確立された実績のあるもう1つの実践領域であり、多くの場合、**ケーススタディ・アプローチ**を含む。ニルバラグルら（Nilvarangkul et al., 2013）も、政府の利害関係者とともに、タイ北東部の女性織物職人のセルフケア強化を目的としたアクションリサーチ・プロジェクトの文脈で、5年間にわたる継続的な利害関係者による会合によって補強しつつ、フォーカスグループ、インタビュー、参与観察を用いて研究を行った。

認識論的・存在論的基盤という点では、大まかに類似した質的方法の間に摩擦は少ないと思われるが、それにもかかわらず、重要な相違点が覆い隠されることがあり、それはデータ分析の段階になって初めて明らかになることがある。異なる手法が生み出すデータは、形式も内容も非常に多様であり、特に学際的手法や混合研究法のアプローチに慣れていない研究者にとっては、分析のさらなる課題となりうる。繰り返しになるが、混合研究法は、主として量的なパラダイムでの利用を中心に考えられており、「トライアンギュレーション」の問題をめぐって活発な議論が行われている。

トライアンギュレーション

混合研究法を採用する理由として —— 少なくとも助成金の提案書において —— よく挙げられるのは、「トライアンギュレーション」を目指すことである（Flick, 2018bも参照）。しかしこれは、量的または質的な研究の伝統の中でのみ研究する場合であっても、困難が伴う（Barbour, 1998, 2001）。「トライアンギュレーション」の背後にある考え方は、異なる手法を適用して生成されたデータを比較することで、互いの結果を確認したり否認したりできるというものである。しかし問題は、不一致や矛盾をどのように説明するかである。航海術と測量から借用された「トライアンギュレーション」の概念は、エビデンス

の階層性を含めて、固定された参照点の考え方に依存している。そして、「真正の」または最も信頼できる調査結果を生成するという点で、どの方法が最も高いステータスを与えられるかについて、研究者間の合意があることが前提となる。

　興味深いことに、質的研究のパラダイムの中で、この「代表的」地位は1対1インタビューに与えられがちであり（Silverman, 1993）、フォーカスグループによって生成されたデータは、一般にこれと比較される。どの**データセット**が最も「真正か」という解決不能な議論に巻き込まれるのではなく、フォーカスグループと1対1インタビュー――あるいは、実際質的または量的データ収集のあらゆる他の形式――を並列するデータセットを生み出すものとして捉えるのが有用である。このようなアプローチにより、研究者はエビデンスの階層性を確立しようとする試みにとらわれることなく、さまざまなデータセットの可能性を比較することの可能性を活かすことができる。

　量的研究者がトライアンギュレーションに訴える際の関心は、異なる方法を用いて生成された結果の裏付けや確認にあるが、質的研究は、差異や矛盾を分析に活かすことにある。並列するデータセットのデータを比較することで最も利益を得ることができるのは、こうしたことに焦点を当てることによってである。矛盾する結果を問題にして苦しむのではなく、それをリソースとして活用することに取り組むべきである。モーガン（Morgan, 1993）が主張するように、「研究が個人インタビューとグループインタビューの結果に違いがあることを発見した場合、方法論的な目標は、これらの違いの**原因**を理解することにあるべきである」（1993, p.232. 強調は私による）。

　フォーカスグループは、公的なディスコースへの洞察を提供する（Kitzinger, 1994）。フォーカスグループで表明される見解は、もちろん、1対1インタビューで表明される「私的な」見解とは異なるかもしれない。ミッチェル（Michell, 1999）は、研究課題を見るための代替となるレンズとなるよう、2つのデータセットを使用して、インタビューとフォーカスグループを通して作成された、若者の社会的世界に関する経験についての「公的な」説明と「私的な」説明を比較し、その違いを調べた。彼女は、並列データの比較を利用して、学校や周辺地域の仲間集団の階層構造の経験を探った。彼女は、いじめることと被害者となることのプロセスと経験の双方に関する洞察を得るためにこれら

2つの補完的な方法を用いることの、「付加価値」を強調している。

　これは、リチャードソン（Richardson, 1994）が好んで用いるアプローチで、彼女は「トライアンギュレーション」よりも「結晶化」という言葉を使うべきだと主張している。彼女は、このイメージを好むのは、さまざまな角度から同じ問題や概念を同時に見ることの価値を強調するためだと説明している。質的方法は、社会的行動の何らかの側面に関与するさまざまなアクター（患者、介護者、専門家など）の複数の声を捉えるのに特に適している。これらさまざまな「プレーヤー」の説明から、彼らが置かれているまったく異なる状況や、ディスカッションのトピックに持ち込む異なる懸念が明らかになって、私たちはそれを困ったと思うのではなく、むしろ興味をそそられるのであれば、補完的な方法によってさらなる洞察がもたらされるとき、それを手にしない理由があるだろうか？

　ブリストウら（Bristowe et al., 2012）は、専門職間のグループを4つのチームに分け、ビデオ録画された産科救急のシミュレーションを視聴させた。チーム間の意見の不一致を気にするのではなく、研究者たちは（このシミュレーションの演技に参加した俳優たちとともに）反応を評価し、「収束」、「補完性」、「不協和」、「沈黙」の領域を特定し、さらに分析した。この研究では、全体を通して同じ方法（この場合はフォーカスグループ）が使用されたが、それにもかかわらず、異なる方法を使用して生成された応答を探索し体系的に比較するために採用できる可能性のあるテンプレートが提案されている。

　研究活動において、重要な声が掻き消されないようにするために、どのように補完的な方策を用いるのがよいかを考えるだけでなく、その方法を慎重に選択することも、分析を予測する機会となる。補完的な方法を、有益な比較ができる可能性のある並列データセットを生成するものと見るなら、この点から逆行して、どの補完的な方法がそのような比較の機会を最も提供する可能性があるかを検討することにはメリットがある（Flick, 2018a 参照）。逆方向から考えることは、フォーカスグループ研究の実施に関連した多くの実践的課題を予測し、受け入れるという点からも、推奨される戦略である。

研究デザインの実用性

　せっかく綿密に研究デザインを練っても、現実的な問題を考慮しなかったために失望させられるなら残念なことである。一見簡単そうな決定をする場合でも、研究者は学問の慣例や個人的スキル、また、研究プロジェクトの目的、研究を実施するために利用できる資金のレベルや時間等の問題に影響される。フォーカスグループは必ずしも簡単な選択肢ではなく、マクパーランドとフラワーズ（McParland and Flowers, 2012）が述べているように、実際に参加候補者を設定したフォーカスグループに参加してもらうには、多くの課題がある。研究者は、研究の設定、司会者（モデレータ）、行う分析のレベルの選択、そしてトランスクリプションやノート取りをどうするかなど（アシスタントの司会者（モデレータ）が必要かどうかも含む）、サンプリング（5章で説明）、データ生成のアプローチ（6章で説明）、そして実際、倫理的問題（7章で説明）について、最初に慎重に検討することをお勧めする。

設定

　研究者は、参加を最大化するために、フォーカスグループを開催する場所に関して柔軟である必要がある。おそらく、研究に関与するであろうすべての人びとに普遍的に受け入れられるような設定など存在しない。しかし、開催する場所の範囲が狭すぎると、参加者の広がりや表明される意見の広がりが著しく損なわれる可能性があることを理解することが重要である。
　適切な施設の利用可能性やコストのために、設定の選択が制限される場合があり、研究者は妥協しなければならないこともある。参加者によっては、（親が参加できるように）託児所の提供や、障害者が参加できるアクセシビリティの可能性を考慮する必要がある。特に託児の提供に関して、支払いと保険の問題にも対処する必要がある。食べ物を提供するのは良いアイデアのように聞こえるかもしれないが、文化的に大きな問題になる可能性があり、たとえば、特定の宗教的な祭事や儀式（ラマダンなど）に関する要件への考慮が不可欠であ

る。

　また、特定の場所が参加者に及ぼす可能性のある影響と、生成されるであろうデータの焦点について、ある程度考えておくことも重要である。臨床研究者には、気味の悪いポスターなどの装飾の存在がほとんど気にならなくても、患者への影響を過小評価すべきではない。しかし研究者には、理想的ではない設定を補うためにできることがたくさんある。たとえば、選ばれた設定が示唆する連想から、研究に最も関連するトピックにディスカッションを誘導するために、トピックガイドに特定の質問と刺激材料を含めるようにするなどである（これについては、フォーカスグループデータの生成について説明する6章で詳しく説明する）。

　対面のフォーカスグループのディスカッションの場を選択するときは、不快な騒音の可能性や、ディスカッションが立ち聞きされる可能性にも留意する必要がある。セッションをビデオ録画する場合は、部屋の物理的なレイアウトに注意を払う必要があり、また、研究者は使用する機器に慣れておくことも不可欠である。しかしながら、どのような機材も、怠惰で不注意な司会や、よく練り上げられていなかったり案内者のいないトピックガイドや刺激材料を補うことはできない（6章参照）。

　繰り返しになるが、研究デザインにさまざまな設定を組み込むことは、フォーカスグループ研究における制限と見なすのでなく、それらの比較という可能性を強化することができるのであり、この戦略がもたらす違いは問題ではなく、分析のリソースとなる。

司会者（モデレータ）とグループのマッチング

　研究者のペルソナは、他のすべての質的方法とまさしく同様に、フォーカスグループを用いて引き出されるデータの形式と内容に影響を与える。論者たちが「再帰性（リフレクシビティ）」という概念に言及するとき、アピールしているのは、研究という努力のこの側面である。再帰性とは、研究者が生成しているデータに積極的に貢献するしかたを認識することに関わる。司会者（モデレータ）が異なれば、データの内容も形式も異なりうる。特定の司会者（モデレータ）の影響の可能性と、その個人の特性、または知覚された特性（Kitzinger and Barbour, 1999）と、その人が配置されたグ

ループの適合性を考慮することが重要である。参加者は司会者^(モデレータ)の応答スタイルと使用される語彙にもとづいてその属性を判断することに変わりはないが、これはオンラインではそれほど問題にならないと思われる。ただし、オンラインの方法がこのような問題を自動的に解決するわけではないので、研究者は、個人的に関与するコミュニケーション形態に慣れていて自在であるのでなければ、背伸びしすぎないようにすべきである。

　とはいえ、司会者^(モデレータ)間の違いは、研究の出会いと結果として得られるデータに別の機会を提供するので、利点として利用することもできる。分析を充実させるために、意図的にこのような比較を利用している研究チームもある。たとえば、バーマンら（Burman et al., 2001）は、研究チームが幅広い年齢層にわたっていたことから、研究チームの多様なメンバーの特性を活かすために、ペアを組んで研究することを選んだ。暴力に関する彼らの研究は思春期の少女が対象に含まれていたので、「流行の」服を着た若い女性チームメンバーの存在は、少女たちとのラポールと信頼を確立する上で非常に貴重であった。一方年上の研究者の関与は、おそらく参加者に、これが資金援助を受けた重要な研究であることを思い起こさせるのに役立った。

　しかし、同質すぎるグループを選択すると逆効果になることがあるのと同様に、「内部者^(インサイダー)」の司会者^(モデレータ)を選択することも役に立たないことがある。ハードとマッキンタイア（Hurd and McIntyre, 1996）は、「同一性への誘惑」が起こりうると指摘している。研究者がグループの当然とされている前提を共有しすぎているため、それらを批判的に精査することができなくなるのである。しかし、何らかの点で「部外者^(アウトサイダー)」の司会者^(モデレータ)を起用すると、説明を引き出すのを助け、発生したデータを文脈化するのに役立てることができる。また、グループ状況も、司会者^(モデレータ)とグループメンバーの特性との間の不一致の影響を相殺できる。スミッソン（Smithson, 2000）は、若い白人の将来の期待に関するヨーロッパ全体にわたる研究の文脈で、若い白人女性として、若いアジア系英国人の女性からなるフォーカスグループの司会を行った彼女自身の経験を振り返って、こう結論づけている。

　　　１人の白人女性と１人のアジア人女性では、これほど詳細に若いアジア系英国人の生活と議論についてその像を描き出すことはできないだろう。ここ

では、グループは集合的に「強力」であり、彼女たちは司会者が知らない共^{モデレータ}有知識にアクセスできている。他者としての研究者によって構築されるのではなく、これらアジア系女性たちは、フォーカスグループを利用して、「自己確認の交差軸」にある2つの文化の間に自分たちを位置づけたのである。(2000, pp.111-112)

司会者とグループを一致させることは常に可能ではないし、それが望ましいわけでもないが、生成されたデータに対する司会者の影響を慎重に検討する必要があるし、また、これを分析のリソースとして活用する必要がある。比較目的のデータを生成するために、司会者の個人的特性を戦略的に利用している研究チームもある。

　重要なのは、データに対する研究者の影響を分析において考慮すること、すなわち、分析の強みとなるように、再帰的に利用することである。司会者のスキルを考慮して、必要に応じて追加のトレーニング（オンラインメソッドに固有のトレーニングを含むこともありうる）を提供することも、また重要である。

　適切に説明を受けたアシスタント司会者がいることも、フォーカスグループのセッション中、および終わってすぐに確実に適切なメモを取ることができ、有用である。分析が、（純粋な内容分析またはテーマ分析を用いるのではなく）相互作用のプロセスに焦点を当てることになりそうであれば、アシスタント司会者は個々の話者を識別するのに役立ち、比較分析のための貴重なリソースとなる。相互作用によって参加者の視点が挑戦されたり、意見を修正したりするプロセスを追跡するためには、異なる視点を支持する人びとを識別できることが重要だろう。

トランスクリプション

　フォーカスグループのプロジェクトを開始するときに、すでに研究者は、実施する分析のレベルと、これがトランスクリプションにかかわる決定に与える影響について、ある程度考えておく必要がある。多くの研究者は、逐語的なトランスクリプションが必要だと考えているが、特に、相互作用の詳細に注意を払うのでなく、内容分析（8章の説明を参照）を行うことを意図している場合

には、これは必ずしも必要ではない。メモに頼ったりテープを繰り返し聞いたりすることは、その手順が必ずしも体系的で徹底したものでないということを意味するのと同じく、逐語的なトランスクリプトそれ自体は、自動的に厳密さを与えるわけではない。これは研究プロセスの特性であって、逐語的なトランスクリプトの有無と密接な関連はない。しかし、逐語的なトランスクリプトは、後日データに立ち戻って、その後の研究やさらに読むことで得た新しい洞察に照らして再分析する可能性を広げる。妥協案を見つけることは常に可能である。オーディオテープが保存されていれば、いつでも分析プロセス中に再確認し、より詳細な分析を行うために選択した部分だけを完全に書き起こすことができる。

　質的研究のプロセスでトランスクリプトがあまりに重要なものとされているために、その価値や作成方法に疑問が投げかけられることはほとんどない。しかし、トランスクリプションにはさまざまな専門技術が必要であり、素早く過ぎてゆく活発なディスカッションをテクストに変換する必要がある（Poland and Pederson, 1998, p.302）。そのため、マクナハテンとマイヤーズ（Macnaghten and Myers, 2004）も指摘しているように、トランスクリプトから抜け落ちるであろうものに留意することが重要である。ジェニー・キッツィンガーは、オリジナルの録音を聞きながらトランスクリプトを読み、重要なジェスチャー、強調、表現を（フィールドノーツの助けを借りて）書き留めることを勧めている（Kitzinger and Barbour, 1999）。

　初心のフォーカスグループの研究者にとっての最良のアドバイスの１つは、自分でトランスクリプションを行うことである。そうすることで、興味深い手がかりを拾い損ねていたり、明確化を求めていなかったり、言いかけたことを終了するよう参加者を誘導していたり等々に気づくというフラストレーションに直面することになるので、将来より注意深い司会者になれるだろう。これはまた、フォーカスグループのトランスクリプトを作成するために雇った音声タイピストのスキルについて、より認識できるというおまけもある。多くの場合、研究者からレイアウトの要件に関する指示はない。トランスクリプトの用途に関する情報も、この責任を負うタイピストにとって非常に役立つ。トランスクリプションの一部を自分で行うことは、データをよく知る上でも有益である。しかし、トランスクリプションのタイプによっては、熟練した専門家のサービ

スが必要である。これは、特に会話分析を伴うアプローチに関連している。

会話分析

会話分析では、トランスクリプションを一連の表記規則に従って作成し、一連の記号を使用して会話の特定の特徴を示す必要がある。このような細部への配慮はきわめて重要であって、会話分析研究者によれば、「話し言葉のどのような側面も、それが間、修復、ピッチや音量の変化、特定の単語の選択、ある話し手が別の話し手と重複する点、または鼻をする音であろうと、相互作用と無関係であると想定すべきではない」（Puchta and Potter, 2004, p.3）。プフタとポッター（Puchta and Potter, 2004）が認めているように、この枠組みは、音声配信とイントネーションの特徴を表す記号が散乱するので、研究者にとってもタイピストにとっても、最初は作業が困難である。（このアプローチは「ジェファーソン式トランスクリプション」と呼ばれ、必要な記号の用語集については、シルヴァーマン（Silverman, 1993）、またはプフタとポッター（Puchta and Potter, 2004）の付録を参照。）プフタとポッター（Puchta and Potter, 2004）は、会話分析の追究に興味がある人は、ハッチビーとウーフィット（Hutchby and Wooffitt, 1998）、およびテン・ハブ（ten Have, 1999）を参照することも勧めている。

厳密な会話分析アプローチに従わない場合でも、一般的なフォーカスグループの分析者は、このような細部への注意から多くを学ぶことができ、会話の特定の特徴が参加者のリソースとしてどのように作用し、相互作用のプロセスを通して特定のタスクを達成したり、特定の表現をすることを可能にしているかに焦点を当てることができる。研究者はまた、分析を支援するために、たとえば、トーン、中断、ボディランゲージの観察を含めることができる。（これは、9章で提唱されている複合アプローチと軌を一にしており、研究者がフォーカスグループのデータを分析するさまざまな方法から得られるさまざまな洞察を活用できる。）ここでも、録音・録画されたディスカッションが保存されていれば、役立つと思われる場合、ジェファーソン式の方法を用いてディスカッションのセッションを書き起こしてもらうことができるだろう。

- フォーカスグループは、単独の方法としても、混合研究法アプローチの一部としても、有益に使用できる。混合研究法では、フォーカスグループは質問票など、より構造化された「ツール」の開発に役立てうるが、量的な研究結果を解明することにも利点がある。

- フォーカスグループを採用するか、1対1インタビューを採用するかの決定は、各研究の文脈に応じて検討する必要がある。インタビューは「プライベート」な説明を引き出すのに優れているが、フォーカスグループは、仲間グループか研究者が招集した見知らぬ人たちのグループであるかにかかわらず、参加者がディスカッション・グループで提示しようとする解釈や議論に研究者がアクセスすることを可能にする。

- 繰り返しフォーカスグループを使用することで、時間の経過に伴う見解の発展についてさらなる洞察を得ることができる。

- 電話会議、ビデオ会議、オンライン・フォーカスグループは、他の方法では参加が難しいグループや個人にアクセスするのに役立つが、研究者は新しいスキルを開発するために時間と労力を割かなければならないかもしれない。

- 質的混合研究法の研究計画においてフォーカスグループを使用することにも、重要な課題が持ち上がる。

- トライアンギュレーションは問題を含む概念であるが、特に不一致を探究し、説明しようとすることに関して、フォーカスグループは並列データを提供できるため、比較を通して対照的なデータセットの吟味を容易にする。

- 開始時点から、関連する実際的なこと（設定の選択、司会者<ruby>司会者<rt>モデレータ</rt></ruby>とグループのマッチング、トランスクリプション、および関連する要件の決定）に注意を払う。

- フォーカスグループの「中立的」設定というものはない。代わりに、可能なさまざまな場所で生成されるデータの内容に対する影響を予測し、それに応じて計画することが重要である。複数の設定を使用すれば、比較データを得ることができる。

さらに学ぶために

　フォーカスグループの立案や他の手法との組み合せに関する問題については、以下の本や論文により詳しく概説されている。

Barbour, R. S. (1999) 'The case for combining qualitative and quantitative approaches in health services research', *Journal of Health Services Research and Policy, 4*(1): 39-43.

Crabtree, B. F., Yanoshik, M. K., Miller, M. L. and O'Connor, P. J. (1993) 'Selecting individual or group interviews', In D. L. Morgan (ed.), *Successful Focus Groups: Advancing the State of the Art.* Newbury Park, CA: Sage, pp.137-149.

Flick, U. (2018) *Designing Qualitative Research* (Book 1 of The SAGE Qualitative Research Kit, 2nd ed.). London: Sage.［フリック, U.／鈴木聡志（訳）(2016)『SAGE 質的研究キット 1 質的研究のデザイン』新曜社（初版の訳）］

訳者補遺

レヴィット, ハイディ M.／能智正博・柴山真琴・鈴木聡志・保坂裕子・大橋靖史・抱井尚子（訳）(2023)『心理学における質的研究の論文作法──APA スタイルの基準を満たすには』新曜社.［Heidi, M. Levitt (2020) *Reporting Qualitative Research in Psychology*, Revised ed., Washington, DC: American Psychological Association. の訳］（特に、第2章・第3章参照）

日本混合研究法学会（監）／抱井尚子・成田慶一（編）(2016)『混合研究法への誘い──質的・量的研究を統合する新しい実践研究アプローチ』遠見書房.

■新刊

D. ノーマン／安村通晃・伊賀聡一郎・岡本 明 訳

より良い世界のためのデザイン　意味,持続可能性,人間性中心

急速な技術革新の一方，気候変動や地球環境の汚染，行き過ぎた資本主義などの危機に直面している。政治・経済を含む何世紀にもわたってデザインされた実践の結果だ。人間性中心の，意味のある，持続可能な，我々の行動を変えるためのデザインの提言。

ISBN978-4-7885-1827-8　四六判 480 頁・定価 3960 円（税込）

六車由実

神，人を喰う 新装版　人身御供の民俗学

人柱などの供犠の問題を論じて思想界に新鮮な驚きを与えた初版から二十年，著者は研究者から介護の仕事に転じながらも，『驚きの介護民俗学』で話題をさらった。著者の出発点として，今も読まれ続ける鮮烈なデビュー作を新装して刊行。

ISBN978-4-7885-1821-6　四六判 280 頁・定価 2970 円（税込）

実重重実

細胞はどう身体をつくったか　発生と認識の階層進化

細胞は「主体的な認識力」を備えた１つの生物だ。細胞は遺伝子のタンパク質の設計図を読み取りながら他の細胞や外界とやりとりし，専門化して，身体という巨大な社会をつくっていく。どうやって？　驚きと知的な刺激に満ちた発生の進化の道筋を辿る旅。

ISBN978-4-7885-1817-9　四六判 296 頁・定価 2970 円（税込）

H. M. レヴィット／能智正博・柴山真琴・鈴木聡志・保坂裕子・大橋靖史・抱井尚子 訳

心理学における質的研究の論文作法　APA スタイルの基準を満たすには

質的研究論文をどう書くか，評価するかの基準として，アメリカ心理学会で質的研究のための学術論文執筆基準が作られた。しかし基準は簡潔に書かれていて，そのまま論文に適用するのは難しい。基準を具体的な研究に橋渡しするための実践的ガイドブック。

ISBN978-4-7885-1828-5　Ｂ５判 192 頁・定価 3960 円（税込）

山崎敬一・浜日出夫・小宮友根・田中博子・川島理恵・池田佳子・山崎晶子・池谷のぞみ 編

エスノメソドロジー・会話分析ハンドブック

社会学，言語学，人類学，心理学，経営学，政治学，メディア研究，医療・看護研究など，幅広い学問分野で多彩に発展したエスノメソドロジー・会話分析の起源をたどり，その現在を一線の研究者たちが解説。全体を包括的に理解するための待望のガイド。

ISBN978-4-7885-1794-3　A 5 判 492 頁・定価 4620 円（税込）

五十嵐素子・平本 毅・森 一平・團 康晃・齊藤和貴 編

学びをみとる　エスノメソドロジー・会話分析による授業の分析

生徒の学習経験を捉える確実な方法は，学習活動を相互行為（やりとり）として捉え，「みとる」ことである。エスノメソドロジー・会話分析に基づき，授業実践の方法から学習経験の把握，授業の振り返りの仕方まで，豊富な事例で示した本邦初のテキスト。

ISBN978-4-7885-1823-0　A 5 判 308 頁・定価 3410 円（税込）

M. コントポディス／北本遼太・広瀬拓海・仲嶺 真 訳

新自由主義教育からの脱出　子ども・若者の発達をみんなでつくる

成功と消費へと駆り立てる新自由主義の時代は，子ども・若者の将来展望や職業選択をいかに方向づけ，どのような困難をもたらしているか。世界各地での教育実践を通して，新自由主義的教育の隘路と，それに対抗する集合的な営みの可能性を描き出す。

ISBN978-4-7885-1810-0　A 5 判 164 頁・定価 2860 円（税込）

大内雅登・山本登志哉・渡辺忠温 編著

自閉症を語りなおす　当事者・支援者・研究者の対話

なぜ自閉症者と周囲の人々は「通じ合う」のが難しいのか？　障がいの当事者が障がい児を支援すると，何が生まれるか？　当事者だからこその体験と問題提起に多様な視点から研究者が応答。当事者の見方を踏まえた支援を支援するための逆ＳＳＴの提唱。

ISBN978-4-7885-1815-5　四六判 320 頁・定価 2860 円（税込）

細野知子

病いと暮らす　二型糖尿病である人びとの経験

健康な身体と，病気の身体を行き来しながら生活している二型糖尿病を生きる人々は，その実態が見えづらい。この病いを生きる人たちの，「病いと言いがたい」暮らしと治療の日々を丁寧に記述し，医療提供者と患者の新たな関わり方を探った労作。

ISBN978-4-7885-1813-1　四六判 202 頁・定価 2530 円（税込）

八重樫文・大西みつる

新しいリーダーシップをデザインする
デザインリーダーシップの理論的・実践的検討

リーダーシップをデザインという切り口から捉えると，固定観念にとらわれない新しいリーダーシップの姿が見えてくる。どのように自分らしいリーダーシップのあり方を創り出すか，そのためのデザイン態度とは何か。理論的，実践的検討とそのヒント。

ISBN978-4-7885-1803-2　四六判 272頁・定価 2640円（税込）

M.L.Ohmer, C.Coulton, D.A.Freedman, J.L.Sobeck, J.Booth 著／似内遼一ほか 監訳

コミュニティを研究する
概念，定義，測定方法

街づくりやコミュニティデザイン，プレイスメイキングなどが注目され，地域を基盤とした住環境の改善，生活の質の向上を目的とした活動が展開されている。そのときに不可欠な近隣地域やコミュニティの測定法を体系的にわかりやすく解説した本邦初の本。

ISBN978-4-7885-1820-9　Ｂ５判 464頁・定価 9350円（税込）

D.J.グリーンウッド・M.レヴィン著／小川晃弘監訳

アクションリサーチ入門
社会変化のための社会調査

応用のない理論は理論ではない。研究者と現地の人々が協働して問題解決に取り組むアクションリサーチの理論，戦略，よいリサーチャーになるためのスキル，具体的な実践例までを懇切に解説し，公正で持続的な変化のための新しい知見を提供。

ISBN978-4-7885-1818-6　Ａ５判 264頁・定価 3520円（税込）

A.A.レイニー・S.H.ジャニッケ＝ボウルズ・M.B.オリバー・K.R.デール／李 光鎬 監訳

ポジティブメディア心理学入門
メディアで「幸せ」になるための科学的アプローチ

ゲームやSNSは子どもに悪影響を与えるだけなのか　見過ごされてきたメディアのプラス面に光を当て，エンターテインメント・コンテンツを有意義に活用するための科学的知見が蓄積され始めている。この新たな分野の全体像を初めて体系的に概観する。

ISBN978-4-7885-1805-6　Ａ５判 320頁・定価 3520円（税込）

李 津娥 編／李 光鎬・大坪寛子・川端美樹・鈴木万希枝・山本 明・渋谷明子・志岐裕子・正木誠子

クリティカル・オーディエンス
メディア批判の社会心理学

メディアへの信頼が揺らぐ現代，インターネットやSNSの発達によりオーディエンスのメディア批判が可視化され，影響力が高まっている。そのありようを社会心理学的にアプローチし，実証的に調査・研究するための理論，概念，方法と成果を平易に紹介。

ISBN978-4-7885-1806-3　Ａ５判 240頁・定価 3300円（税込）

■新刊

田中彰吾 編著／今泉 修・金山範明・弘光健太郎・浅井智久 著

自己の科学は可能か　心身脳問題として考える

自己とは何か？　自己は脳によって作られるのか？　身体性に規定されるのか？　記憶と物語から構築されるのか？　21世紀に展開されてきた「自己の科学」を振り返り，最先端の研究を紹介するとともに「心身脳問題」という観点から未来を展望する熱いアンソロジー。
ISBN978-4-7885-1831-5　**A5判224頁・定価3520円（税込**

野口謙二

人生の意味の「意味」　心理学から言えること

ふとした瞬間に，なぜ生きているのだろうか，という問いが浮かんだことはないだろうか。哲学者たちの探究に対して，一般の人々の心理を探究する心理学はどのように答えるだろうか。最新の心理学の研究から，人生の意味，幸福感との違いについて考える。
ISBN978-4-7885-1822-3　**四六判192頁・定価2420円（税込**

山岸明子

続・心理学で文学を読む　親・大人のあり方をめぐって

人の生涯に「親・大人のあり方」はどう影響するか。島尾敏雄『死の棘』，ジャクリーヌ・デュ・プレの生涯の伝記，宮沢賢治を描いた小説や評論，中村文則『私の消滅』，村上春樹の小説における「大人」の描かれ方を題材に，発達心理学の視点から考察。
ISBN978-4-7885-1814-8　**四六判208頁・定価2420円（税込**

福丸由佳 編

離婚を経験する親子を支える心理教育プログラムFAIT－ファイト－

離婚にまつわる法制度の見直しが進むなか，渦中にいる親子への支援ニーズが高まっている。離婚を経験する親子に向けた参加型心理教育FAITの概要と参加者の声を紹介し，離婚という移行期の家族支援の実際と課題を，親子双方の視点から考える。
ISBN978-4-7885-1804-9　**四六判240頁・定価2860円（税込**

やまだようこ著作集第6巻

私をつつむ母なるもの　多文化の「人と人の関係」イメージ

ビジュアル・ナラティヴの先駆的研究『私をつつむ母なるもの』と，異なる文化や年齢，性の人々の「人と人の関係イメージ」「過去－現在－未来」をむすぶビジュアル・ライフストーリーの共通性と多様性に焦点をあてたその後の発展。描画を多数収載。
ISBN978-4-7885-1808-7　**A5判608頁・定価6380円（税込**

D. ノーブル／新庄記子・木村純子・山岡傳一郎・黒木幹夫 訳

命の調べのダンス 生物学的相対性

「利己的遺伝子」を含む古い遺伝学がいまだに影響を与えている。しかし遺伝子が生命を決定づけるのではない。生命は，すべてが他のすべてに影響を与えあいダンスするオープンシステムなのだ。因果関係についての見方を一変する，新しい生物学への招待。

ISBN978-4-7885-1811-7　四六判432頁・定価4620円（税込）

Z. ディエネス／石井敬子・清河幸子訳

科学としての心理学 科学的・統計的推測入門

統計的推測は科学的心理学の根幹をなす方法であるが，心理学者でさえ混乱していることが多い。主流の仮説検定の問題点と誤解，ベイズ統計，尤度検定の導入まで，さまざまなアプローチの特徴と原理が前提となる科学哲学からよくわかる，類例のない入門書。

ISBN978-4-7885-1807-0　A5判280頁・定価3520円（税込）

日本記号学会編
叢書セミオトポス17

生命を問いなおす 科学・芸術・記号

生命と記号は一見相反するようだが，二重らせんの発見以来，生命は情報，記号現象と考えることができる。機械生命論，分解と発酵の記号論，オートファジー論，メッセンジャーとしてのウイルスなど，記号学会ならではの視点から生命観に転換を迫る。

ISBN978-4-7885-1819-3　A5判260頁・定価3190円（税込）

日本質的心理学会『質的心理学研究』編集委員会 編

質的心理学研究 第22号 【特集】ポスト2020 教育のゆくえ

10年ぶりの学習指導要領改訂，大学入学共通テストの導入など2020年以降，教育は大転換点を迎えている。人が育つ現場ではなにが起きているのか。特集では6本の論考で実証的に読み解き，新たな問いへとつなぐ。一般論文は過去最多の13本を掲載

ISBN978-4-7885-1799-8　B5判408頁・定価5060円（税込）

麻生 武

6歳と3歳のおまけシール騒動

昭和の末期，大流行したビックリマンチョコのおまけシール。その渦中にあった6歳と3歳の息子とその仲間たちの克明な日誌的観察記録をもとに，子ども文化，子ども経済，仲間関係の発達を社会歴史的な文脈の中で丁寧に描き出した稀有なフィールド研究。

ISBN978-4-7885-1800-1　四六判304頁・定価3960円（税込）

『6歳と3歳のおまけシール騒動』麻生 武

●日本経済新聞　2023年4月8日

「1980年代後半，日本がバブル経済に浮かれる中，子どもの世界もバブルに沸いた。菓子のおまけの「ビックリマンシール」。大人はスーパーの行列に並んで買い与え，子どもは収集と交換にいそしむ。‥‥シール騒動は「今日の消費社会の経済の構造を深く子どもたちに教えた」と著者は指摘する」ほか「週刊文春」2023年4月13日号，「サンデー毎日」2023年4月23日号，「毎日新聞」2023年4月22日，「朝日新聞」2023年6月10日など。

『災害の記憶を解きほぐす』

関西学院大学震災の記録プロジェクト／金菱 清（ゼミナール）編

●神戸新聞　2023年6月10日（長沼隆之氏）

「阪神・淡路大震災の発生から30年が近づく。当時を知らない学生たちが新しい視点から記憶の継承を担うことで，被災の実相の一端が明らかにされる。難題に向き合った学生たちに敬意を表したい。‥‥幅広い世代に手にとってほしい良書である」ほか「読売新聞」2023年4月12日，「小説新潮」2024年1月号など紹介多数。

『2ちゃん化する世界』

石井大智 編著／清 義明・安田峰俊・藤倉善郎 著

●『世界』2023年6月号（藤原学思氏）

「2ちゃんは四半世紀で私たちの社会をいかに変えたのか。‥‥「2ちゃん化する世界」とはすなわち，「事実」が安く，軽くなる空間である。その「事実」の真実性や発信元の信頼性が問われることは少ない。事実らしく見えることに価値が見いだされる世界。それが持続可能でも健全でもないことは，もはや明らかである」ほか「埼玉新聞」2023年4月23日など。

『残留兵士の群像』林 英一

●毎日新聞　2023年1月21日（栗原俊雄氏）

「敗戦後，アジアの各地に残った元日本軍兵士たちがいた。なぜ残留し，戦後をどう生きたのか。これまでの著作で明らかにしてきた史実に加え，今回は膨大な映像資料を吟味し，「残留兵士たちの戦後史」を多角的に分析した」ほか「日刊ゲンダイ DIGITAL」2023年4月25日配信など。

●小社の出版物は全国の書店にてご注文頂けます。

●至急ご入用の方は，直接小社までお電話・ＦＡＸにてご連絡下さい。

●落丁本，乱丁本はお取替えいたしますので，小社までご連絡下さい。

新曜社
株式会社
新曜社

〒101-0051
東京都千代田区神田神保町3-9
電話（03）3264-4973
Fax（03）3239-2958
https://www.shin-yo-sha.co.jp/

5章　サンプリング

サンプリングの可能性を確認する
質的サンプリングの原則
グループ構成
グループの数とサイズ
既存のグループ
比較の可能性を最大限に活かす
フィールドに戻ることと2段階サンプリング

この章の目標

- 既存のサンプリングプールやその可能性を評価することができる。
- 質的サンプリングの原則を理解する。
- フォーカスグループにおけるサンプリングとグループ構成における問題点を理解する。
- 既存のグループを利用することの利点と限界を知る。
- 分析の可能性を広げることができる、他のサンプリングへのアプローチに気づく。

　フォーカスグループに関するどのようなテキストも、サンプリングに十分な注意を払わなければ十全ではない。この章では、サンプリング方略に焦点を当て、サンプリングについての決定には同時に考慮しなければならないいくつかの問題があることを示す。すなわち、プロジェクトの目的は何か、実在論－社会構築主義の連続体のどこに位置するのか、実際的な問題（利用可能なデー

タベースを含む、既存のネットや現実の機会を通して研究者に開かれた選択肢と、プロジェクトの進行計画によって与えられる可能性の両方の観点から）、そして最後に挙げるが重要な、倫理的配慮（潜在的な参加者にどのようにアプローチするかや、研究知見の一部を担う／公表する、あるいは共有することにより起こりうる結果に関して）などがある。

　あらゆる質的研究と同じように、フォーカスグループのプロジェクト、特にそのデザインは、研究者の研究分野における知識に負うところが大きい。これには、可能な**サンプリング・フレーム**や、利害関係にある集団、フォーカスグループの参加者を選ぶ対象層についての認識も含まれる。研究者は、フォーカスグループの参加者を選ぶために、先行して行った質的研究で得られたサンプリングプールを利用する場合もあるし、回答者の特定の下位集団に焦点を当てることにより、特定の知見をより深く探究することもできる。

　フォーカスグループ研究において、サンプリングの決定は２段階からなる。研究者は、研究に募集する個人について考えるだけでなく、募集するグループの構成（および数）についても決定しなければならない。この章では、グループ構成や既存のグループの利用についてもアドバイスする。倫理的な問題について考え、サンプリングの方略を策定し、グループを募集する際にそれらを考慮する必要について考える。多くの質的研究は、伝統的に便宜的なサンプリングに頼ってきたが、より戦略的なアプローチをとることで得られるものは多い。グループがすでに存在するからといって、同じグループで研究デザインを形成すべきというわけではなく、既存のグループを使う理由については注意深く考えるべきである。

　サンプリングはたいへん重要であり、それは最終的に、データを分析する際の比較を可能とする鍵となるからである。この章では質的サンプリングの原則について概観し、データにおける相違点とパターンを特定し、説明する可能性を最大にするために、サンプリング計画をどのように立てるかについて案内する。比較が、研究の明確な目的ではない場合であっても、この可能性を導入することにより、予期しない洞察につながり、分析を大幅に充実させることができる。

サンプリングの可能性を確認する

　フォーカスグループのサンプルを募るために、量的研究でより一般的なルートも含め、あらゆる可能なルートを検討することに価値があることは確かである。ヒリアーら（Hillier et al., 2012）は、全国的なサンプリング・フレームにアクセスできるようになることから、国際的な調査会社に依頼することにした。そうすることで、彼らの調査に若者を募集するプールが飛躍的に拡大した。しかし、既存の利用可能なサンプリングプールがあっても、参加者を募集することが骨の折れる方法となることもある。クロールら（Krol et al., 2014）は、対面の7つのフォーカスグループと2つのオンラインフォーラムを開催するために、2か所のリハビリテーションセンターの患者リストから、359名以上の子どもたち（8～11歳）と395名の青少年（12～15歳）に連絡した、と報告している。

　3章で取り上げたウィルモットとラトクリフ（Wilmot and Ratcliffe, 2002）は、臓器提供に対する一般の人びとの態度に関する彼らの最初の研究の結果をもたらした推論プロセスを探るために、フォーカスグループのサンプリングをさらに実施する際に、前回の調査（およびそのサンプリング・フレーム）によって得られた機会を利用した。

　インターネットは、参加者募集に関しても、また、ディスカッションを行う上でのプラットフォームとしても、さらなる可能性を与えてくれる。4章で見たように、インターネットは「届きにくい」人びとや地理的に分散した個人やグループにアクセスするのにとりわけ効果的だろう。ウッドとグリフィス（Wood and Griffiths, 2007）は、ギャンブラーとのオンライン上での研究を実施した経験を振り返り、インターネットは「社会的スキルに乏しい」人や、他の方法では簡単には接触できない人にアクセスできる可能性があることを指摘している。

　インターネット・フォーラムは、地理的なカバーやアクセスしやすさという点で魅力的ではあるが、たとえば使用する言語に習熟していない人など、特定の個人を排除するように働くかもしれない。アリネジャド（Alinejad, 2011）

は、北米在住のイラン人二世のブロガーの研究でこれを認めている。さまざまな媒体がどのようにオーディエンスを形成し、それによって潜在的なサンプルプールを形成するかを考慮することが重要である。研究者は、オンライン上のグループコミュニケーションが、自分たちの関心のあるトピックについてデータを提供してくれると考えると誤る可能性がある。ヴォツェザクとマッツ（Wojcieszak and Mutz, 2009）は、4万人以上の回答者が参加したオンラインの全国調査について報告したが、ほとんどのやりとりは共通の趣味や興味、余暇活動が中心であり、何らかの政治的な話題に関する議論に触れているのは約半数のみであることを見出した。彼らはまた、政治的、市民的、宗教的、民族的なグループは、オンライン上で横断的な政治的ディスコースを生成する点においては極端に限定されていたと述べている。専門家のオンライングループが広範なトピックについて横断的な見解を提供しているのに対し、民族的なオンライングループはディスカッションを強化することを奨励していた。

　どのようなオプションを検討するにせよ、予備的なフィールドワークは研究者を適切な基準に敏感にさせる点において有益であり、サンプリングの決定に大きく影響するはずである。広範な「スコーピング」を実施することが現実的でない場合でも、研究者はコミュニティグループについての知識から利益を得ることができる。そうした知識は、ウマナ＝テイラーとバマカ（Umaña-Taylor and Bámaca, 2004）が指摘するように、関係する多様性、ニュアンス、感受性について研究者に教える点で重要な役割を果たす。彼らは、コロンビア、グアテマラ、メキシコ、プエルトリコ国籍のラテン系女性のサブグループ間の違いに関して、領事館の職員やコミュニティ組織で働く職員が貴重な情報源であり、移住の理由、居住期間、居住地域、貧困の発生率、教育レベル、収入といった点について、対照的なプロフィールや経験をもつことを見出した。

　実践家として以前に獲得したものを含め内部者（インサイダー）の知識は、利害関係者グループの選択の指針として有用であり、そのようなネットワークに所属することも、アクセスを得るのに役立つことがある。ボガーら（Boger et al., 2015）は、患者の特性数の広がりを確保するために、目的的サンプリング（本章の後の議論を参照）を採用したが、既存の脳卒中支援グループからフォーカスグループの参加者を募集した。しかしこれには限界があるかもしれないと彼らは認めている。彼らはこう結論づけている。「脳卒中支援グループを通じたサンプリン

グ戦略は、効果的な自己管理スキルを示す参加者の意見が過剰に反映されたことを意味するかもしれない。あるいは、脳卒中支援グループに参加しない人は自己管理に成功している人たちであり、さらなる支援を求めないのかもしれない」（2015, p.185）。

しかし、研究者の目を通して可能性を検討し、常に比較可能性にもとづいて決定を下すことも重要である。役に立とうとするあまり、ゲートキーパーは、要求された特徴に適合しないと思われる人物を、不注意にも「選別」してしまうかもしれない。しかしこうした人びとを含めることはディスカッションに新しい次元を持ち込み、非常に重要かもしれない。フォーカスグループのための選択をするためにゲートキーパーを使うのは魅力的かもしれないが、彼らは研究を支える目的と仮定を完全に理解している可能性は低いことから、一般的には勧められない。質的サンプリングは、量的調査の実践を特徴づけるものとは非常に異なる基準と根拠を用いている。

質的サンプリングの原則

サンプリングは、データを用いて行うことができる比較の鍵を握っているため、非常に重要である（Flick, 2018c, Chapter 3 も参照）。キューゼル（Kuzel, 1992）、およびメイズとポープ（Mays and Pope, 1995）は共に、質的サンプリングの目的は、代表的サンプルを集めることではなく、研究対象のグループや対象人口内の多様性を反映することであると強調している。したがって、このようなサンプリングでは、特定された「外れ値」を量的サンプリングの場合のように除外するのではなく、有効に用い、そのような個人やサブグループを取り込もうとする。たとえば、親としての行動に関する研究で、サンプルを特定するために学校以外のルートを使い、家庭で教育している親や旅人の親を組み入れたり、子どものケアに主たる責任を負っている男性に参加してもらうようにする。ここで問題なのは、母集団全体におけるそのような個人の数ではなく、むしろ、このような例外を含めることで得られる洞察であり、そうでなければ注目されないような、当たり前と見なされている仮定やプロセスを鋭く浮き彫りにする可能性である。サンプリングの決定はすでに分析を予期しており、サ

ンプリング選択の意味とそれが理論的分析を促進する可能性については、9章でさらに論じる。

　質的サンプリングは、一般的に「**理論的サンプリング**」（Mays and Pope, 1995）または「目的的サンプリング」（Kuzel, 1992）と言われている。どのような用語が使われるにせよ、基本的には同じプロセスを指している。初期の段階で、異なる認識や経験を生じさせるのに適切であろうと思われる次元について、理論化する。これは、ストランドバーグら（Strandberg et al., 2013）が行った研究の基本的な前提であり、彼らは、スウェーデン南部の一般開業医（GP）の間で、診療の文脈がどのように特定の処方パターンを生じさせるかを明らかにしようとした。この事例では、サンプリングは都市部と農村部のGPの見解を比較することに関わっていた。同様に、ボガーら（Boger et al., 2015）は、脳卒中の自己管理に関する研究にさまざまな個人を募集し、人口統計学的基準と臨床的基準の両方、すなわち脳卒中発症からの期間、性別、年齢、民族、障害の程度にもとづいて選択した。

　「目的的」サンプリングは、データが作成された後で、選択された基準を比較に使用することを想定したものである。言い換えれば、目的的サンプリングは、系統的な比較を行うために、データを**目的的**に調査することを可能にする（Barbour, 2001, 2014a）。

グループ構成

　フォーカスグループ研究では、グループが主な分析単位となるため、グループ・メンバーが少なくとも1つの重要な特徴を確実に共有しているようにして、比較が容易になるようグループを招集することは理にかなっている。これは研究デザイン上理にかなっているだけでなく、参加者の参加を促し、参加者が共有しているある種のスティグマのような、難しいトピックのディスカッションを促進するだろう（Bloor et al., 2001）。

　モーガン（Morgan, 1988）は、フォーカスグループは態度ではなく、背景の点で同質であるべきだという、有益な指摘をしている。マーフィーら（Murphy et al., 1992）のようなフォーカスグループの論者の中には、意見の相

違は混乱を招く可能性があると見なす人もいるが、こうした相違はフォーカスグループのディスカッションに何らかの「刺激」を与えるものである。感情的な問題に著しく異なる視点をもつことが知られている人びとを軽率に一緒にしなければ、ちょっとした議論は、「意見」の根底にあるものを解きほぐすよう進めることができるし、フォーカスグループのファシリテータと参加者の双方が、自分自身と他者の視点を明確にすることができる。おそらく文脈によっては、これによって相互理解が深まることさえある。ディスカッションを生み出すという点では、すべてについて意見が一致している人たちからなるフォーカスグループでは、非常に退屈な会話と豊かさに欠けるデータしか得られないだろう。しかし幸いなことに、それはありそうもないことである。研究者が見当違いに、同じような考えをもつ人たちを集めようとした場合でも、間違いなく、私たちのおおよその、やや粗雑なサンプリング・カテゴリーがそうであるように、彼らが一次元的である可能性は低いのである。

グループの数とサイズ

　フォーカスグループをいくつ行うかという問題は、研究者が行いたい比較によって決まる。しかし、こうした決定の背後にある理由に関する議論は、フォーカスグループ研究の報告書では軽視されがちである。カールセンとグレントン（Carlsen and Glenton, 2011）は、2008年に発表された220の研究をレビューし、実施されたグループ数について説明しているのは、そのうちのわずか17％であることを見出した。

　データのパターン化に関する主張において、研究者はより強固な立場に立つことができるかもしれないが、マジックナンバーはないし、多ければよいとは限らない。なぜなら、似たような特徴をもつグループで2つのフォーカスグループを行うことで、観察された違いが単に1回限りのグループの特徴ではなく、選択によって反映された参加者の異なる特徴に関連する可能性が高いことを示唆することになるからである。参加者1人ひとりがさまざまな特徴の組み合わせ（年齢、性別、社会経済的、教育的背景）をもっていることから、グループ内比較も可能だろう。たとえば、1つの女性たちのグループ内でも年齢

の幅があれば、それによる比較ができるだろう。しかし、さらなる比較の可能性が生まれるため、他のグループを追加する余裕を残しておくことが常に賢明である。

　よくあるもう1つの質問は、各フォーカスグループに募集すべき参加者の人数に関してである。初期のフォーカスグループのテキストの多くは、グループの理想的な人数は10〜12人であるという、マーケティングリサーチで与えられがちなアドバイスをそのまま繰り返していた。多くのディスカッションが——話されたものも記述形式のものも——要約されてしまうマーケティングリサーチと比較すると、社会科学者が焦点を当てるデータはほとんどの場合、逐語的なトランスクリプトであり、その後、詳細かつ体系的な分析にかけられる。グループの司会進行（モデレーティング）（新たな手がかりが生まれれば、それを拾い上げ、探索する）という点でも、トランスクリプトの分析という点でも、最大8人の参加者というのは、一般的に十分挑戦的であると言える。研究者が個々の声を特定し、出てきた見解の違いを明確にし、さらに探究することが要求されるため、それ以上の人数のグループは、不可能ではないにせよ、司会（モデレート）や分析が非常に難しくなる。最少人数という点では、3〜4人の参加者でフォーカスグループ・ディスカッションを行うことはまったく可能であり（Kitzinger and Barbour, 1999; Bloor et al., 2001）、たとえば、終末期の高齢者（Seymour et al., 2002）のようなトピックの場合には、好ましくさえあるかもしれない。

　バレットとカーク（Barrett and Kirk, 2000）は、高齢の参加者のフォーカスグループについて、多めに募集することの重要性を強調している。オーウェン（Owen, 2001）の場合のように——彼らは深刻で持続的な精神疾患をもつ女性との関連において——、そのようなグループは特に当日「やってこない」ことが多いからである。ウマナ゠テイラーとバマカ（Umaña-Taylor and Bámaca, 2004）も、ラテン系の母親を募集する際の課題としてこの点を強調し、家庭の諸々の事情によりフォーカスグループに参加することが難しいと思われるグループについては、少なくとも50％以上の過剰なリクルートを推奨している。

　サンプリング方略を吟味し、進捗度合いを測れるようサンプリング・グリッドを作成することは有用であるが、これは理想的なものであり、望ましいと特定したすべての特徴や次元を反映するサンプルを募集できるとは限らない。最近出産した女性の葉酸サプリメントの摂取に関する意見を調査した研究

（Barbour et al., 2012）において、当初私たちは、6つの潜在的なフォーカスグループを特定したサンプリング・グリッドを描き出した。私たちの計画は、ベビークリニックに通う女性たちが記入したスクリーニング・アンケートへの回答にもとづいていた。そして、同じグループに意見の方向の異なる女性をまとめるのは問題があるかもしれないと考え、葉酸を摂取した女性とそうでない女性を別々のグループにしようとした。また、初産婦と2人以上の子持ち婦を別々のグループに分け、異なるパリティ（子どもの数）の女性を混ぜたグループも作るつもりであった。すべては、潜在的に有用な比較を行うという関心にもとづいていた。私たちはまた、初期のディスカッションのプロセスで、妊娠に関しても葉酸の摂取に関しても、アンケートの回答が必ずしも女性の実際の経験と一致していないことに気がついた。初産婦のグループに暫定的に割り振られた人の中には、死産や不育症の経験がある人もいたし、葉酸に関する参加者の行動には、断続的に葉酸を摂取している人、ガイドラインで推奨されていない期間に摂取していた人、推奨量を超えて摂取していた人など、幅が広かった。さらに問題を複雑にしたのは、女性たちが研究に参加する意思を示したにもかかわらず、手配したセッションに彼女たちが出席するのを促すのに非常に苦労したことである。結局、電話によるフォーカスグループを実施することにし、異なるパリティの女性や報告された葉酸摂取行動を混合した、より緩やかなアプローチをとった（当初のサンプリング・テンプレートの詳細については、Barbour, 2010 を参照）。

　多くの質的プロジェクトでは、サンプルを段階的に構築していくため、研究者はその過程で発展してきた新たな洞察を活用することができる。しかし、このことは、いつ募集を停止するかという問題を引き起こす。カールセンとグレントン（Carlsen and Glenton, 2011）は、発表されたフォーカスグループ論文のレビューの中で、多くの著者がサンプリングの選択、特に実施するグループ数の決定を「飽和」に言及して説明しようとしていることを見出した。これは、グレイザーとストラウス（Glaser and Strauss, 1967）がグラウンデッドセオリーに関わる反復プロセスのさらなる側面として開発した概念で、研究者が最終的にコーディング・カテゴリーの進展が止まり、反復的になった、または「飽和」したという結論に達することを言う。しかし、サンプリングの決定——特に募集を停止する決定——の根拠を提示する文脈では、その証拠が示さ

れることなく言及されたり、それに訴えたりされることがあまりにも多い。通常十分な説明が与えられることなく、手っ取り早い——一見明らかな——用語として採用されるためである。ここでも、現実的な問題が介在する可能性が高く、利用可能な資金とスケジュールの制約が、この決定に至る最も重要な要因である可能性が高い。

　グリーンら（Green et al., 2005）は、カールセンとグレントン（Carlsen and Glenton, 2011）が指摘した欠点に対する例外を提示し、彼らのサンプリングの選択の背後にある理由を説明している。彼らの経験は、フォーカスグループを想像力豊かに利用することで、国際的な文脈でさらなる比較ができることを示している。彼らは、フィンランド、ドイツ、イタリア、イギリスのさまざまな環境で、ライフサイクルの4つの異なる段階に属する人びとの食品リスクに対する一般市民の理解を調査した。このプロジェクトでは比較的少数のフォーカスグループが行われたが、参加者の年齢やライフステージが異なることを考慮しグループを招集することで、データの比較可能性が高まった。よくある誤解は、目的的サンプリングは必然的に必要な参加者数が膨れ上がるというものである。しかし、各個人が多様性（全員が性別、年齢、社会階級などをもっている）という点で、望ましい基準のいくつかを満たす可能性があることを理解すれば、サンプリングのアプローチを最初に考慮した場合よりも少ない参加者数で、複数の比較ができることが明らかになる。

　研究室に座ってサンプリングの枠組みを作成するのも有用ではあるが、特定された条件枠をすべて埋めることは必ずしも可能ではない。そしてサンプリングの大枠は、研究者が研究の進展の過程で得た洞察を活かすために十分開かれたものにすることが大切である。実際には、理論モデル、既存文献の知識、特定の地域に関する知識、接触やゲートキーパー、偶然の一致など、すべてが役割を果たす。場合によっては、研究プロジェクトのために特別に人びとを集めるのではなく、既存のグループを活用することもありえるかもしれない。

既存のグループ

　マーケティングリサーチのテキストでは、一貫して、おのずと生じるグルー

プよりも見知らぬ人たちのグループを募集することを勧めている。しかし、このような助言がなされる背景を念頭に置くことが重要である。1章で見たように、マーケティング調査は、一般大衆の嗜好を把握することに主眼が置かれており、特定の製品を開発・販売するかどうか、あるいは特定の広告キャンペーンを実施するかどうかについて、広く提案することを任務としている。このような特定の文脈では、既存のグループは、一般にマーケティングリサーチの目的である包括的カバーを提供するどころか、調査結果を調査対象内のサブグループの好みの方向に歪める可能性が高い。

　しかし、医療サービスや社会科学の研究に携わる場合、私たちの目標はマーケティングリサーチのそれとはやや異なる。きわめて単純に言えば、私たちはまったく異なる、そして通常より複雑な問いを立てるのであり、多くの場合、単純明快な問いに答えるだけでなく、長年にわたって確立され、絶え間なく蓄積されてきた学問的知識の体系に貢献することを最終目的としている。（さらに、私たちは、ビジネスやマーケティングといったより熾烈な競争の世界とは非常に異なる、個人的・組織的な対立はあるにしても協働を特徴とする文脈の中で研究している。）フォーカスグループに関わるほとんどの医療サービスや社会科学研究の目標は、新製品やマーケティング・キャンペーンに対する一般大衆の反応という結果を予測することよりも、むしろプロセスの理解を深めることにあるだろう。

　しかし、ブルーアら（Bloor et al., 2001）のように、既存のグループを潜在的な問題と見なすのではなく、彼らの言う「事前に面識のある」グループを活用することに利点があると主張する論者もいる。ディマントとレイヴン（Demant and Ravn, 2010）は、薬物リスクというデリケートなトピックについてデンマークの若者の意見を引き出すために、特定の学校からボランティアを募り、スノーボール・サンプリング[訳注1]で補強し、その結果、すでに互いに面識のある仲間によるフォーカスグループが得られた。10代の子育てに関する研究を行ったブラウン（Brown, 2015）は、次のように論じている。「参加者が居

［訳注1］　スノーボール・サンプリング snowball sampling：非確率抽出法の1つ。知人の紹介に頼って標本を集める方法。縁故法、紹介法ともいう。特に紹介をつないでいく方法。雪だるま法とも言う。

心地がよく安全だと感じる、自然に生じた設定でグループを利用することで、参加者同士がどのように話すか、そしてそれがどのように関係ダイナミックスを示すかという点で、複雑な社会的データが現れるようにすることができる」（2015, p.94）。事前に面識のあるグループを活用することで得られる利点のさらなる例に、ベルジュら（Berge et al., 2012）の研究がある。彼らは、ミネソタ州の都心近郊調査のために招集したフォーカスグループに家族全員を参加させた。これは、リスク要因と保護要因に関する家族レベルの視点を探るという彼らの目的に特にうまく適していた。このような使い方の例が少ないことは、特に家族集団に焦点を当てたセラピー的研究が多いことを考えると、非常に驚かされることである。

　しかし、既存のグループを利用することは、特に守秘義務の確保に関して、倫理的に重要な問題を提起する。研究者は、これらのグループには生活があり、データを引き出した後も続くことを念頭に置く必要があり、起こりうる否定的な影響を最小限に抑えるよう努めるべきである。ディスカッションの前に、研究者が時間をかけて守秘義務の重要性を強調し、最後に開示したことに対する懸念を提起できるような余地と時間を確保することが不可欠である。特に少数民族コミュニティのメンバーを対象とした作業では、フォーカスグループの参加者は、共有された秘密に影響されうる複雑な連動関係があるかもしれない（Ruppenthal et al., 2005）。

　フォーカスグループ研究に関する他のアドバイスと同様に、既存のグループ分けを取り入れるか避けるかの決定は、当該の調査プロジェクトの見通しによる。たとえば、誰かの上役がいると、率直な意見交換が阻害される可能性がある。しかし、研究プロジェクトの目的が（上記のベルジュら（Berge et al., 2012）の場合のように）人びとが働いたり、他の目的で集まったりする「実際の生活」の文脈を理解することにあったなら、適切かもしれない。

　ワークショップの参加者から最もよく聞かれる質問の１つは、専門職混合のフォーカスグループと単一専門職のフォーカスグループのどちらを招集するかということである。ここでも、一般開業医だけで構成されるグループと看護師や病院勤務医と行うグループとでは、関心の違いと、補いあってはいるが異なる仕事の役割の性質を反映して、異なるデータが生成されるだろうと指摘する以外、即答はない。混合専門職グループは、単一専門職グループで作成された

ものとはまた異なるデータを作成する。このような状況での私のアドバイスは、単一専門職グループと混合専門職グループの両方を招集し、これら2つの異なる文脈で引き出されたデータを比較することである。そうしてのみ、どちらのタイプのデータが現在の研究課題に最も適切かを決めることができる。

　研究者が既存のグループによるフォーカスグループを開催すると決めた場合、チーム・ミーティングや会議など、事前に用意された会議枠を利用するのが現実的である。しかし、このような「便乗」にはいくつか落とし穴があり（Kitzinger and Barbour, 1999）、セッションの焦点、そして長さも、通常の会議とは異なるだろうことを可能性のある参加者全員に告知し、必要であればディスカッションの中でこのことを再確認することが不可欠である。

比較の可能性を最大限に活かす

　フォーカスグループ研究の計画を立てる際には、比較の可能性を活かす必要性に留意することが重要である。このことは、私がコンサルタントとして関わったプロジェクトでの経験からも明らかである（ボックス5.1参照）。

ボックス5.1　人種差別事件の報告が少ない理由

　調査チームは、スコットランドのストラスクライド地方で人種差別事件が報告される割合が明らかに低い理由を解明するための調査を依頼された。フォーカスグループ、インタビュー、サーベイを含む混合研究法のアプローチが採用された。フォーカスグループの構成に関する研究チームの最初の議論で、男女、年齢の違い、所属社会階層の違い、スコットランド生まれか最近の移民かなど、多様な人種的マイノリティ・グループのメンバーの見方や経験を引き出すこと、――そして比較し、対照させること――の重要性が確認された。こうして私たちは、可能性のある広範囲のグループの概念的サンプリング・グリッドを開発した。まず、各グループに十分な人数がいて、必要な広範囲のグループを集めることができるかを確認するため、地元のさまざまな組織と緊密に連携した。グラスゴーではアフリカ系カリブ海出身者のコミュニティが比較的少ないため、年齢と社会階層における地位が多岐にわ

たるグループを1つだけ集めることができた。社会階層の違いに注意を払う
だけでなく、少数民族組織の代表者、中小企業の経営者、学生など、特定の
職業の人たちの意見も探ろうとした。もう1つ潜在的に興味深い次元は、人
びとが住んでいる地域性で、市内ではなく小さな街に住んでいる多くの中国
人とのフォーカスグループを実施することができた。

　参加した少数民族グループは以下の通りである。

- 亡命希望者（多様な民族的背景をもつ英語話者）
- 中国人組織の代表者
- アジア人男性（幅広い年齢層と社会階層）
- アジア人女性（幅広い年齢層と社会階層）
- アジア人組織の代表者
- アジア人の若い男性（16歳から20代前半）
- アジア人の若い女性（16歳から20代前半）
- アフリカ系カリブ海出身者（男女混合、幅広い年齢層と社会階層）
- 留学生（さまざまな民族的背景）
- 中国人（男女・地域性が混在、社会経済的に低いグループに属する）
- 中国の中小企業経営者
- 東欧系（年齢・社会階層が混在）
- アジア系およびアフリカ系カリブ海出身の研究者

　私たちは、どの問題が特定のグループや地域特有のもので、どの問題が
共通するものかを探るために、中小企業の経営者で構成される民族混合の
グループでフォーカスグループ・ディスカッションを実施することが示唆に
富むのではないかと考えた。しかし驚くべきことではないが、これは開催で
きないことがわかった。このようなビジネスを営む人たちは長時間働いてお
り、また、参加者の何人かは移動してこなければならない場所でグループを
開催する必要があったためである。私たちはまた、先住の白人コミュニティ
のメンバーとも8つのフォーカスグループを開催した。裕福な地域に住んで
いる人びと、人種混在の貧困地域の人びと、男子学生、専門職の女性、教会
のグループ、地方政治に活発に関わっている人たちのグループである。また
地域全体の警察官のグループとフォーカスグループが行われた。

　ポーランド系移民の特定の地域への流入現象を研究したグリフィス

（Griffiths, 2014）は、自身の研究を可能な限り幅広い文脈に位置づけようと、先住民のコミュニティ・メンバーとのフォーカスグループも実施した。パウエル（Powell, 2014）もまた、さまざまなレンズを通して、大学キャンパスに隣接するアパラチア地方の町の近隣関係を見る機会を設けた。彼女は、フォトボイス・プロジェクトと並行して、通年居住者によるフォーカスグループ、学生によるフォーカスグループ、そして混合グループによるフォーカスグループの開催を選択した。

　フォーカスグループは、混合研究法のエスノグラフィー研究でしばしば採用され、研究者はその設定場面に入り込むことによって得られる広範な文脈的情報にもとづいてサンプリングの決定をすることができる。事前に設定したサンプリングのテンプレートに固執するよりも、偶然の機会、特に、さらなる比較の余地が得られる機会や、研究目的と一致する方向にディスカッションを広げられそうな機会を利用するのが得策だろう。

　薬物治療に関する意思決定を検討するプロジェクトのために開かれたフォーカスグループに関連して、参加者の中には、特に心臓発作から回復しつつある人が、多量の薬物を使用する治療への対処に関し特別な問題に直面していることがわかった。そのため、このような立場の人びとで構成される、さらに2つのグループを開催することになった。そして、ある薬から別の薬に置き換えられた結果、金銭的な問題（処方箋の代金を支払っている）と薬物の交互作用に対する懸念（追加費用が発生することを懸念して、報告されないことがある）の両方が発生し、さらに困難が経験されていることが明らかとなった。このプロジェクトの最中、参加者がパートナーや友人を連れてくることもあった。これは予期していなかったことではあったが、私たちはこれを歓迎した。ディスカッションがより日常的な会話に近いものになるだろうことが示唆され、さらなる洞察が得られるかもしれないと考えたからである。

さらなる分析の可能性

　オアら（Orr et al., 2013）は、薬物依存者のための支援サービスにおける介護者の関与の可能性を探る研究において、薬物使用者の介護者、第一線の薬物依存者支援サービスの提供者、薬物政策立案者がこのトピックに対しもってい

る視点や異なるレンズを比較するため、フォーカスグループを招集した。研究を計画するにあたって、これらは別々のグループ（人びとを募集するルートによって定義された）を形成していると考えられたが、実際には、介護者がサービス提供者や政策立案者であることもあり、またその逆もありえるため、重複することもあった。このことは、私たちを困惑させるどころか、このような組み合わせが貴重なリソースであることを教えてくれた。というのも、このような組み合わせは、（これらの異なるグループが支持する見解という意味での）共通点のいくつかを最初に明確にするのに役立ち、その後、探究していくことになったからである。

　また、比較可能性に配慮することで、そうでなければ見落とされてしまうかもしれないグループを含める可能性が高まる。これは、「最も親しんでおり、最も明白で、最も明確で、最も採用しやすい声を超えて研究者を推し進める」（Macnaghten and Myers, 2004, p.71）ことになる。

　C・ライト・ミルズは 1959 年に、彼が「社会学的想像力」と呼ぶものについて書き、研究者に「社会学的な遊び心」をもつよう促している。これは、他のアプローチの中で、リサーチクエスチョンを覆させることである。このようにして、人びとが何かをしない理由を理解しようとするとき、私たちが望ましい、あるいは少なくとも説明を要しないと見なしている行動を問題にすることも有用かもしれない。これは、「困難な」あるいは「非協力的な」患者や、機会を得られない患者に焦点を当てた研究（2 章で論じた）に、非常に有益な光を当てる可能性がある。エヴァンスら（Evans et al., 2001）が行った小児予防接種に関する研究では、予防接種を拒否した親だけでなく、予防接種を選択した親もフォーカスグループに参加してもらい、その意見を比較した。興味深いことに、この 2 組の親の見解は、予想されていたほどかけ離れてはいないことがわかった。両グループとも、当初非常に似たような懸念や不安を共有していたが、研究者たちは、親たちが異なる決断に至ったプロセスを明らかにすることができた。

　このような「なぜ……しないのか」という質問を、より広範な議論の中に組み込むことは、サービスを受けなかったり、アドバイスに従わなかったりした人を選び出して、批判の対象としないという有益な機能も果たす。したがって、潜在的な参加者を遠ざけ、倫理的に重要な問題を提起しかねない「欠如による

サンプリング」（MacDougall and Fudge, 2001）を回避することができる（7章でさらに論じる）。

ボックス 5.2 の研究は、サンプリングに対する思慮深い、生産的なアプローチの例を示している。

ボックス5.2　参加者と調査場所の選択

エスピノザとパイパー（Espinoza and Piper, 2014）は、チリの人びとが集団的に自国の苛酷な過去をどのように意味づけるかを研究しようとした。彼らは、異なる経験という点から、60歳以上の人びと（1973年のクーデター当時若者だった）、30〜60歳の人びと（クーデターを経験した）、18〜30歳の人びと（ピノチェト独裁政権が終わった後に生まれた）という3つのコホートを研究することにした。彼らはこの選択の理由として、「過去に関する意味は動的で不安定であり、それが表明される社会的立場と、それらが流通し議論される文脈の両方に依存する」（2014, p.719）ためであると述べている。「チリのようなトラウマとなる過去をもつ国々において、記憶の場における集合的記憶のプロセスと世代間のディスコースを研究することの複雑さは、革新的な方法の構築を要求する」（2014, p.712）。「私たちは**記憶の場**を、過去に言及する一方で、過去について語るための風景として人びとによって使用され、彼ら自身の歴史や国の過去に関する解釈を構築したり、解体したりする都市空間として理解する」（2014, p.716）。研究者たちは、「［ピノチェトの］独裁政権時代の人権侵害を記憶するという点で、最も象徴的な関連性をもつ」（2014, p.717）場所として同定された地を選んだ。

フィールドに戻ることと2段階サンプリング

グラウンデッドセオリーの元々の形態（Glaser and Strauss, 1967）では、出現した仮説を検証するために、研究者がフィールドに戻ることが提唱されていた。しかし、現在の資金調達の状況やプロジェクトの締め切りの厳しさは、多くの場合、これが実現不可能な理想であることを意味している。他の質的方法とは対照的に、フォーカスグループは、「2段階サンプリング」や、分析

の洗練度を高めるためにさらに「ワイルドカード・グループ」（Kitzinger and Barbour, 1999）を招集することによって、この種の実践に取り組む、他に類のない可能性をもっている。研究のコントロールを保つという側面から言えば、社会的相互作用の精妙さや、苦痛を伴う出会いを最小限に抑える必要性についてだけでなく、分析を発展させるためにも、グループ内のさらなる違いに注意を払い続けることが有益である。何らかの特徴（たとえば年齢や性別）によってフォーカスグループ研究に募集された個人も、ディスカッション中に初めて明らかになる他の側面があるかもしれず、啓発的で、さらなるサンプリングへのアイデアを提供するかもしれない。

　このアプローチがもたらす利点の例として、一般開業医の疾病認定に対する見解と経験の研究がある（Hussey et al., 2004: ボックス 5.3 参照）。このような「2段階」サンプリングは、研究者がまったく新しいグループに接触することなく、他よりも特定の共有特性を反映するようにグループ構成を変えるだけであれば、予備的なデータ分析中に生成された暫定的な結果に応じさらにグループを招集するというオプションを留保することができ、このような成り行きは──倫理申請においても──一般的に可能である。さらに「ワイルドカード・グループ」（Kitzinger and Barbour, 1999）を招集することも可能である。最初の企画の際に許されていることが前提となるが、追加的なルールを通して新たな募集をするのである。最も一般的には、最初の研究の概要を計画し倫理申請をする際に、広範な募集候補サイトをリストに挙げるのである。

ボックス 5.3　「2段階」サンプリングの例

　研究チームの4人の開業医メンバーが、一般開業医（GP）の経験に影響を与えそうな要因に関する自分たちの知識を活用し、私たち（Hussey et al, 2004）は、都市部、農村部、遠隔地、豊かな地域と貧しい地域で開業しているGPのグループを招集することにした。疾病認定をするという潜在的に厄介な問題に対処するという課題は、緊密な島のコミュニティに住み、働いているGPと、おそらくそこには住んでいない、比較的匿名性の高い都心部で働いているGPとでは、多少異なる可能性があることは明らかである。さまざまな地域性を取り入れることはまた、その地域で活躍する雇用者のタイプ

や、「病欠証明書」を発行する意味合い（つまり、大規模な工場など大元の雇用主が特定されていて、ほとんどが同じ職場に行くことになっているかどうか）を比較できる可能性がある。私たちは当初から、男女を問わず、また経験の長さや経験の程度もさまざまなGP、大規模なグループ診療所や小規模な診療所で働くGP、可能であれば個人開業GPも参加させたいと考えていた。

　これらの基準に従ってサンプリングし、最初の7つのフォーカスグループを実施した後、GPの司会者（モデレータ）がメモを比較し、データの予備分析のプロセスを開始した。7つのグループ間のパターン（すなわち、類似と相違）を見るのに加えて、各グループのどのメンバーが特定の問題を提起しているかにも注目した。この作業により、代診のGP（多くの異なるGP診療所で短期間勤務する）、研修GP（まだ研修中）、主任GP（経営責任をもち、1つのGP診療所に長期的（多くの場合、財政的）に関与し、患者に継続的なケアを提供することを任務とする）に特有の問題がある可能性が示唆された。そこで私たちは、この直感、あるいは仮説をさらに掘り下げるために、追加の3回のフォーカスグループ——これら3つのグループについてそれぞれ1回ずつ——を招集することを決定した。

　他の方法と同様、フォーカスグループも、適切で厳密な研究デザインの開発に十分な注意が払われて初めて、質の高い調査に結実する。サンプリングは、優れた質的研究デザインの要である。この章の要点は、以下のように要約できる。

▬ キーポイント

- 可能性のある募集源を特定する際には創意工夫が必要であるが、サンプルの募集にゲートキーパーが関与する結果として、対象範囲が強調されたり、ギャップが生じたりする可能性があることに留意する。トップダウンとボトムアップのどちらの募集戦略も、特定の声（ヴォイス）が代表されなかったり、弱められたりする可能性がある。
- 事前のフィールドワークを通じて、あるいは現地組織がもつ知識にアクセスすることで、研究対象グループに関する背景情報を入手することが重要である。
- 既存のグループは、より「現実の」状況に近いディスカッションにアク

セスすることができるが、研究の焦点を維持するという点で課題があり、グループのメンバーへの影響も十分に考慮する必要がある。

- 倫理的な問題は、サンプリングに関する研究デザインの選択と緊密に結びついている。フォーカスグループ・ディスカッションに参加することの既存のグループに与える影響を考慮し、このことを念頭に置いて設問や実施のしかたをデザインする必要がある。特定の特性をもつ他者と話すことで、個人にどのような影響が及ぶかについての懸念は、研究デザインの要件よりも優先されなければならないことがある。

- サンプリングは、データセットの比較可能性の鍵を握っているため、きわめて重要である。

- 「目的的」または「理論的」サンプリングの目的は、多様性を反映することであり、代表性を達成することではない。

- フォーカスグループの開催数や各グループの参加者数に関して、魔法の公式はない。むしろ、これは行いたい比較、研究テーマ、生成したいデータのタイプ、そしてこれをどのように分析する予定かによる。

- 理想的なサンプルの特徴を反映したサンプリング・グリッドを作成することは有益であるが、参加者間の予期せぬ違いによってもたらされる、さらなる比較の機会にも注意を怠らない必要がある。

- 対象範囲のギャップや、さらなる違い／差異を探る可能性を見つけるため、研究プロセス全体を通して「理論的に敏感」であることを心がける。

- 2段階サンプリングは、フォーカスグループ・ディスカッションの中での個々の声^{ヴォイス}に注意を払うことによって生まれた「直感」をさらに探究する上で、非常に価値がある。

さらに学ぶために

　以下の文献は、フォーカスグループ研究におけるサンプルの選択について、さらに詳しいアドバイスを与えてくれる。

Flick, U. (2018) *Designing Qualitative Research* (Book 1 of The SAGE Qualitative Research Kit, 2nd ed.). London: Sage.［フリック, U.／鈴木聡志（訳）(2016)『SAGE 質的研究キット1 質的研究のデザイン』新曜社（初版の訳）］

Kitzinger, J. and Barbour, R. S. (1999) 'Introduction: The challenge and promise of focus groups', In R. S. Barbour and J. Kitznger (eds.), *Developing Focus Group Research: Politics, Theory and Practice*. London: Sage, pp.1-20.

Kuzel, A. J. (1992) 'Sampling in qualitative inquiry', In B. F. Crabtree and W. I. Miller (eds.), *Doing Qualitative Research*. Newbury Park, CA: Sage, pp.31-44.

訳者補遺

レヴィット，ハイディ M.／能智正博・柴山真琴・鈴木聡志・保坂裕子・大橋靖史・抱井尚子（訳)(2023)『心理学における質的研究の論文作法——APA スタイルの基準を満たすには』新曜社.［Heidi, M. Levitt (2020) *Reporting Qualitative Research in Psychology*, Revised ed., Washington, DC: American Psychological Association. の訳］（特に、第5章参照）

6章　データの生成

トピックガイドを作成し使用する

刺激材料とエクササイズ

司会者[モデレータ]のスキル

刺激材料の開発のためにフォーカスグループを用いる

比較の視点で考え、分析を予測する

この章の目標

- データを作成する方法について、十分な情報にもとづいた決定ができる。
- 研究者が選んだ刺激材料と参加者が作成した刺激材料（さまざまなエクササイズや視覚材料を含む）を使用する利点と欠点を理解する。
- フォーカスグループを開始し、継続させ、うまく機能させ、討論を奨励する上で考慮すべきことへの感受性をもつ。
- グループを司会する際によくある問題を回避したり、対処したりする方法を知る。
- データを生成しているときであっても、分析を予測することの重要性を理解する。

　この章では、まずフォーカスグループのトピックガイドの作成に関わる原則を概説することから始め、簡潔さとニュアンスに富んだディスカッションを引き出す可能性を組み合わせる必要性を強調する。多くは司会者[モデレータ]のスキルに依存しており、司会者[モデレータ]の選択と訓練の両方について、ある程度の配慮が必要である。この章では、データ生成のためのさまざまなアプローチを紹介するが、こ

れには、研究者が作成した材料の使用（特定の問題についての回答を引き出すようにデザインされたもの）、研究者と参加者による材料の共同作成、参加者による材料の作成、これらのアプローチの組み合わせなどがある。刺激となる材料には、書かれたもの、フリップチャート、カードを使ったエクササイズ、映画などのビジュアル材料、参加者が関連する画像を作成したり選択する「フォトボイス」、ソーシャルメディア・プラットフォーム[訳注1]を通じたテクストや画像の共有など、さまざまなかたちがある。司会者とフォーカスグループ参加者のマッチングの問題とともに、データを生成するこれらの異なる方法の可能性を批判的に検討する。この章はまた、フォーカスグループを思慮深く、理論に敏感に司会することを通して、積極的に質的データを生成する技術への洞察も提供する。この章では、対面のフォーカスグループ・ディスカッションの間に引き出される相互作用の雰囲気を紹介し、人びとがどのように自分の意見を言い直したり、活発な討論に参加したり、共有されている文化的理解を表明したりするかを示す。これは、関係するスキルのいくつかを明確にし、参加者の視点の違いを拾い上げ、説明を求め、彼らの洞察力を活用することによって、データが生成されているときでさえも分析を予期することの重要性を強調するためである。また、オンライン・フォーカスグループのいくつかの課題についても検討し、研究者がこうした新しい可能性を十分に活用するためには、新しい一連のスキルを身につける必要があることについても論じる。

トピックガイドを作成し使用する

　対面のフォーカスグループ・ディスカッションのトピックガイドを作成するには、信仰行為に似た何かが必要である。（同じ原則の多くがオンラインの司会進行のための質問を準備する場合にも当てはまるが、特に非同時的な形態では、研究者が即断しなければならないというより、吟味する時間が多くある。）新参

[訳注1]　ソーシャルメディア・プラットフォーム：ソーシャルメディアとは、広範な情報発信技術を用いて社会的相互性を通じて広がっていくよう設計されたメディアであり、これらを提供する際に利用されるのが、YouTube、Twitter（現在のX）、Facebook などのプラットフォーム（土台・基盤）である。

のフォーカスグループ研究者は、例外なくトピックガイドの見かけの簡潔さに狼狽するので、いくつかの簡潔な質問とよく選ばれた刺激材料で、ディスカッションを誘発し持続させるのに十分であることを納得させる必要がある。しかし、フォーカスグループのトピックガイドの簡潔さは、その作成に関わる作業の多さに裏付けられている。ここで重要なのは、ディスカッションを予測し、あなたの会話の切り出しかたに対して起こりうる反応を想像し、そしてできれば、トピックガイドや特定の質問を本調査プロジェクトで使用する前に、試験的に使ってみることである。もし研究が今話題の問題に関係しているのであれば、ディナー・パーティーや「パブ仲間」や知人など、自身の社交の場で試してみてもよいかもしれない。

　すべての研究ツールと同様に、質問の順序を検討することが重要である。しかし、このことを議論する前に、定型的な情報を収集できないかどうか、検討すべきである。こうすることで、司会者とトランススクリプト作成者の両方の時間をより効率的に使うことができる。ほとんどのフォーカスグループのマニュアル（たとえば、Murphy et al., 1992）では、そのトピックに入りやすくするために、威圧的でない一般的な質問を使うことが推奨されている。質問の言い回しでは、マーフィーらが提案している「昨夜のグループでは、何人かの参加者は……と感じました」（1992, p.39）のような切り出しを使って、他のグループがデリケートなトピックについてディスカッションしようとしていることをアピールするのも有効である。

　質問は自由回答式であるべきだが、プロンプト（促し）は重要であり、実際、研究者が自発的には述べられない問題を提起するための備忘として使用される。しかし、プロンプトの使い方は、最初思う以上に難しく、時間をかけて身につけるスキルである。初心の研究者（またはフォーカスグループの司会者）にとって最も難しいことの1つは、沈黙を容認することであり、参加者が実際にはまだ質問について考え、回答を練っている最中に、急いでプロンプトを使いたい誘惑にかられることがある（それによってディスカッションが妨げられてしまう）（Barbour, 2014a）。

　威嚇的でない質問から始めて、よりデリケートな質問へと進んでいくというアドバイスは役に立つが、グループによって快適な進行のスピードは異なり、参加者の中には他の参加者よりも抑制的でない人もいるかもしれない。フォー

カスグループのマニュアルは、司会者(モデレータ)が質問の順序や内容をコントロールする度合いを強調しすぎることがある。グループの他のメンバーが、意図した順序から外れた質問を他の人に投げかけたり、調査者が使用すると決めた質問よりもデリケートな質問をすることさえあるからである。

　また、半構造化トピックガイドを使用するのに慣れるには、時間と練習が必要である。1対1インタビューであっても、研究者は、インタビューイーから提起された問題に応じて質問の順序を変える用意が必要であり、潜在的に興味深いどのようなコメントも拾い上げることができるよう、常に注意を怠らないことが必要である。フォーカスグループの司会者(モデレータ)もまた、「瞬時に考える」ことが要求され、トピックガイドは厳密に構造化されたプロトコルではなく、あくまでも柔軟なガイドであることを忘れてはならない（Murphy et al., 1992, p.38)。

刺激材料とエクササイズ

　マーケティングリサーチの本では、多くの場合、フォーカスグループ・セッションの開始時に何か緊張をほぐすものを使うこと推奨している。タブロイド紙の切り抜きやテレビ「ドラマ」の抜粋を提示することは、特に、参加者がたとえば大学の学部に初めて来るような状況では役立つ。

　しかし、このような材料を純粋に緊張をほぐすものと考える研究者は、貴重な機会を逃してしまう可能性がある。このような身近な参考材料を使用することは、参加者に、ディスカッションが「象牙の塔」の言葉で行われることはないと安心させるだけでなく、重要なこととして、参加者に彼らの日常生活や興味を通じて得ている豊かなリソースを用いて良いと知らせ、これに付随して、生成されたデータの意味を理解するのに活かせる有用な文脈的背景を研究者に提供することができる。たとえば、風刺漫画はフォーカスグループの刺激材料として特に効果的で、というのも、風刺漫画はしばしば、困難で切実に感じているジレンマを面白く、簡潔に表現してくれており、これらについて考える厳しさを和らげるからである。こうしてこれらは、緊張を解きほぐすと同時に、困難な問題を提起してよいと告げるのである。ウマナ゠テイラーとバマカ

（Umaña-Taylor and Bámaca, 2004）も、フォーカスグループで反応を引き出す
ユーモアの可能性を強調している。

　刺激材料を注意深く選択することで、多大なメリットを得ることができる
——ただし、研究者が期待するようなディスカッションが本当に生まれそうな
ものであることを確認するために、試験的に使用することが条件である。新聞
の切り抜き、広告、ソーシャルメディアで取り上げられたり、あるいは実際に
「拡散した」ものなど、既存の材料は、日常生活の中で議論を引き起こすこと
が多いため、ディスカッションの「きっかけ」を提供することができる。スト
ラスクライド地域における人種差別事件の報告に関する調査（ボックス 5.1 参
照）では、全国的な広告キャンペーン「One Scotland, Many Cultures（1 つの
スコットランド、多くの文化）」（スコットランド政府によって展開され、スコッ
トランドにおける人種差別に対する意識を高めるために企画された）の素材を使
用した。この一連の短編映画は、日常的な出会いから人種差別の深刻な事例ま
での一連のヴィネット（挿話）からなり、調査を実施した期間中、定期的に放
送されていた。しかし私は、これらの短編のいくつかは、私の友人仲間から異
なる反応を引き出していたことに気づいた。あるシナリオが人種差別にあたる
とは思わないとコメントする人もいれば、そうだと主張する人もいた。そのた
め、この材料は、異なる視点を用いてディスカッションを促すという点で、実
りあるものになると予想された。

　しかし、フォーカスグループのディスカッションで取り上げたい特定の問題
を扱った材料がすぐに入手できない場合もありうる。刺激材料の目的はディ
スカッションを集中させることにあるから、これをどのように行うのが最善
か、時間をかけて検討する価値があり、独自の材料を開発するのが最良の選
択肢となることもあるだろう。たとえば、アップハムとロバーツ（Upham and
Roberts, 2011）は、二酸化炭素回収・貯留（CCS）に関するフォーカスグルー
プ参加者の意見を引き出すために、特別に制作を依頼した映画を上映した。

　独自の仮想シナリオ／ヴィネットを作成したフォーカスグループ研究者も何
人かいる。これは、参加者に個人的な経験を開示するように求めるのではなく、
一般的な言葉で話すことを可能にしながらも、問題のある領域について振り返
る機会を与えるからである。ハントとチャーチル（Hunt and Churchill, 2013）
は、一般開業医が神経性食欲不振症をどのように診断・管理しているかを調査

したいと考えたが、この病態が現れる頻度は比較的低いため、彼ら自身の幅広い臨床診療にもとづいたヴィネットを使用することにした。これらの仮想シナリオには、「境界例や併存症事例における診断、患者の否認、患者と家族の葛藤」（2013, p.460）が含まれており、理論的に起こりうるあらゆる状況を複合的に描いている。

　終末期医療における事前指示書／リビングウィルに関する研究で、私たち（Thompson et al., 2003a, 2003b）は、医療従事者は複雑な問題に対処する経験を日常的にあまり積んでいない可能性があると推論した。そこで主任研究者は、彼自身の臨床診療とこの分野の専門知識からいくつかのヴィネットを作成した。このようなケースで生じる累積的な問題を捉えるには、展開型のヴィネットが特に効果的であることがわかった。ボックス 6.1 にその例を示す。

ボックス 6.1　仮定の臨床ヴィネット

　患者は 78 歳。老人ホームで暮らしている。定年退職するまで、私立学校の校長秘書として働いていた。彼女には週に 2 回訪れる献身的な娘と、めったに現れない「南部の」娘がいる。

　患者は認知症を患っている。歩行や食事は自分でできるが、着替えには若干の介助が必要である。彼女は夜になると時々徘徊（ひとり歩き）する。彼女の身体的健康は良好で、現在治療が必要な状態にはなく、1 年前に病院で徹底的な健康診断を受けている。

　彼女は娘を認識していて会えると喜ぶが、会話のレパートリーは限られている――訪問している間、ほぼすべて娘が話している。彼女は読めない――3 年前までは熱心に読んでいたのだが。彼女は多くを求めず、スタッフに人気があり、精神的に苦しんでいるようには見えない。

　彼女は心身ともに健康であった 70 歳の時に事前要望書を作成し、これは彼女が 1 年半前にホームに来たときに提出された。

　ある夜、外出後に高熱が出た。医師が呼ばれ、検査の結果、肺炎であることが判明した。抗生物質の治療により、完全な回復が見込まれるだろう。治療がなければ、死に至るところであった。

　科学技術研究の分野でフェルトら（Felt et al., 2014）が行った研究は、カー

ドを使った想像力豊かなエクササイズがいかにディスカッションを刺激するか
を示す一例である（ボックス6.2参照）。

ボックス6.2　カード・エクササイズの活用

　この研究（Felt et al., 2014）は、新しく出現してくるテクノロジーへの立ち
位置を見極め折り合おうとする市民の実践を解明することを目的とした。研
究チームは、一組のカードを開発した。ストーリー・カード、市販されてい
る製品や開発中の製品に関するアプリケーション・カード、問題カード（倫
理的、環境的、健康的、経済的、法的、政治的、社会的問題を扱う）、未来カード
（具体的なものからより抽象的なものまで、さまざまなナノビジョンに関わるもの）
からなる。彼らは、「招かれた市民は、ナノ（技術）に関する具体的な考え
をもっていない可能性があり、そのため、何らかのインプットがディスカッ
ションのきっかけを作るのに役立つ」（2014, p.236）ことに気がついた。この
アプローチは単純なコンセプトボードとは異なるもので、各参加者はカード
を並べ替えることができ、重要なことに、自分の選択の根拠について詳しく
話す機会が与えられた。

　　　個人の選択が他の参加者に説明されると、それが共有されたカードの選択を
　　　同一視するきっかけとなり、ディスカッションが個人からより集団的なレベル
　　　へと移行した。何度も言及されたカードは徐々に話の中心に移動し、ほとんど
　　　選択されなかったカードは端に寄せられ、議論されなくなった。（2014, p.242）

　研究者たちからのさらなるコメントから、関連する詳細や、生成された
データから生じる利点に関する考えがもたらされた。

　　　しかし、このプロセスは必ずしもコンセンサスを得ようとするものではな
　　　かった。なぜなら、人びとが同じカードに関連を認めたとしても、それを選ん
　　　だ理由はかなり異なっていることがほとんどだったからである。また、個人的
　　　にカードを選ぶ段階で、複数の参加者が自分もそのカードに興味をもったこと
　　　を思い出し、ある1つの選択がディスカッションの中心になるという例外にも
　　　遭遇した。（2014, p.242）

> このように、分析において、「選ばれないもの」、「あるのにないとされる
> もの」を観察し、対処することが可能だった。

　いわゆる「ノミナル・グループ」の使用とよく関連する最も一般的なアプローチの1つに、ランクづけエクササイズがある。連続体の実在論側に方向転換するこのアプローチの応用は、この課題の結果に焦点を当てがちであるが、ディマントとレイヴン（Demant and Ravn, 2010）は、そうすることなく、相互作用を通じてのプロセスや視点の共同構築に焦点を当てることで得られることに関する例を示している（ボックス 6.3 参照）。

　ボックス 6.3　ランクづけエクササイズから先に進む

　コペンハーゲンの中流階層地域に住む 17 〜 22 歳の若者を対象に、スノーボール・サンプリングと学校でのボランティアを通じて募集した 12 のフォーカスグループを実施した。彼らは個人的に、知っている薬物をリストアップし、それら全体をランクづけするよう求められた。大半が、8 〜 10 の薬物を挙げた。「エクスタシー、アンフェタミン、（粉末）コカイン、大麻、ヘロイン、マジックマッシュルーム、GHB、LSD、シンナー吸引、処方薬」である（Demant and Ravn, 2010, p.531）。著者たちは、「この研究のデータには、薬物の実際のランクづけの他に、これらの薬物間の相互作用や違いについての考察も含まれている」（2010, p.531）と説明している。

　彼らの分析は、リスクに関するディスコース分析的な視点も利用している（これについては、フォーカスグループ・データを使った理論化について考察する 9 章でさらに詳しく述べる）。これにより研究者たちは、フォーカスグループ中になされたコメントの根底にある考えに焦点を当てることとなった。

　　　フォーカスグループの若者たちがさまざまな薬物に関するリスクについて
　　　ディスカッションするとき、彼らはさまざまな論理を用いている。これらの論
　　　理は、参加者の手中にあり、その時々に活性化する異なるディスコースの表現
　　　と考えられる……時にさまざまなディスコースの組み合わせが、状況を特徴づ
　　　けることがある。(2010, p.532)

この研究では、リスクに関する5つのディスコースが確認され、特定の薬物を多少とも有害であると位置づけた。これは、著者たちが認めるところであるが、この分野にとって新しいものではない。しかしながら、新しいのは、若者たちがこれらの問題について討論し、意見を形成し、行動を形にしていくプロセスについて、この研究が提供する洞察である。確認されたディスコースは、「自然さ、投与経路、依存、死亡率、日常生活」であった（2010, p.532）。

　自然さ：参加者の知識は限られており、それが自然さに関するディスコースを機能させていた。彼らは大麻以外の薬物の経験がなく、他の薬物を試したことのある仲間もほとんどいなかった。「したがって、彼らのリスク認識は主として規範的な言説的構築である」（2010, p.533）。

　投与：注射は怖いと思われ、錠剤はリスクが低いと受け取られている。

　薬物依存：「薬物問題を抱えていることの指標は、外出の際に薬物が必須であり、薬物を服用することが計画的な行動であることである」（2010, p.534）。

　死亡率：依存に関するディスコースと密接に関連しており、この2つはしばしば同時に語られる。

　日常生活：「日常生活の場面や競技の場面で、より良いパフォーマンスを発揮するために一部の人びとが使用する薬物は、高い危険性を伴うものではなく、それどころか、これらの薬物は多かれ少なかれ無害であると考えられている」。依存の可能性に言及されはするが、「日常生活に関するディスコースは、それが適用されるとき、きわめて強い立場をもつ」（2010, p.535）。

　10代のデートDVに関する研究を行ったワイテイカーとサベージ（Whitaker and Savage, 2015）のように、データ生成の間にも、分析のプロセスを想定している研究者もいる。彼らは、セッションの前半で参加者が生み出した概念を、ディスカッションの後半で貼り出した。私たちは、注意欠陥多動性障害（ADHD）に関する1日の会議で同様のアプローチをとり、専門家、両親、子ども／青少年（12〜18歳）とのフォーカスグループを開催した。ただ

し、ここではプロの風刺漫画家、それも関連する適切な引用を選ぶのに非常に優れた耳をもつ風刺漫画家を起用した。彼は一日中、ディスカッションに耳を傾け、短い引用とともに一連の絵を描き、それを展示し、参加者たち（元のグループでも、他の大きなディスカッション・グループでも）はさらに議論を行った。会議の後、これらの絵は手を加えた上で、作業部会の最終報告書に組み入れられた（NHS Quality Improvement Scotland, 2008）[訳注2]。

視覚材料

ウレダら（Ureda et al., 2011）は、アフリカ系米国人およびヒスパニック系男性に対して行った、前立腺ガン検診について十分な情報にもとづいた意思決定を行うためにどのような情報が必要かについての一連のインタビューから得られた予備的知見にもとづき、ストーリーマップを作成した。これらを地元の芸術家が視覚的に描き、主要な情報提供者と協議し洗練させ、さらにデータが生成されるに伴って、関係を示すより大きな地図へと協働的に「縒り合わせた」。また、バーンとウェザリル（Bahn and Weatherill, 2012）も、西オーストラリア州の障害児のためのセラピー・サービスの評価において、専門家の参加を得てビジュアル・マッピングを用いた。これによって彼らは、そうでなければ本質的に抽象的であっただろう課題を達成することができた。バーンとウェザリルは次のように説明している。

> セラピストはグループとして働くことで、現在のモデルを明確に描くことができ、その描画が個人的にだけでなくグループの理解としても、そのサービス提供モデルの正確な説明であることをグループ内で絶えず確認しあうことができた。これは、彼らの職場の実践を分野横断的に理解するのに特に有効であった……不満が 声 （ヴォイス）に出されただけでなく、絵としても表現された。場合によっては、単語が極端に強調され、太字や大きなフォントで書かれていた。これらはまた、研究者に、さらに吟味が必要なサービス提供の領域に関する「ヒント」を与えてくれた。（2012, p.441）

[訳注2]　NHS Quality Improvement Scotland：スコットランド特別医療改善委員会。

バーンとウェザリル（Bahn and Weatherill, 2012）は、理想モデルを開発することで、セラピストが否定的なフレームから肯定的なフレームに移行することができたと指摘している。

　社会科学の分野では、視覚的手法はますます人気が高まっており、フォーカスグループの研究者の中には、ディスカッションと写真による誘発、より一般的には「フォトボイス」として知られるようになったものを組み合わせている者もいる。これは、人類学とエスノグラフィーで広く利用されてきたアプローチである。クーパーとヤーブロウ（Cooper and Yarbrough, 2010）は、彼らのフォトボイス・セッションが、グアテマラの農村部における出産介助者との元々のフォーカスグループ・ディスカッションよりも豊かなデータを生み出したと考察している。しかしこれは、フォーカスグループによって参加者がすでに関係する問題に敏感になっていたこと、そしてそれが、数か月後にフォトボイス・セッションが開催されたときまでに、研究者と参加者の信頼関係をより深めることに寄与していたことが一因として考えられる。ハネイら（Hannay et al., 2013）は、フォトボイスとフォーカスグループの組み合わせが、ラテン系の10代の若者をコミュニティ評価に参加させることに非常に効果的であることを見出した。彼らは、この2つの方法が実際にどのように機能し、どのような結果をもたらしたかを説明している。

　　写真画像は、近隣の目に見える状況（落書き、空きビルなど）と、その内面に関連するもの（ストレス、孤立、人種差別の認識など）の両方について、10代の若者と大人の個人的な印象を増幅し、明確化し、信憑性を加え、彼らが建築環境、ストレス、行動することへのモチベーションの間に関連性を見出すよう導いた……フォトボイスは、参加者を個人的な印象に集中させることから、共通のテーマを認識し、政策変更のための集合的議題を明確にすることへと導いた。（2013, p.S221）

　ハネイら（Hannay et al., 2013）とデーキンら（Dakin et al., 2015）は共に、アクションリサーチのアプローチの中で、フォトボイスとフォーカスグループの組み合わせを公然と用いた。デーキンら（Dakin et al., 2015）もまた、今回はケニアで、若者とともに研究し、次のように結論づけている。「フォトボ

イス研究はまた、メディアにアクセスし、ロビイストに支払う資源を持たないコミュニティ内の政策に影響を与えるメカニズムを提供することができる」[訳注3] (2015, p.189)。

　多くのプロジェクトは単に参加者に写真を撮ってもらうことに頼っているように見えるが、スハル（Suchar, 1997）は、写真に撮る対象を選択し、その後のディスカッションで参加者に投げかける質問の大枠を示す手引きとして使用できる「撮影スクリプト」を作成することで、付加価値を得ることができると論じている。スハル（1997）は、視覚的手法の発展にもかかわらず、視覚材料の分析アプローチが未発達であることを指摘し、「グラウンデッドセオリー」（8章でさらに詳しく述べる）の原則に沿った体系的なアプローチをとることを提唱している。彼は次のように説明する。「見ることには、物質文化の側面、対象者の特徴や行動など、研究の設定場面やトピックのパターン、特徴、詳細を明らかにする力量が関わっている —— このことは、現実のあまり鋭くない観察では簡単には明らかにならない」[訳注4] (1997, p.35)。

　視覚的なイメージは、もちろんソーシャルメディアの主役であり、刺激材料として司会者（モデレータ）が取り入れたものであれ、参加者が独自に作成したものであれ、豊かですぐに利用しやすいデータ源とすることができる。しかし、どのような参加者が選んだり作成したイメージもそうであるが、研究者はそのような素材を額面どおりに受け取ることに用心すべきである。ジュリアン（Julien, 2015）は、インターネットミーム（そして誤解の可能性）について考察し、[訳注5] 次のように結論づけている。「デジタル住民の相互作用を真剣に検討しようと

［訳注3］　ロビイスト：圧力団体の利益を政治に反映させるために、政党・議員・官僚などに働きかけることを専門とする人びと。アメリカ議会のロビーなどで議員と話し合うという慣行からできた語。
［訳注4］　物質文化（material culture）：カルチュラル・スタディーズの用語の1つ。人間が文化的行動を行った上での物的産物のことを言う。これは人間が自然の素材に働きかけた上で製造された人工物全体を意味する。これは衣食住などといった人間の生活の必需品から、宗教や芸術の作品までもが含まれている。高度な文明が発達した地域ほど分業や技術が発達していることから、文明の発達の程度に応じて物質文化とされる産物は多いということになる。
［訳注5］　インターネットミーム（Internet meme）：インターネットを通じて人から人へと、通常は模倣として広がっていく行動・コンセプト・メディアのこと。

する者は誰しも、オンライン上のコミュニケーションや相互作用に内在する排除の要素を無視するわけにはいかない」（2015, p.370）。彼は、Facebookのミーム（戦略的に修正された見慣れた写真やテクストが組み込まれている）は、定義上、常に他のフォーラムやオンライン・ディスカッションを参照しており、オンライン上で交流する個人が特定のオンライン文化を創造し、再現していると指摘する。「オンライン上の個人は差異の判断を下す。なぜなら、オンラインに時間を費やす個人は、オンライン文化に特有のスキルや交流方法を身につけるからである」（2015, p.362）。このことは、研究者が「インターネットに精通」している必要性を強調するものであり、ソーシャルメディアを通じて収集または作成された画像は、細心の注意を払って扱われるべきであることを示唆している。しかし、研究者が研究対象のサブグループの言語や概念に十分に「精通している」場合は、独自の利点が得られる可能性がある。また、非同時的なオンラインのフォーカスグループ・ディスカッションは、議論がすでに文字化されているという事実のため、かなり魅力的なものになりうるが、参加者の文法、句読点法、スペルなどの気まぐれに研究者が翻弄される可能性があり、これらすべてが意味を不明瞭にし、さらには歪曲する可能性があることも認識しておくことが重要である。

　フォーカスグループ研究や他のタイプの研究、あるいは他の場でのディスカッションを促進するためであれ、使用するために開発された手法は、採用するにしても応用するにしても、有益な基盤を提供することができるが、着手している特定のプロジェクトに合うように、新鮮な材料やデータ生成アプローチに合わせて調整することは常に可能である。エスピノザとパイパー（Espinoza and Piper, 2014）は、チリのトラウマとなる過去の文脈における市民の集合的な記憶形成を研究しようとした際に、課題に直面したと説明している。これには今も鮮明な記憶も含まれるため、彼らはさまざまな年齢や関連する出来事の経験をもつ人びとを含めることができるようにサンプルを作成する機会を捉えた（5章で見たように）。研究の出会いは、リサーチ・アシスタントと一緒に自由に歩き回り、考えを話してくれるよう誘うことから始まったが、これは後に、彼らが「対話的同行」（2014, p.720）と呼ぶ、現場を歩き回る参加者のビデオ撮影を含むように修正された。事実上、これは伝統的な観察的フィールドワークと標準的なフォーカスグループの中間に位置する、興味深いハイブリッドをも

たらした。エスピノザとパイパーはディスコース分析を用いたが、彼らのアプローチは「グループの発展過程における参加者と空間、そして参加者同士の相互作用という二重の相互作用」に焦点を当てたため、一般的な実践を超えるものであると主張している（2014, p.719）。

　さらなるデータを生み出すための伝達普及のセッションの可能性は、見過ごされがちである。しかし、予備的な発見を発表することで、参加者を巻き込み協働して説明する機会を提供できる。これは、このような実行を単に「**回答者による妥当性確認**」による研究結果の裏付けを提供すると考えるよりも、はるかに有用なアプローチであり、研究者は、暫定的な発見に対する参加者の反応の違いを探ることができる。このアプローチは、研究者が「専門家」の役割を担うというより、浮かび上がった不可解なパターンを研究者が認識し、さらなる質問をする機会を得るという点でも推奨される。もちろん、これは司会者（モデレータ）のスキルにかかっている。

司会者（モデレータ）のスキル

　マーケティングリサーチのテキストは、司会者（モデレータ）のスキルを（専門家を雇う必要性をクライアントに説得することを目的とした、彼ら自身の売り込みの一環として）、「過剰に宣伝する」傾向がある。他の論者（Puchta and Potter, 2004 など）は、それとは違って、多くの個人がすでにもっているスキル、特にグループワークや会議の司会の経験がある人、あるいは社交的な場面で容易にコミュニケーションがとれる人などのスキルの転用可能性を強調している。とはいえ、そのような力量は必ずしも研究の文脈に問題なく反映されるとは限らず、十分な準備が、研究者の自由になる最も貴重な手段だと言える。ここで忘れてはならない最も重要なことは、行う目的は、単にディスカッションを促進し、コンセンサスを得、特定の管理課題を達成することではなく、「目的に合った」、つまり研究に関連する問題に対処するデータを生成することだ、ということである。そして何よりも、優れた司会者（モデレータ）は、分析上有望な相違点、適切性、緊張関係に絶えず気を配らなければならず、必要であれば説明を求めたり、強調したりしなければならない。次のセクションでは、困難な状況に対処する方法や、

効果的なトピックガイドや刺激材料を選択したり開発したりする方法について、いくつかの指針を示す。

　ブルーアら（Bloor et al., 2001, pp.28-29）は、司会者（モデレータ）の役割はディスカッションをコントロールすることではなく、促進することであることを、有益な方法で思い出させてくれる。必ず他のグループより活気のあるグループがあるものであって、時には、参加者が自分たちの視点を比較し、正当化し、問題を自分たちの生活や状況に関連づけるような活発なやりとりが、司会者（モデレータ）の関与を必要とせずに長く続くこともある。さらに、フォーカスグループの参加者が、グループの相互作用に対処することに非常に熟達しており、特に既存のグループについては、それに有効な内部知識をもっている可能性がある。南ブラジルの思春期少女との（性的なリスクをとることをトピックとした）フォーカスグループを実施したデ・オリヴェイラ（De Oliveira, 2011）は、次のようにコメントしている。「少女たち自身が、グループ・ディスカッションの秩序ある展開に多くの貢献をした。彼女たちは、私が非公式さと秩序とのバランスをとるのを助けてくれた……フォーカスグループ・ディスカッションの流れは、非常に多くの場合、彼女たち自身によって調整された」（2011, online）。

　フォーカスグループのトランスクリプトにおける活発なディスカッションは、しばしば司会者（モデレータ）の声（ヴォイス）がないことが特徴である。いつ介入しないかを知ることは、それ自体がスキルであり、苦労して得られるスキルである。初心の司会者（モデレータ）にとって最も難しいことの1つは、ディスカッションが順調に進んでいるのであれば、質問やコメントを控えることであろう。実際には、いつディスカッションが軌道から外れたかを判断するのは難しいかもしれない。最初ははっきりとはわからなくても、徐々に参加者が密接に関連したことを展開しているのだとわかることもあるからである。司会者（モデレータ）はまた、あまりに早い段階で介入し、興味深いディスカッションが展開しているのを妨げないように注意する必要もある。

　研究者として、私たちは、自分たちが行使する力の程度に関する自分自身の思い込みを、常に検証しなければならない。司会者（モデレータ）は重要な役割を果たすが、その声（ヴォイス）は数人の中の1人にすぎず、他の参加者も洗練されたグループワークのスキルをもっていることが多い。ファシリテータが意見や強調点の違いの背後にある理由を拾い上げ、探究するなら、意見の相違は貴重な分析のリソース

となりうる。また、参加者が後になって後悔するような暴露を強要される可能性も念頭に置いておくことが重要である。しかし、私たちは研究者として、このことを少し「尊重」しすぎることがあり、必要な安全策をすべて講じるならば、フォーカスグループの参加者が「自身で判断を下す」ことに関して、もっと信頼すべきである。

ほとんどのフォーカスグループのマニュアルが、「問題のある」グループ・メンバーへの対処法についてアドバイスを提供している。彼らは、支配的な人だったり、ディスカッションに貢献したくない人だったりする。ファシリテータからの誘いかけは、それがたとえ、単にすでになされたコメントを繰り返す機会を提供するだけであったとしても、居心地悪く感じている無口なグループ・メンバーにとってはほっとさせるものとなることがある。言語的にも非言語的にも何も表現しない参加者は、比較的まれである。ファシリテータは、たとえば、微笑んだり、うなずいたり、驚いた表情をしたりといった非言語的な行動を拾い上げることで、きっかけを与えることができる。恨みや不満は、常に手元の研究テーマと関係があるとは限らないが、そのような話は出てくるものであり、それに対抗しようとするよりも、付き合うのが最善だろう。さらに、憎悪や反感のストーリーは、例外が定常的に起こるパターンの根底にあるものを鋭く浮き彫りにするように、期待される事柄について多くを明らかにすることが多い。理想的なフォーカスグループ・ディスカッション、あるいは参加者という概念を念頭に置いて運営するよりも、最善のアドバイスは、途中で出会う困難に対応することであり、それによってもたらされる分析の可能性に常に目を光らせておくことである。フォーカスグループの参加者は、対面であろうとオンラインであろうと、しばしば他の参加者を「課題に戻し」、トピックから逸脱しすぎたディスカッションの流れを中断することに積極的であることを覚えておくとよいだろう。

明確化を求める

学術研究者として、私たちは参加者に非現実的な期待を抱いてしまうことがあり、参加者は研究者が最も重要と見なす問題についてディスカッションするのに時間がかかることがある。司会者（モデレータ）が特定のディスカッションがどこ

へ向かっているかを見極めるのが難しい場合もあるだろうし、参加者が言及した参照事項を共有していないこともあるだろう。マトシアンとコルドレン（Matoesian and Coldren, 2002）は次のように指摘している。

　　［調査に参加している］コミュニティは、彼らを評価する学問的専門家とは異なる 声^{ヴォイス} で話し、専門的あるいは学問的な領域で使用される言葉を使わない可能性があるため……彼らの言葉は、フォーカスグループでの相互作用において誤解を招くかもしれない。（2002, p.487）

　言い換えれば、1つのフォーカスグループ・ディスカッションの中でも、言語的合理性の異なる基準がいくつか存在する可能性があるということである。しかし、司会者^{モデレータ}としてそのような言及を適切に理解したと思い込むのではなく、常に説明を求める可能性があるのであって、それによってさらなるディスカッションが刺激される。「1つのスコットランド、多くの文化」キャンペーンで使われた広告の1つに、アジア系の男性店員が「パキ」と呼ばれたことに反応する場面がある。ボックス 6.4 に示した抜粋では、司会者^{モデレータ}は語彙の選択に伴う微妙なニュアンスに注意を払いながら、「エスニック・ショップ」に行くことに言及したあるフォーカスグループ参加者のコメントを受け、この言葉の用法について率直に尋ねることにした。

ボックス 6.4　明確化を求める

バーバラ：　そうね、店がそこにあって、他の店が閉まっている時間帯にいつでも開いてて、そして彼らが働きに出てて、供給している――需要と供給ね――、それは食料ね。子どもがお腹をすかせていて、パンとミルクを求めてるときは、私たちはいつもエスニック・ショップに行くわ。

司会者^{モデレータ}：　あなたは、そこで「エスニック・ショップ」という言葉を使われました――その広告の中の1つは「パキ」という言葉が使われていることですが、それについて……それについてあなたがたはどう思われますか？　人種差別的だと思いますか？　あるいは、どのような言葉やイメージが人種差別的だと思います

サラ：	会話の中で使いますけど……実際、グラスゴー人だとは思いません……そうは考えません。パキはいつだっています。言いたいのは、私は 72 歳で、そう呼ばれるっていうことです。つまり、そう言うことは間違ってるって言うのは——私はそれは間違ってると思いません。
アリソン：	まあ、間違っているということじゃなくて、ただ、人の名前を短くするみたいなものだし。
サラ：	まあ、パキスタンから来た人たちだから……。
アリソン：	侮蔑的な意味じゃないわ。
アイリーン：	まあ、聞き慣れない名前だと発音できないしね。
司会者〔モデレータ〕：	では、それは必ずしも人種差別だとは思わないんですね？
アリソン：	そうね。まあ、人種差別的な意味ではないわ。もし彼らが人種差別的だと受け取るなら、変えなきゃならないでしょうけど、そういう意味じゃないわ……まあ、私は思わない……。
バーバラ：	区別するためのものだよね。
ジョーン：	そういうことをすごく意識するようになってるんだね、私たちはそんなつもりじゃないんだけど……私たちはこの言葉を口にするのに慣れてる。でも、ねえ、思わないわ……「パキの家に行きます」。ただの言葉よ。
アリソン：	実際、親愛の表現よ。
アイリーン：	ええ、ええ……パキの人の前で言ったことはないと思うわ。
バーバラ：	なぜ「エスニック」に変えたかっていうと、妹の孫娘が振り向いて言ったんです。「彼らはパキじゃないわ」。アルジェリア人もいれば、他にも……みんな国籍が違う——「エスニック」って言うんだね、って。今彼女は 6 歳です！「学校のクラスにエスニックの人たちがいて、だからエスニックって呼ぶの」。

（「先住の」白人女性のフォーカスグループ）

オンライン・メソッドも、明確化を求める多くの機会をもたらすことがある。フォックスら（Fox et al., 2007）は、オンライン・フォーカスグループに参加した若年成人たちが、自分のコメントにしばしば顔文字を添えることに気づい

た。参加者がそのような手がかりを提供するのに頼るのではなく、司会者[モデレータ]は参加者の意図や感情について明確化を求めるために、いつでも顔文字を利用することができる——控えめに使用する限りにおいてだが。このような方策を控えめに使う必要性は、ここでも、構造と自発性のバランスを保つ必要性に関連している。

焦点を維持する／ディスカッションの舵を取る

　プフタとポッター（Puchta and Potter, 1999）は、フォーカスグループの司会者[モデレータ]が参加者に話してもらうよう「努める」ことと、自発性を促すことの間の緊張を強調している。もちろん、この構造は研究者のみが知るところであり、優れたフォーカスグループの司会者[モデレータ]は、方向づける過程でほとんど妨げなしに、ディスカッションが容易に進んでいるように見せることができるだろう。クリューガー（Krueger, 1994）は、一見自発的に見えるが、実は周到に準備された質問に注目している。

　プフタとポッター（Puchta and Potter, 1999）は、「精緻化する質問」の3つの異なる用法を区別している。

1. 特に、参加者の日常的なやりとりの中で馴染みのない質問をする場合、応答を導き、「トラブルを未然に防ぐ」。
2. 参加者が回答を選択できるようさまざまな一連の選択肢を提供して、柔軟に質問をする。
3. 適切な種類の応答（この場合、市場調査報告書や、ワンウェイ・ミラーごしにセッションを見るであろう企業の代表者や広告関係者にとって）を生み出すよう、参加者にコーチする。

　プフタとポッターが述べているこの3番目の使い方に関連して、社会科学研究者も同様に、たとえば社会学用語を導入したり、以前のフォーカスグループの予備分析による観察結果をフィードバックしたりすることで、参加者が理論化に加わるように促すかもしれない。さらに、プフタとポッターは、熟練した司会者[モデレータ]は、これら3つの仕事を同時にこなすこともあると論じている（1999,

p.332)。加えてオンライン・メソッドでは、プフタとポッターが提案した線に沿ってさらにディスカッションに集中するため、司会者(モデレータ)の応答に関連するリンクを埋め込むことができる。

手がかりを拾い上げる

　次の抜粋（ボックス 6.5）は、フォーカスグループのデータの豊かさを示しており、司会者(モデレータ)と同様、参加者も自身で考えていることを示している。これは、提起された問題を吟味しディスカッションする中で、参加者の意図や概念化にアクセスできるようにするフォーカスグループの力量を強調している。フォーカスグループ中によく起こることだが、「エスニック・ショップ」という言葉を使った参加者は、その言葉を選択したことについて説明を続け、それは人びとの考えや行動を形作るのに役立つ外の世界や他のソーシャルネットワーク、交流への機会となる。しかし、研究者が語彙の使い方に注意を払い、それを拾い上げる準備ができていなければ、このような説明は得られなかったかもしれず、このことを認識することは重要である。1 対 1 インタビューについてではあるが、ポーランドとペダーソン（Poland and Pederson, 1998, pp.296-297）は、回答者が話していることに注意を払うことの重要性を強調している。「インタビュアーを訓練する際、おそらく質問をすることに重点が置かれすぎている。真に重要なスキルは、聴くことであるだろう」。

　しかし、先の例で、司会者(モデレータ)が示しているスキルはこれだけではない。彼女はまた、暫定的ではあるが、人びとが使っている言葉と「人種差別」を構成するものについて別々に考えている可能性について、理論化し始めている。別の司会者(モデレータ)も、今回は専門職の白人女性グループと話しながら、この区別を取り上げ、ディスカッションの過程でさらに掘り下げていこうとしている（ボックス 6.5 参照）。この司会者(モデレータ)は、参加者の言いたいことを要約し、明確な説明を求めることで、さらに一歩踏み込んでいる。興味深いことに、彼女は参加者の 1 人に立ち止まって、丁寧に、しかしはっきりと、グループ・メンバーが理解できるよう、自分の「社会学的理論化」を言い換えるよう求められる。

　フォーカスグループはまた、参加者が他の人びとと自分を区別することで、集合的アイデンティティを主張することにつながる。しかし、このよう

120

┌───┐

ボックス6.5　手がかりを拾い上げる

デビー：　私たちはこういう言葉とともに育ってきたということだし、私たちが使う言葉で、知っている言葉だということだと思います。もし、終日営業しているお店を表す適切な用語が載っている辞書があったら、それを社会に持ち込むのは、また別の問題でしょうね。

司会者〔モデレータ〕：では、どのような言葉が人種差別的なのでしょう？

ヘレン：　「パキのクズ」みたいに、その後にしかるべき、あるいは悪意のある言葉を付け加えれば、それは人種差別主義者です。

ケイト：　その通りね──確かにそうね。

ポーラ：　でも、それって「セルティック（グラスゴーの2大サッカーチームの1つで、サポーターがプロテスタントかカトリックかで分裂していることで有名）野郎！」みたいな感じね。

デビー：　どういう文脈で使うかにもよるってことね。

司会者〔モデレータ〕：ということは、言葉やイメージそれ自体が差別主義になりうると考えますか？　それとも文脈化されていると考えますか？

ポーラ：　すみません、もう一度言ってください。

司会者〔モデレータ〕：すみません。それが使われる文脈で。「パキ」のようなものは、それ自体では人種差別的ではないと思いますか？　言葉というのは、それ自体では人種差別ではない──特定の文脈にある必要がありますか？

ヘレン：　そうね。

（「先住」白人専門職女性のフォーカスグループ）

└───┘

な複雑な社会的構築は、データ分析者にとっては挑戦であり、言われたことを常に「額面どおり」に受け取ることはできない。マトシアンとコルドレン（Matoesian and Coldren, 2002）が思い起こさせてくれているように、

　　　話し手は話すときにいろいろなことを行い、トピックと呼ばれるものに焦点を当てるのはその1つにすぎない……彼らは語りを、事実の報告というより、戦略的にイデオロギー的なパフォーマンスとしてデザインするかもしれない。そして、話し手が意見を述べる際、通常、その意味を明確に述べるこ

とはなく、しばしば非常に詩的で暗黙的な方法で行う。(2002, p.484)

　しかし、これを問題として見るのではなく、このようなパフォーマンスは、参加者が相互作用の中で自分自身をどのように位置づけ、それがどのようにディスコースに挑戦し、それを形成し、認識の変化をもたらすのか、そのメカニズムについてさらなる洞察を与えてくれるリソースと見なすことができる。このような洞察には、もちろん、必ずしもジェファーソン式ではないにせよ、詳細なトランスクリプションと、そのような相互作用上の駆け引きを見抜く（研究者側の）耳が必要である。このようなきめ細かな分析の例として、18〜19歳のデンマーク人がアルコールと薬物についてディスカッションしている際の規範について調べた、ディマントとヤルヴィネン（Demant and Järvinen, 2011）の研究がある（この研究と実施されたきめ細かい分析については、9章でより詳細に議論する）。

刺激材料の開発のためにフォーカスグループを用いる

　フォーカスグループそのものを、後のグループで使用するため、もしくは質的研究で使用するヴィネットを作成するため、あるいは実際に、質問票に組み込むために、刺激材料の作成に利用することができる（Barbour, 1999b）。私たちが行った疾病診断書に関する一般開業医（GP）の見解と経験に関する研究（Hussey et al., 2004）で、初回のフォーカスグループで活発な議論が起こり、すべての患者の要求への黙認という極と、すべての患者の要望に挑むという他方の極のいくつかの例を含む、広範にわたる潜在的反応が明らかになった。このようなコメントは、仲間集団でのディスカッションを導くというよりは、参加者にこのような応答を認める、あるいは少なくとも検討する許可を与え、この概念的な連続体に照らして自分自身の位置を特定する、刺激材料としての役割を果たした（ボックス 6.6 参照）。

　（作成されたコーディング・カテゴリーの全リストとともに）これらのフォーカスグループ・ディスカッションで使用されたプローブの詳細情報は、*British Medical Journal* のウェブサイトにあり、補足材料も保管されていて、閲覧で

ボックス 6.6 フォーカスグループから派生した付加的なプローブ

プローブ・セット1

GP2 ： だから、自分が DSS（社会保障省）のシステムのゲートキーパー[訳注6]を
務めているのか、給付庁のシステムのゲートキーパーを務めている
のか、あるいは何であれ、気にするのをやめたんです。他に考える
べきことが多すぎます。あまりに多くの他の優先事項があります。
とても申し訳ありませんが――ただ、一瞬も考える余裕がないんで
す。患者が診断書を欲しがっている。そうですか、さあ、どうぞ。

GP3 ： 1 年半ほど前に給付庁の詐欺ホットラインが開設された後、私は何度
か電話をかけました（番号の前に 141 番[訳注7]を付けました）。状況的に、つ
まり第三者の情報として、この人の DLA（障害者生活手当）を見直す
べきだという情報を得たと報告したのです。

プローブ・セット5

GP1 ： あるとき、ランチタイムの少し前に、ある女性が入ってきて、アカ
デミー賞ものの演技を披露したんです。彼女は座ることができず、
背中が痛くて（グループの笑い声）、眉間にしわを寄せて、冷や汗を
かきそうになりながら、ヒザを伸ばして脚を挙げていきました[訳注8]――
大きく。彼女をからかうなんてできませんでした。それで、診断書
を渡さざるを得ませんでした。そう、1 時 5 分前くらいでした。10
分くらい後、私は昼食のため家に帰るところでした――私は、リン
フォード・クリスティよりセクシーな速いペースで歩く彼女の後ろ
姿を見ました。そう、彼女は欺いたんです……そして、私はただ笑
いました。ただ、彼女は再度それをすることはないでしょう。つま
り、あからさまには（皆の笑い声）。彼女が私をダマしたのはこの 1
回きりです。

［訳注6］　保険医療のゲートキーパー：イギリスの医療システムにおいて、被保険者
が診療を受けるべき医療機関について調節をする医師または医療関係者。
［訳注7］　着信お知らせの機能。
［訳注8］　腰部神経根症状の有無を確認するための検査であり、下肢伸展挙上（SLR）
テストと呼ばれている。

きる。これには、原著論文（Hussey et al., 2004）からのリンクで電子的にアクセスできる。

比較の視点で考え、分析を予測する

　グループの比較と分析の可能性を活用するには、異なる特性を反映するさまざまなグループを招集するだけでは十分ではない。研究デザインは重要ではあるが、最終的にフォーカスグループ研究の質を決定するのは、私たちがそこに作り出す機会である。また、フォーカスグループのデータを生成する過程で、比較という視点で考えること、つまり意見を文脈化することに焦点を当てることも重要である。

　もちろん、フォーカスグループの司会者がデータ生成時にこうした機会を利用しなかったとしても、すべてが失われるわけではない。運がよければ、フォーカスグループのトランスクリプトは、そのような比較を可能にするのに十分な材料を提供してくれるだろう——ただし、その場でいくつかのよく考えられた質問をしたなら、さらなる洞察が得られたかもしれないことは間違いない。研究者が研究対象のトピックをめぐってさらに読み、有益な類似点を、時に予期せぬ情報源から導き出すことで、また別の比較が起こるかもしれない。結局のところ、これこそが、反復的なプロセスとしての質的研究の見方に含意されているものなのである。

　特にフォーカスグループを実施するとき、しかし1対1インタビューにおいても（Brinkman and Kvale, 2018 を参照）、研究者はデータを生成しているときでさえ、データを分析し始める。このことが、フォーカスグループ研究を非常に難しくすると同時に、非常にわくわくさせるものにしている。これは研究者にとってだけでなく、他の参加者にも当てはまることであり、彼らは事実上共同司会者として、ディスカッションに巻き込まれるかもしれない。これは、友人や仲間との一般的な「ディナーパーティー型」のインフォーマルな会話の特徴を反映している。私たちは皆、社会的相互作用の過程で、無数の自己と経験を用いている。

　フォーカスグループは、参加者が自分の意見を見直したり、討論に参加した

り、共有されている文化的理解を表現したり探究したりすることで、活発な
ディスカッションと豊かなデータを生み出すことができる。興味深い特徴は、
参加者が、支持的なコメントをしたり、互いの貢献を励ましあったり、時には
「共同司会者」の役割を引き受けたりと、グループの相互作用に彼らの少なか
らぬスキルがしばしば反映されることである。また、フォーカスグループ参加
者の分析スキルを活用することも可能であり、というのも、個々人が、おそら
くは自分自身の視点の移り変わりについてコメントしたり、意味や強調点の微
妙な違いを探り出したりするからである。フォーカスグループが敵対的なやり
とりを生み出す余地があることに関するいくつかの潜在的な落とし穴について
は、（5章で議論したように）グループ構成に注意深く配慮すること、難しいト
ピックを取り上げることを許可しつつも個人の実際の体験から距離を置くこと
でディスカッションから「熱」を奪うことができる刺激材料を使うことで、避
けることができる。しかし、生成されるデータの質を最大化するために、思慮
深く、そして注意深く司会進行するためのヒントがいくつかある。それらをま
とめると以下のようになる。

■■■　キーポイント

- トピックガイド、刺激材料、練習課題など、何をどのような組み合わせ
  で使用するのが最も実りあるアプローチになりそうか、少し考えてみる。
- 既製の材料を提供するか、参加者に作成するよう依頼するかを決める。
- 常に介入する必要があるとは思わないこと。ディスカッションが軌道に
  乗っているなら、司会者が何か差し挟む必要はほとんどないだろう。
- プロンプトを使ったり、追加の質問をしたりする準備をしておく。
- 参加者が使う語彙、口調、非言語コミュニケーションに細心の注意を払
  う。司会者として、これらに気づくことができるだろう。
- また、研究上の関心をより明確にするため、または参加者に概念を「問
  題化」するよう促すために、質問を言い換えたり、詳しく説明したりす
  ることもできる。
- 中間的な要約を使い、説明を明確にしたり、生まれつつある区別や条件
  をさらに探る。
- 暫定的な理論づけを開始し、参加者に参加してもらうが、注意深く学術

的／理論的な用語を説明したり、言い換えたりする。参加者にあなた
とともに考えを深めるよう依頼できることを忘れないこと――あなたは、
必ずしも「専門家」の役割を担う必要はない。

- 分析を精巧なものにし、より多くのデータを生み出すために、伝達普及
  セッションを利用することを考える。

さらに学ぶために

Barbour, R. S. (2018) 'Quality of data collection', In U. Flick (ed.), *The SAGE Handbook of Qualitative Data Collection*. London: Sage.

Morgan, D. L. and Hoffmann, K. (2018) 'Generating focus group data', In U. Flick (ed.), *The SAGE Handbook of Qualitative Data Collection*. London: Sage.

Puchta, C. and Potter, J. (1999) 'Asking elaborate questions: Focus groups and the management of spontaneity', *Journal of Sociolinguistics,* 3(3): 314-335.

訳者補遺

安梅勅江 (2010)『ヒューマンサービスにおけるグループインタビュー法Ⅲ／論文作成編』医歯薬出版.

7章　倫理と契約

フォーカスグループに参加することの影響
デブリーフィング
特別な考慮事項と困難な課題

この章の目標

- フォーカスグループの使用における特別な倫理的問題に気づく――特に守秘義務に関連して。
- 特に、フォーカスグループが参加者に与えうる影響を理解する。
- 適切なデブリーフィングの重要性を認識する。
- 社会的に脆弱な立場におかれている人びととフォーカスグループを用いることに伴う特別な問題を認識する。
- 異文化フォーカスグループ研究に対する特別な要求を理解する。
- フォーカスグループの計画と実行において、倫理的問題にどのように対処し、最小化するかを理解する。
- 倫理的問題は、リサーチクエスチョンの作成から、サンプリングと募集、データの生成、研究結果の提示に至るまで、研究プロセスのあらゆる段階に影響することを理解する。

　倫理的問題は、フォーカスグループ研究を企図するあらゆる段階に影響を及ぼすが、倫理的承認を得る必要性――実施分野によっては、機関内の倫理審査委員会や専門家の倫理手続き（イギリスで国民保健サービス［NHS］の患者にアクセスする際に採用されているような手続き）を通して――が特に焦点となる。

理想としては、倫理はそのずっと前、つまり研究テーマと方法を選択し、資金提供団体に働きかける時点で検討すべきである。研究に資金を提供する機関には、求める独自の意図があり、それらはあなた自身の価値観や目的と合致しているように見えるかもしれないが、フォーカスグループは強力な広報ツールとして機能できることにも留意することが重要である。アクションリサーチ・プロジェクトは、（資金提供者、研究者、参加者も同じく）期待と具体的な成果との不一致があると、特に脆弱である。また、参加者への潜在的な影響を考慮することも重要であり、まず、あなたのアプローチ（および、研究目的の説明）がどのような影響を彼らに与えるかを考えることから始める。この点で、言葉は非常に重要である。たとえば「病的肥満」のような、専門家や臨床の文脈ではまったく問題がない用語が、参加者となるかもしれない人びとに不快感を与える可能性がある（また、募集の成功も危うくなる）。ゲートキーパーの支援は非常に貴重な場合があるが、そのような人を使って参加者にアクセスすることは慎重に検討する必要がある。状況によっては、参加者が参加を強要されたと感じたり、逆に意図的または無意識にゲートキーパーによって排除されたりする可能性がある。倫理的配慮には、フォーカスグループの参加者がディスカッション中やディスカッション後にどのように感じるかを予測すること、彼らの懸念やデータや発見を共有することによる彼らへの影響に十分に注意を払うことも含まれる。さらに厄介なのは、その後に起こることで、推奨した事項が守られるかもしれないが、場合によっては無視されるかもしれず、参加者が「失望させられた」と感じることにもなりかねない。フォーカスグループ内での秘密保持は、1対1インタビューよりも難しく、対処について参加者と十分に話し合う必要がある。オンラインによる方法は、この点に関して、参加者、他の個人、あるいは場所さえも特定できる可能性のある写真やその他の材料の共有に関することなど、いくつかの新しい課題を投げかける可能性がある。（イギリス社会学会は最近、倫理ガイドラインの一部として、デジタル研究付属文書（www.britsoc.co.uk/ethics）を発表しており、この点で役に立つだろう）。

　フォーカスグループ・ディスカッションに参加することは、肯定的な影響も否定的な影響も与える可能性があり、潜在的な望ましくない影響を最小限に抑えるためのいくつかの提案がなされている。しかし、ディスカッションへの反応は、必然的に参加した個人の特定の状況や文脈に左右されるため、何が苦痛

を生じさせるかを予測するのは難しいことが知られている。デブリーフィング
の時間を確保することの重要性は、研究者が関連情報や連絡先を手元に置い
ておき、単に「データを取って去る」のではないことの必要性と同じく強調さ
れている。これは、対面式のフォーカスグループにも言え、ここで関連するリ
ンクを提供するためにインターネットの可能性が活用できるだろう。デブリー
フィングはまた、特に、もしトピックが感情を喚起するものであれば、研究者
にとっても大切である。そして、研究代表者やスーパーバイザーもまた、研究
スタッフや学生の心理的・身体的な健康を守る倫理的義務がある。本章の最後
のセクションでは、子ども、高齢者、障害者、精神保健上の問題を抱える人な
ど、社会的に脆弱な立場におかれている人びととフォーカスグループを実施す
る際に提起される問題と、異文化間のフォーカスグループ研究の課題について
検討する。

フォーカスグループに参加することの影響

　人びとがフォーカスグループ・ディスカッションへの参加に同意する理由に
ついては、ほとんどわかっていないが、ディスカッションがカタルシスとなる
可能性に注目している研究者もいる。たとえば、ジョーンズとニール゠アーバ
ン（Jones and Neil-Urban, 2003）は、小児ガンの父親を対象としたフォーカス
グループ・セッションの影響について報告しているが、当初期待された効果を
はるかに上回り、参加者によってサポートグループが作られるに至った。
　特に、デリケートなトピックについてディスカッションするフォーカスグ
ループを開催する場合——しかしながら、このような場合に限られるわけでは
ないが——、ディスカッションが、参加者によっては、他の参加者よりも難し
い領域に触れることがある。また、フォーカスグループ・ディスカッション
では、他の参加者を動揺させるようなコメント（たとえば、人種差別的、性差
別的なもの）が、参加者の一部から出てくるかもしれない（Kevern and Webb,
2001, p.331）。しかし、フォーカスグループの参加者は、互いにサポートしあう
という点で、非常に熟練している可能性があり、研究者が1対1インタビュー
の過程で提供するのが難しいであろうような安心感を、時には与えることがで

きることを覚えておくのは価値がある。フォーカスグループ・ディスカッションの一般的な特徴は、参加者が積極的に互いをサポートしあい、他の参加者に話すよう促し、いつも自分の特定の意見とは限らなくても、彼らの経験を支持するその度合いにある。フォーカスグループは孤立感を軽減するのに役立つ。この点で、オンライン・フォーカスグループは、同じような状況にある人たちと接触する手段を提供し、匿名性という点で強化された保護を提供し、研究者と参加者の双方が、特定の条件（たとえば、Fox et al., 2007）、またはスティグマを押される可能性のある特性をもつ大きな人びとのプールを利用でき、とりわけ役立つ。イバラら（Ybarra et al., 2014）は、HIV予防の問題を探究するため、「ゲイ、バイセクシュアル、クィアの若い男性」を対象にオンライン・フォーカスグループを実施した。彼らはこう述べている。

　　全体として、このオンライン・フォーカスグループに参加したゲイ、バイセクシュアル、クィアの若者の大半は、セックスに関する態度や見方の変化、将来の行動変化に関する計画、あるいは孤立感の減少のいずれかを報告した。性経験の浅い若者の間では、このオンライン・フォーカスグループは、セックスをしないという彼らの決意を再確認するように思われた。最も注目すべきは、安全で匿名的な環境で他の性経験の浅いゲイ、バイセクシュアル、クィアの若者と話す機会を得たことで、彼らの孤立感が軽減され、禁欲に関する決断を支持する気持ちが高まることに役立ったことである。（2014, p.561）。

　また、グループを招集する際に注意深く配慮し、他の人を不快にさせる発言をする可能性のある人を分離するように努めることで、潜在的に有害な影響を軽減することができる。たとえば、事前指示書に関する専門家の経験を調査した研究で、私たちは、特に強いスタンスをもっていることが知られており、その存在が十分考慮された意見をもたない他の人を抑制し、不快にさせる可能性がある人びとには、1対1インタビューを実施することにした（Thompson et al., 2003a, 2003b）。しかしながら、フォーカスグループ・ディスカッションの流動的な性質や、参加者に関連しそうな、あるいはコメントに影響を与えそうな情報を、研究者が事前にすべて把握しているわけではないという事実

から、そのような事態をすべて予測することは必ずしもできるわけではない（Krueger, 1994）。スミス（Smith, 1995）は、参加者がグループ・ディスカッション中にどのように感じるかだけでなく、セッションの終わりにどのように感じるかを考慮することの重要性を強調している。ここでも、参加者が動揺するようなことは非常に個人的な問題である可能性が高いため、思いもかけないことが起こりうる。

デブリーフィング

　フォーカスグループ・セッションの終わりに行う参加者に対するデブリーフィングは、司会者[モデレータ]の責任ではあるが、決して急いではいけない。参加者がどのような懸念であれ、表明する十分な時間を確保し、何か質問したいことがあれば、研究者の電話番号等の連絡先がわかるようにしておくことが重要である。この段階で、参加者が自分のいかなるコメントも、トランスクリプトから消去するよう要求する機会を（その時点でも後でも）与えることも望ましい。興味深いことに、このような依頼をされた経験はない。おそらく、このような選択肢があることを知ることで、ほとんどの人は十分安心するからだろう。
　司会者[モデレータ]は、関連情報が記載されたリーフレットや、困った際の連絡先も準備しておくべきである。たとえば、（スコットランドで処方箋料が廃止される前の）処方箋料が課される文脈における薬物治療についての意思決定に関する研究では、「事前支払い証明書」[訳注1]（処方箋料にかかる費用と予算を節約できる）に関する情報を提供した。同様に、セイモアら（Seymour et al., 2002）は、終末期ケアについて尋ねた高齢者に遺族ケア団体の住所に関する情報を提供し、研究への参加者募集に関わった各団体とのフォローアップ・ミーティングを予定に組み入れた。研究プロジェクトでは、参加者や他の人びとが利用できる材料を積極的にまとめることもある。この場合も、インターネットを使えば、調査結果

［訳注1］　事前支払い証明書（pre-payment certificates）：イギリスでは定額の薬剤費前払い制度（いわゆる「リピート処方箋」）があり、処方前払い証（prescription prepayment certificate：PPC）を購入した場合、有効期限内で何回でも処方薬を受け取ることができる。

を広めたり、関連機関や情報源へのリンクを提供したりすることができる。この点で、オンライン版を含む文書化された研究結果の発信が、研究参加者やより一般的に公衆に届く最良の方法であるかどうかを検討することも価値がある。そして、いくつかの研究プロジェクトでは、ディスカッションを刺激するために、Facebook やブログ、Twitter [訳注2] アカウントを利用するなど、より革新的なアプローチが模索されている。たとえば、ティンクラー（Tinkler, 2014）のロンドン大学公衆衛生政策グループ（London School of Hygiene Public Policy Group）による伝達普及と影響に対するソーシャルメディアの役割に関する議論を参照。

　しばしば見落とされがちではあるが、研究による研究者への影響の問題も重要である。質的研究を行うことは、トピックがデリケートであることがすぐには明らかでない場合でも、研究者は動揺したり、苦痛を覚える記述にさらされる可能性があり、「フィールドワークに出た後に自分の考えや感情について話し合うために、支持的で経験豊富な研究のスーパーバイザーや同僚」（Owen, 2001, p.657）にアクセスできることが重要である。バーマンら（Burman et al., 2001）は、少女たちから暴力をテーマにデータを得た経験についてコメントし、分析の過程で複数のトランスクリプトを読むことによる累積的な効果に研究者が気づかないことがあることを強調している。したがって、サポートが必要なのは、データ生成段階に限られるわけではない。

　研究計画を立てる際、身体的な安全性についても考慮する必要がある。契約研究者は若い女性がなる傾向があるため、特に潜在的に危険な状況に置かれる可能性が高い（Green et al., 1993）。フォーカスグループ研究は、「接触しにくい」人びとや社会的に周縁に追いやられた人びとを対象にすることが多いため、犯罪や暴力の発生率が高い地域に研究者が出向く必要がある場合もある。

［訳注2］　現X

特別な考慮事項と困難な課題

社会的に脆弱な立場におかれている人びと

2章で論じたように、フォーカスグループは、「届きにくい」人びとにアクセスするため、あるいは「デリケートな」、あるいは倫理的に困難なテーマを研究するために、たびたび使用されてきた。こうした例には、少数民族に関連する特定の健康問題に関する多くの研究プロジェクトが含まれる（たとえば、Lee-Lin et al., 2013; Howell et al., 2013）。このような利用には重要な倫理的側面があり、というのも、フォーカスグループは、それまで聞かれることのなかった住民や患者グループの特定の領域の声を聞き、存在している不均衡を是正するのに役立つかもしれないからである。フォーカスグループはまた、たとえばゲイやバイセクシュアルの青少年など、セクシュアリティを理由に社会の周縁に追いやられているグループのメンバーにアクセスし、関与する際にも有用であることが証明されている（Ybarra et al., 2014）。すでに見てきたように、研究者たちは、学習障害のある人びと（Kaehne and O'Connell, 2010）、重度の精神疾患から回復した人びと（Whitley and Campbell, 2014）、自殺未遂者（Ghio et al., 2011）と関わるために、フォーカスグループを使用している。また、フォーカスグループは、終末期ケアといったデリケートなトピックに対する意見を含め、高齢者の意見を引き出すことも可能にした（Seymour et al., 2002）。リトルチャイルドら（Littlechild et al., 2015）は、フォーカスグループという媒体によって、高齢者との研究に認知症の黒人、および少数民族のコミュニティ・メンバーを含めることができた。実際、トピックに関係なく、特定の年齢層（高齢者、子ども、青少年など）を対象とした調査を実施する場合、インタビューは適切でないか、過度に侵襲的または威嚇的であると考えられるため、1対1インタビューよりもフォーカスグループが好まれることが多い。これは、そのような状況でフォーカスグループを使用することに特別な配慮を払うべきか否か、また、特定のテクニックを開発する必要があるか否かという問題を提起している。

フォーカスグループは一般的に、幼い子どもに対し、1対1インタビューよりも適切であると考えられている（Mauthner, 1997, p.23）。ほとんどの倫理委員会は、未成年の人びとを対象に研究を行う場合には（それ以外にも、インフォームド・コンセントを与えることができないと見なされる学習困難者を対象とした研究など、いくつかの状況においても）、親の許可を得る必要があると規定している。これは非常に合理的に聞こえるかもしれないが、この要件自体が困難を生じさせる状況もある。ヒリアーら（Hillier et al., 2012）は、ゲイ、バイセクシュアル、クィアの青年に対する研究を行った際に、両親に知らせることの免除を倫理委員会から得た。彼らは、研究に参加することで、息子の性的指向を知らない親を警戒させてしまうことを懸念したのである。ミシュナら（Mishna et al., 2009）は、ネットいじめの経験についてディスカッションするためにフォーカスグループを開催したが、子どもの親から許可を得たことを報告している。しかし、彼らの研究では、インターネットや携帯電話を使う権利が取り上げられるのを恐れ、子どもたちが親にそのような問題を相談することがほとんどないことが立証されていることから、親の許可を得たことは、このトピックに関するディスカッションを引き起こし、さまざまな結果（誰の視点から考えるかによって、「良い」ことも「悪い」こともある）をもたらした可能性がある。美容整形のトピックについて思春期の少女たち（15～18歳）とのフォーカスグループを行ったアシカリら（Ashikali et al., 2014）は、対照的に、当事者の少女たちからのみ同意を得た。このことは、倫理委員会の対応はさまざまであり、各プロジェクトは守秘義務や危害の可能性をめぐる問題に関連して慎重に検討する必要があるため、絶対厳守のルールは存在しないことを示唆している。

　ジェンダーは、子ども、そして青少年を対象にしたフォーカスグループにおける支配的な声（ヴォイス）を決定する上で、重要な役割を果たすと思われる。したがって、幼児を対象とするほとんどの研究者は、男女混合のグループで男児が「より多く、より大声で話し、会話のトピックを決定し［そして］女児の影を薄くしてしまう」（Mauthner, 1997, p.23）傾向から守るために、同性のグループを開催することを提唱している。同様に、きょうだいがいるフォーカスグループも、年上の子どもがディスカッションを支配する傾向がある点に課題がある（Mauthner, 1997）。

子どもを対象とする研究者のほとんどは、絵を描いたり、書いたり、読んだり、並べ替えたりする活動の組み合わせに頼っている（Mauthner, 1997）。マウスナー（Mauthner, 1997）とモーガンら（Morgan et al., 2002）は、共に紙とペンを使った活動を推奨しており、モーガンたちは、あるとき、それまでとてもおとなしかった子どもが、この活動に参加した後、よりディスカッションに参加するようになったと報告している。モーガンら（2002）は、ロールプレイのデータ生成の可能性についても熱心で、ディスカッションの間、子どもたちがおもちゃを「いじる」ことを許可するのが有用であることを見出した。彼らは、子どもたちが威嚇的でないしかたで知識に関連した質問をすることができるように、柔らかいおもちゃを代弁者として使用したと報告している。また、ディスカッションを子どもたちにとって意味のある文脈の中に位置づけることも重要である（Mauthner, 1997, p.24）。

　しかし、小道具が常に必要というわけではなく、子どもたちが本来もっている想像力豊かな遊びの性質にもとづいた創造的なアプローチによって、成果を上げることができる。たとえば、スパークスら（Sparks et al., 2002）の論文を見てみよう。彼らは、「9歳の子どもたちの間で、罰の道徳的・実際的なジレンマがディスカッションされ、熟慮される方法」（Sparks et al., 2002, p.116）を研究することに関心があった。彼らは、大人がいなくなった世界を考えるよう子どもたちを促すため、ホッブズにヒントを得たごっこ遊び[訳注3]を採用した。子どもたちからデータを生成することは、実践的、倫理的の両面において、研究者に重要な問題を提起する。また、子どもたちと効果的に関わるために役立つのは、研究者側のある程度の相互性を持ち込む意欲であり、そうすることで、研究者は、大人が取り上げるのを躊躇すると思われる主題をたやすく持ち出すであろう子どもの参加者からの直接的な質問に応じることで、自分自身に関する何らかの情報を共有することになる。

　青少年は、研究者がフォーカスグループに注目するもう1つのグループであり、彼らには1対1インタビューやサーベイさえも「使い勝手が悪い」可能

[訳注3]　トマス・ホッブズ（Thomas Hobbes）：イングランドの哲学者。ホッブズは、人間は「自然」によって平等に作られたと仮定し、「万人の万人に対する闘争」を克服するため社会的な契約を結んで国家に主権を委ねていると考えた。

性があることが認識されている。男女混合の子どもグループを避けるように
というアドバイスとは対照的に、青少年を扱う研究者の経験はやや異なって
いる。ミシュナら（Mishna et al., 2009）は、青少年のネットいじめ体験を研究
し、青少年を対象とした男女混合のフォーカスグループは、特に女子が男子の
発言に異議を唱える傾向があるため、同性のグループよりも豊かなデータが得
られたと報告している。青少年が至るところでソーシャルメディアに関与して
いることを利用し、対面でのディスカッションに消極的な可能性を克服するた
め、青少年との研究にオンライン・フォーカスグループが採用されることがあ
る。しかし、これは必ずしもシームレスに、豊かで詳細なデータに変換される
とは限らない。研究者が関心を抱く問題は、若者にとっては一過性の関心にす
ぎないかもしれないし、何人かの研究者（たとえば、Krol et al., 2014）は、対
面のグループで生成される、よりニュアンスに富んだディスカッションと比較
し、オンラインのディスカッションが、非常に特定的か非常に一般的なものか
のいずれかに焦点が絞られる傾向があることを見出した。さらに、青少年はこ
うしたメディアにかなりのスキルを有するため、研究者が必ずしも容易に解読
できない方法でオンラインでコミュニケーションを行うかもしれない（たとえ
ば、オンラインでのやりとりで、排除的な行為を行う可能性に関するジュリアン
（Julien, 2015）の議論を参照）。

　発達上の問題を考慮し、デリー（Daley, 2013）は青少年にとってのピアグ
ループの重要性を強調しており、このことは、意見の形成や行動の説明に関す
る洞察を得ようとする研究者にとって、フォーカスグループの可能性を探るこ
とが得策であることを示唆している。しかし、このことはまた、データを生成
するためにピアグループの利用を選択する際につきものの難しさを指摘するこ
とにもなる。ここで研究者は、研究または研究チームが研究の場を去った後の、
グループへの永続的な影響に特に留意しなければならない。これはすべての
フォーカスグループ研究に言えることであり、青少年のピアグループが関わる
場合だけではないが、この問題に特に鋭く焦点を当てることに役立つと思われ
る。

　研究者はまた、たとえば、フォーカスグループでのディスカッションが職場
のチーム内の今後の関係に与える潜在的な影響も考慮すべきであり、本章で前
述したように、異なる職業集団の代表者やさまざまな地位の代表者が混在する

グループを招集しないことを選ぶ場合もある。フォーカスグループが参加者を傷つけたり、関係のバランスを脅かす可能性を考慮することは、フォーカスグループ・セッションを開始する時点で行動規則を設ける必要性を強調するということでもある。たとえば、軽蔑的な言葉や無礼な言葉を使用してはならないこと、尊重とグループ内の秘密保持の必要性などである。オンラインのフォーカスグループの場合、倫理的な方法でデータを生成することについて考えることには、生成されたものを他のソーシャルメディアのプラットフォームで共有しないことに同意することも含まれる。

倫理的で適切な方法でデータを生成する

アクセス、サンプリング、グループの招集に関する倫理的問題を考慮した上で、フォーカスグループ研究者は、フォーカスグループにおけるデータ生成のプロセスについても考える必要がある。これもまた、倫理が研究デザインの問題と交差するもう1つの領域である。幸いなことに、倫理的に優れた実践は、一般的に最も豊かなデータを生み出す。関係するグループの特定の必要性と力量を考慮しているためである。

セイモアら（Seymour et al., 2002）は、終末期ケアに対する高齢者の態度を探究するためにフォーカスグループを用い、デリケートなトピックと研究者に特別な要求をすると考えられるグループとを結びつけた。障害のある高齢者へのフォーカスグループの使用に関するバレットとカーク（Barrett and Kirk, 2000）の推奨と共通して、セイモアら（2002）は小グループの使用を勧めている。参加者に馴染みのあるテレビ形式のやり方を用い、ディスカッションを促進し、個人的な話になりすぎた場合にも、研究者がディスカッションを進めることができた。バレットとカークはまた、障害のある高齢者との共同作業では、複数の話者に注意を振り分ける能力が低下していること、話題を切り替えるのが難しいこと、質問を投げかけてからしばらく経ってから答える傾向があることなど、特有の課題があることを指摘している。このような特徴から、司会者（モデレータ）は妨害しないよう特に留意しつつ、トピックの変化に注意を喚起する必要がある。また、分析の過程では、研究者は「同期していない」返答の可能性に常に注意を払い、明らかにつじつまの合わないものであっても、それを確実に正当

な文脈で解釈するよう提案している。これは同時に、配慮をもって聴くことと良心的にデータを生成することを可能にする。同様の問題が、深刻で永続的なメンタルヘルスの問題を抱えた女性とのフォーカスグループを行った研究（Owen, 2001）でも提起された。これは、研究者が、参加者の標準的ではない注意の範囲と焦点に対応しなければならない領域である。

　オーウェン（Owen, 2001）は、敬意を払い、上から目線にならない可能性を考慮しフォーカスグループを選んだと報告している（モーガンとクリューガー（Morgan and Krueger, 1993）も同様の示唆をしている）。彼女は、女性参加者が互いにあまり交流せず、一般的に司会者に直接応答することを見出した。このことは、フォーカスグループ・セッションの設定にかけた余分な時間と労力が、あまり大きな利点をもたらさないかもしれないことを示唆している。メンタルヘルスと子どもの保護に関する私たちの研究（Stanley et al., 2003）では、重度のメンタルヘルスの問題を抱えた母親に対して、1対1インタビューを用いることを選択した（この選択をすることで、このシステムを通じてのおよそ6か月後の彼女たちの前進を追跡する機会も得られたからである）。しかし私たちは、インタビュアーとして、精神科看護師としての経験をもつ人物を採用することに気を配った。臨床経験のある研究者の多くが、そのスキルを当然のものと考えているのとは対照的に、オーウェンはそのような貴重な専門知識を軽視しておらず、それはフォーカスグループのデータの生成作業に非常に移しやすいものである。フォーカスグループ研究者の学問的背景や専門的資格に関する情報は、通常発表された論文には示されておらず、そのことがこうした重要な問題に注意が払われない一因になっているかもしれない。読者は、司会者がその役割にもたらしたであろうスキルについてさらなる洞察を得るため、少々探偵的作業や推測に頼らざるを得ないことが多い。ホイットリーとキャンベル（Whitley and Campbell, 2014）は、メンタルヘルス回復コミュニティにおける人びとの経験に関する縦断的研究（フォーカスグループを含む）を行った。ホイットリーは私たちに、こうした研究場面で数年間研究を行っていたと述べ、そして、こうした研究には広範な参加者の観察が含まれるが、それは間違いなく、彼らをテーマに親しませることになったと説明した。2人の著者はいずれも精神医学研究センターを拠点としており、1人は大学の精神医学部、もう1人は大学のソーシャルワーク学部にも勤務していた。おそらく、彼らが執筆し

た学術雑誌の読者は主に研究者であったことから、専門的な資格について言及しなかったと思われるが、トピックに精通し、参加者の懸念に関する感受性という点で、その資格は彼らにとって大いに有利であったと思われる。

オーウェン（Owen, 2001）は、深刻なメンタルヘルスの問題を抱えた女性を対象とした自身の研究では、研究のためのフォーカスグループとセラピーのセッションの区別が時折かなり曖昧になることがあったことを認め、フォーカスグループ・セッションに同席し、フォーカスグループでのディスカッションの後の数週間に持ち上がった問題について、協力したスタッフの支援を引き出すことにより、このジレンマに対処することができたと説明している。臨床医がフォーカスグループの司会に関わっている場合、彼らがこの仕事に専門知識だけでなく、患者や介護者とコミュニケーションをとるスキルも持ち込むことは明らかである。モランら（Moran et al., 2012）は、ADHDや自閉症スペクトラムの若者の親や介護者のフォーカスグループの司会をした臨床家は、これらの特定の患者のケアには関与していなかったと指摘しているが、それでもフォーカスグループ・セッションでは、彼らの専門的スキルが発揮され、ディスカッションを促進し、適切な場合には情報を提供することができたと考えられる。患者や介護者が、ケアを提供する直接の関係者に心配を声にしてはいない場合でも、ケアの現場で生成されるデータは、そこに支配的な組織的文脈や階層構造に大きく影響される可能性が高いことを認識しておく必要がある。これは、このような調査に欠陥があるということではない。むしろ、トピックガイドや刺激材料の作成に十分な配慮がなされ、率直なディスカッションが促されるならば、フォーカスグループはこのような問題に取り組む機会を与えてくれるかもしれない。実際、研究結果に驚くのは臨床医かもしれない。おそらく、特定のトピックが提起されると予想していなかったためであろうが、モランら（Moran et al., 2012）は、次のことを「本道から逸れた知見」として説明している。

　　　［親や介護者の間で］優勢な恐れの1つは、退院に対する恐れであり、退院した結果、将来問題が再発した場合に支援を受けられないということであった。介護者は、気軽に利用できるアドバイスへの迅速なアクセスを望んでおり、結果についての聴取がサービスへのアクセスを制限するために用い

られることを懸念していた。(p.74)

　多くの論者が、フォーカスグループは参加者をエンパワーすることができると主張しているが、それが可能な場合でも、関連する問題がないわけではない。たとえば、産後の減量に関する若い母親の経験を調査した研究（詳しくは別のところで論じている——Barbour, 2014b）では、フォーカスグループ・ディスカッションは、女性たちが減量に関する常識に異議を唱えたり、健康増進のアドバイスや医療専門家のアプローチの両方を激しく批判したりする場として頻繁に機能していた。ディスカッションを奨励することと、信念を容認しているように見えることとは紙一重であり、最終的には参加者にダメージを与えることになりかねない（もちろん、人びとがこうした意見を「演じて見せる」のではなく、実際に支持している程度による）。フォーカスグループは、人びとがどのように潜在的に有害な行動を正当化するかに関して貴重な洞察を提供することができ、それは将来の健康増進キャンペーンや介入において活用することができるが、そのような利点は元々の研究に参加した個人には及ばないかもしれない。

　もちろん、参加者の意見は、フォーカスグループのディスカッションの過程で変化することもある。アップハムとロバーツ（Upham and Roberts, 2011）は、欧州6カ国で二酸化炭素回収・貯留（CCS）に対する一般市民の態度について調査を行い、この現象について考察している。彼らは、フォーカスグループの前後に質問紙調査を実施し、「CCS技術の概要、その理論的根拠、関連する議論を提供し、各国のエネルギーミックスに関する追加情報を補足した、特別に作成を依頼した映画」を上映した（p.1359）。フォーカスグループ以前は、石炭とガスのCCSに好意的な意見とそうでない意見がほぼ均等に分かれていたのに対し、フォーカスグループ後の質問紙の段階では、原子力に好意的な意見が増えていた。また、気候変動に対する不信感や、気候変動は取るに足らないものであるとの見方の方向に、若干の変化（56人中9人）が見られた。このような汎ヨーロッパ研究プロジェクトの重要な要素は、研究が実施される背景を深く知る参加国の研究者の関与である。

異文化間研究

　異文化間研究を成功させるためには、研究者が研究を行おうとする場の文化的背景について詳細な知識をもっていることがきわめて重要である。ストリックランド（Strickland, 1999）は、コーストサリッシュ（ワシントン州のインランドリバーに住むアメリカ先住民）の痛みの概念に関する研究で、部族のプランニング・チームの協力が果たした重要な役割について報告している。提供された多くの有益な助言の中に、部族の長老たち（特に男性）は、他の人たちが話し終わるまで発言しないという習慣があるという調査チームへの警告があった。これは、フォーカスグループ・セッションの最後に間に合うように、こういう人びとの意見が十分に表明され、注目されるようにするという点で、重要な結果をもたらした。さらにこの文化の中に入り込むと、トーキング・サークル[訳注4]が話者交代[訳注5]に頼っており、その結果、グループ・コミュニケーションが一般的にもっと双方向的で自発的な他の文化集団のコミュニケーションと比べ、ネイティブ・アメリカン特有のコミュニケーション形式をとっていることが明らかになった。

　研究に参加してもらおうとしているグループの文化を可能な限り理解し、尊重することは明らかに重要である。ライアンら（Ryan et al., 2015）は、オマーンの看護師とフォーカスグループを行った経験について振り返っている。研究チームは、関連する多くの特徴を認識しており、男女の両方、さまざまな学歴の参加者、さまざまな宗教をもつ参加者が含まれるようにしたいと考えていた。チームにはオマーン人研究者もおり、研究者は、参加者の文化を尊重するという点でも、フォーカスグループができるだけ歓迎され、有用なデータが得られるようにするという点でも、場所、ホスピタリティ、研究者の服装といった重要な問題に注意するよう告げられた。ライアンたちは、尊重の問題、個人主義

［訳注4］　トーキング・サークル（talking circle）：ネイティブ・アメリカンに伝わる伝統的な魂のシェアリングの場のこと。本来は火を囲みながら輪になり、1つのテーマをもとに1人ひとりが話す。これは「話し合いの場」ではなく、話をする人は誰にも否定されずに自由に話をすることができ、輪に参加している人たちは、静かに耳を傾ける。
［訳注5］　話者交代（turn-taking）：発話順序の交代を指す。会話分析の用語。

的見解と集団主義的見解、コスモポリタニズム、イスラム文化、オマーンの社会生活、フォーカスグループの管理への影響について論じている。著者たちは、男女別のグループを計画していたにもかかわらず、何人かの女性の到着が遅れたために男女混合のグループになり、参加者の希望に沿ってそのまま進められた経緯について述べている。男女は部屋の両側に座ったが、ライアンたちはこう振り返っている。「興味深いことに、女性参加者がフォーカスグループ・ディスカッションの主導権を握り、男性参加者よりも、より多くの意見を表明した」（2015, p.385）。研究者たちは、選好を予測し、参加者に司会者（モデレータ）の性別や、男女単独のグループを好むか混合のグループを好むかの選択肢を与えなかったことを認め、慎重すぎたかもしれないと述べている。

　しかしながら、非英語圏の参加者とのフォーカスグループでは、特有の難題が持ち上がることがある。研究をこのようなグループの英語を話すメンバーに限定することは危険である。エスポージト（Esposito, 2001）が指摘するように、そのような人たちは、定義上、英語圏文化に順応しており、したがって、非英語話者の仲間の意見を「正しく反映」することができない。このことは、バイリンガルの研究者にも言える。彼ら自身、出身グループから地理的にも文化的にも離れている可能性があり、言語が進化するスピードを考えると、最近の動向に完全に通じているとは限らない。特に、青少年などのサブグループが関与する場合、かつて（あるいは現在も）母語話者であったとしても、司会者（モデレータ）として「内集団」での言及や用法を理解し、拾い上げることができるとは限らない。

　参加者の母国語でフォーカスグループを行うことには、明らかな利点がある。参加者が英語も流暢であったとしても、彼らの母国語を使うことで、より自発的でオープンなディスカッションを促進することができる。ウマナ＝テイラーとバマカ（Umaña-Taylor and Bámaca, 2004）は、可能であれば、バイリンガルの司会者（モデレータ）を採用することを推奨している。なぜなら、フォーカスグループが英語で行われ、参加者が英語を流暢に話す人たちであったとしても、彼女たちが調査したラテン系の女性が、特に感情的に重要性をもつ概念や人物に言及する際に、スペイン語の言葉を頻繁に使っていることがわかったからである。

　研究における翻訳作業のほとんどは、量的研究における異文化間テストのために、文化的に等価な調査手段を開発することにある。すべての概念が他の言語で表現できるわけではないし、必ずしも普遍的なものでもない。したがっ

て、事実上、すべてが翻訳できるわけではない（Esposito, 2001, p.572）。これは、フォーカスグループのトピックガイドの翻訳にも同様に当てはまる。たとえば、タンら（Tang et al., 2000）は、中国人女性は暴力を表す言葉をもっていないことがわかり、フォーカスグループでこのトピックに会話を向ける新しい方法を見つけなければならなかった。また、司会者（モデレータ）がこのような緩やかに構造化されたトピックガイドを柔軟に適用し、新しいトピックが現れたらそれを取り上げ、参加者の洞察を利用しようとすることからすると、意味が変化する可能性がかなりある。チュウとナイト（Chiu and Knight, 1999）は、少数民族の女性の乳ガン・子宮頸ガン検診に対する意見と経験に関する研究において、英語以外の言葉でのグループを運営するために通訳を使い、この種の課題に直面した。チュウ自身がバイリンガルであるため、そうでなかったら見過ごされたであろう洞察が得られ、通訳がどれほど質問の意味を変え、そのため生成されたデータの内容に影響を与えているかが浮き彫りになった。彼らは、通訳にフォーカスグループの司会のトレーニングを提供することが不可欠であり、単に「その場で即座に」翻訳することを期待し、研究目的が何となく魔法のように維持されることを願うだけでは不十分であると結論づけている。

　翻訳は、トピックガイドであれ、録音されたフォーカスグループのディスカッションであれ、非常に複雑なプロセスであり、他言語に堪能であるという明らかな要件に加え、文脈上の問題を考慮に入れる必要がある（Esposito, 2001）。これは、フォーカスグループのディスカッション中に提起された概念に相当する言葉が英語にない場合に、特に重要である。広東語（Twinn, 1998）のようないくつかの言語については、言語の構造が非常に異なるため、逐語訳をすると文法に合わない英語になってしまう。このような困難を考慮し、エスポージト（Esposito, 2001）は翻訳者に、「1語1語の解釈ではなく、意味にもとづいた解釈」（2001, p.572）をするよう勧めている。このことは、現象学的アプローチをデータ分析に適用できる範囲とも明確に関わっている。なぜなら、微妙なニュアンスは、参加者の元々の意味や構成を反映したものである可能性と同様に、翻訳プロセスの結果である可能性もあるからである。質的研究を特徴づける反復プロセスでは、データの生成と分析の開始が同時に起こる。トピックガイドは「流動的で、適応的であり、適切なときに軌道修正する」ものである（Esposito, 2001, p.573）。エスポージトは、研究者が流暢でない言語で

のデータ生成における2つの主な選択肢についてその概要を述べている。1つ目は、単一言語話者の研究者が訓練を受けたバイリンガルのファシリテータに頼ってフォーカスグループを行うことである。もう1つは、専門の同時通訳者をこのプロセスに加えることである。こうすることにより、研究者はそれが起こるその場でデータ収集プロセスに参加することができる（2001, p.573）。これにより、同時分析、質問の再方向づけ、参加者へのフィードバックによる検証が容易になる。オンライン・フォーカスグループを実施する場合、非同期であれば、母国語ではない司会者（ルビ：モデレータ）は、理論的には、ディスカッションへの参加の合間に翻訳者と相談することができる。

　ウマナ＝テイラーとバマカ（Umaña-Taylor and Bámaca, 2004）は、スペイン語話者のフォーカスグループの翻訳が、原語の内容や意味にできるだけ忠実であるよう保証するためにとった彼らのアプローチについて、詳しく述べている。彼女たちは苦労して、英語と、彼女たちの研究に参加したラテン系女性が話すさまざまな方言のバイリンガルの研究者を何人か採用した。各フォーカスグループは、1人の研究者が文字に起こしてから翻訳し、その後2人目の研究者がテープを聴いて翻訳をダブルチェックした。可能な限り、問題の方言に精通した研究者が、このプロセスのどこかの時点で関与するようにした。

　子どもたちと研究を行うことは、大人と若者、そして一般的には調査者と被調査者の間の不平等な力関係の問題を浮き彫りにする。研究者の意図がどんなに純粋であったとしても、研究関係には、参加者よりも研究者の手に権力が集中するという、何らかの決定的な特徴があるように思われる。カンザス州のネイティブ・アメリカンとの参加型アクションリサーチを行ったマコスキー＝デイリーら（Makosky-Daley et al., 2010）は、研究者は当初、フォーカスグループの完全なコントロールを手放したがらなかったため、最終的にはそうした研究者は他の研究者に換えられることになったと報告している。しかし、この選択肢は、常に使用できるわけではない。このケースでは、研究者はかなり余裕のある時間枠の中で仕事をしていたため、主要な利害関係者の信頼を得るために最初の1年半を費やし、協働的に作業する能力を開発するために合計5年を費やすことができた。さらに、研究者の側の排他的な行動や抵抗は、特に微妙なかたちをとることがあり、短期間のプロジェクトではそれを特定し、対処することは難しい。

倫理的問題は、倫理委員会への申請書類を記入する際に考慮する必要があるだけではない。倫理的問題を考慮することは、フォーカスグループ研究の各段階の特徴であるべきで、私たちは研究に採用された人びとの潜在的な危害を最小限にしようと努めるだけでなく、監督上の関係にも保護手段を組み込むべきである。子ども、高齢者、障害者、メンタルヘルスに問題を抱える人びとなど、社会的に脆弱な立場におかれている人びととフォーカスグループ研究を行うことは特別な課題を提起する一方で、他のフォーカスグループの応用においても、これらと同じ問題により多くの注意を払うことで、私たちは利益を得ることができる。たとえば、異文化間研究は、分析、そしてデータセットの分析可能性に対する司会者（モデレータ）の影響が、トランスクリプトが作成される前からすでにどれほど始まっているかを浮き彫りにしている。

▰▰▰　キーポイント

- 参加者が研究に参加する理由について注意深い考慮をし、彼らにとっての個人としての意味や、研究プロジェクトの結果について、できる限りオープンにするよう努めるべきである。
- デブリーフィングは重要であり、時間に組み込み、急ぐことなく行う必要がある。参加者に連絡先の詳細を伝え、参加者が不満に思うどのようなコメントも記録から消去することを保障する。また、セッションの最後に配布する関連情報のリーフレット（ヘルプラインの番号など）も持参すること。
- 子ども、高齢者、メンタルヘルス上の問題や学習困難のある人など、社会的に脆弱な立場におかれている人びととフォーカスグループを行うことに関して持ち上がる特別な問題について、特に配慮する必要がある。
- 少数民族とのフォーカスグループには、グループ内およびグループ間の違いに関する高度な理解、言語、文化、宗教が同義ではないという認識、通訳や翻訳が一筋縄ではいかないプロセスであることへの理解が必要である。
- 特に医療専門家やセラピストである場合、潜在的な問題を予期し、役割の境界をできるだけ明確にするよう努める。
- 問題をはらむフォーカスグループのシナリオを予測し、準備しておく。

サンプリングに配慮することで、このような可能性を最小限にするよう努力し、感受性をもって司会をすることで、どのような問題が発生した場合にも対処できるよう備える。
- 潜在的に困難な状況や白熱した討論にさらされることが研究者に与える影響について考え、安全性と支援の両方の問題に対処するための手段を講じられるようにしておく。

さらに学ぶために

フォーカスグループの使用に関する倫理的問題については、以下の著者たちが詳しく論じている。

Aldridge, J. (2014) 'Working with vulnerable groups in social research: Dilemmas by default and design', *Qualitative Research, 14*(1)：112-130.

Mauthner, M. (1997) 'Methodological aspects of collecting data from children: Lessons from three research projects', *Children and Society, 11*: 16-28.

Miller, T. and Boulton, M. (2007) 'Changing constructions of informed consent: Qualitative research and complex social worlds', *Social Science and Medicine, 65*(11): 2199-2211.

さらに詳しい手引きについては、たとえば以下の専門的なウェブサイトから入手可能である。

American Psychological Association (APA) (2003 amended 2010) Ethical Principles of Psychologists and Code of Conduct. www.apa.org/ethics/code/principles.pdf.

Association of Internet Researchers (AoIR) (2012) Ethical Decision-Making and Internet Research: Recommendations from the AoIR Ethics Working Committee (Version 2.0). www.aoir.org/reports/ethics2.pdf.

Association of Social Anthropologists of the UK and Commonwealth (2011) Ethical Guidelines for Good Research Practice. www.theasa.org/downloads/ASA%20ethics%20guidelines%202011.pdf.

British Educational Research Association (BERA) (2011) Ethical Guidelines for Educational Research. www.bera.ac.uk/system/files/3/BERA-Ethical-Guidelines-2011.pdf.

British Psychological Society (BPS) (2007) Report of the Working Party on Conducting Research on the Internet: Guidelines for Ethical Practice in Psychological Research Online. www.bps.org.uk/sites/default/files/documents/conducting_research_on_the_internet-guidelines_for_ethical_practice_in_psychological_research_online.pdf.

British Sociological Association (BSA) (2017) Ethics Guidelines, including a Digital Research Annexe. www.britsoc.co.uk/ethics. BSA Visual Sociology Group: www.visualsociology.org.uk/ethical_statement.php. の声明も参照。

Government Social Research Unit (GSR) (2011) Professional Guidance: Ethical Assurance for Social Research in Government. https://www.gov.uk/government/uploads/system/uploads/attachment_data/file/515296/ethics_guidance_tcm6-5782.pdf.

National Health and Medical Research Council (Australia) (2007, updated 2015) National Statement on Ethical Conduct on Human Research. https://www.nhmrc.gov.au?_files_nhmrc?publications/attachments/e72_national_statement_may_2015_150514_a.pdf.

訳者補遺

オルダーソン, プリシラ・モロウ, ヴァージニア／斉藤こずゑ（訳）(2017)『子ども・若者とともに行う研究の倫理——研究・調査にかかわるすべての人のための実践的ガイド』新曜社.［Priscilla Alderson & Virginia Morrow (2011) *The Ethics of Research with Children and Young People: A Practical Handbook*, London: Sage. の訳］

8章　フォーカスグループのデータを理解する

暫定的なコーディング・フレームを生成する

グラウンデッドセオリー

コーディング・フレームのモデル化と改良

継続的比較——グループ間およびグループ内の違い

グループ間の類似——意外性を精査する

リソースとしての個人的・専門的背景

この章の目標

- フォーカスグループのデータにもとづき、どのように分析を進めるかについてのアイデアをもつ。
- その文脈における、コーディングの枠組みの役割を理解する。
- コーディングと分析のアプローチとしてのグラウンデッドセオリーの妥当性を理解する。
- パターンを特定するために、グループ間比較とグループ内比較の両方を適用できる。
- データを分析・解釈する際のリソースとして、個人的・専門的背景を活用できる。

　この章では、コーディング戦略を採用することにより、フォーカスグループのデータの意味を理解してゆく方法について概説する。コーディング戦略は、基本的に特定の研究プロジェクトにとって意味のある見出しの下に発言をグループ化する手段を提供する。研究者はコーディングの枠組みとトランスクリ

プトの間を行ったり来たりするため、質的データ分析プロセスの反復的性質が強調される。また、個人のアプローチと学習スタイルの役割も認識して、本章では、研究者の「アプリオリ」コードと「インビボ（in-vivo）」コード（後者はデータから導き出される）の違いについて探究する。これは、「グラウンデッドセオリー」（「グラウンデッドセオリー」の役割と可能性についてのさらなる議論については、フリック（Flick, 2018b）とギブズ（Gibbs, 2018）を参照）の「実用バージョン」を使用するもので、これにより研究者は、資金提供団体が提起する疑問にも確実に対処しながら、コーディング・カテゴリーを開発・改良する際に参加者の洞察を活用することができる。研究チームのメンバーの個人的・専門的背景は、フォーカスグループのデータを分析する際のリソースとして再帰的に利用することができ、このアプローチが推奨される。これは、特に、コーディングの枠組みを問い質し、改良するのに役立つ。テーマコード・モデリングの例を提供し、関連するパターンを識別するために、データを系統的に調査できるグリッド図やマトリックス図の例も同様に提供する。マトリックスやグリッドは、パターンを系統的に特定し、印象論的な分析から守り、厳密性を高めることから、これらを作成することの有用性が強調される。このようなグリッドにおいて、ギャップはクラスターと同様に重要であることを論じ、分析における沈黙のもつ可能性を（特定の文脈で語られなかったことの重要性を示すいくつかの例を示しつつ）探る。

暫定的なコーディング・フレームを生成する

　暫定的なコーディング・フレームを開発する方法には、正解も不正解もない。トピックガイドは出発点を提供することができるが、すべてのテーマやコーディングのカテゴリーを生成するのに、これに過度に依存すべきではない。これは、調査ツールを実施する前にコーディング・カテゴリーを決定する、量的アプローチとはまったく異なる状況である。ディスカッションでは、司会者が出した質問が反映されると思うかもしれないが、コーディングの枠組みは、フォーカスグループ参加者が持ち込むテーマも取り入れるよう、十分な柔軟性をもつべきなのである。これは、質的研究一般、特にフォーカスグループ・

ディスカッションの探索的な可能性を考えれば、理にかなっている。このプロセスは、レポートや学術論文の手直しに似ている。いずれが大きなテーマなのか小さなテーマなのかを判断する最良の指針は、テーマが本当に「独立した」問題なのか、それともより広い見出しに関連する特定の側面を扱っているかを考えることである。大きなテーマを特定する一方で、それらの大きな見出しに関連するサブカテゴリーとして、より特定的なテーマを暫定的に割り当てることにも確実に注意を払うようにする。もちろん、これは特定された大きなテーマ間の関係を排除するものではない。このプロセスの最初に、テーマについて「ブレインストーミング」することは非常に有用であるが、それらの間の連関について考える必要性を念頭に置いておくと有益である。

　最も簡単な場合、コーディング・フレームの開発は「内容分析」をすることである。理論的な考え方をする研究者からは眉をひそめられることもあるが、それでも、これは、特に、研究の目的が記述的な知見を短期間で（おそらく実務家や政策立案者に）提供することである場合、つまり、3 章で論じたように、研究が実在論 – 構 成 主 義の連続体の実在論側に位置している場合、完全に理にかなったアプローチである。モーガン（Morgan, 2010）が指摘するように、異なる目標をもつ研究には、レベルの異なる分析が必要である。モレッティら（Moretti et al., 2011）は、数少ない詳細な内容分析の例を示している。この事例では、内容分析を用いることにより、4 つの異なる国からの 35 のフォーカスグループ・ディスカッションを分析する際に、標準化されたアプローチをとることができた。参加者は、婦人科診察の一連のビデオテープにおける臨床実習医学生のパフォーマンスを評価した。

　専門家としての知識は、フォーカスグループ・データの意味を理解するとっかかりとして役立つこともあるが、多くの場合、新鮮な洞察を排除してしまう可能性があり、知識があるという考えが分析を支配しないようにすることが重要である。しかし、研究の目的が最初に定義されており、それが明確な知識群に関連しているのであれば、コーディング・フレームの構造に役立つことがある。たとえばマキュアンら（McEwan et al., 2003）の事例では、てんかんの青年とのフォーカスグループは、生活の質（QOL）を測定するツールの開発を目的としていた。同様の尺度の開発が目的であるなら、コーディング・フレームを詳細に完全に記述しているこの論文は、非常に有用な指針を与えてくれる。

コフィとアトキンソン（Coffey and Atkinson, 1996）は、「コーディング・フェチ」になる可能性について言及しており、ソフトウェアパッケージ（Atlas.ti や NVivo など、Gibbs, 2018 参照）を使って簡単にコードを割り当てることができるようになったことから促進されることがある。私が学生を指導していて出会った問題であるが、ある学生が、240 のテーマに 240 のコードを割り当てたと報告した！　もちろん、これは克服できない問題ではないが、改善する必要がある。ワークショップを運営する中で、トランスクリプト全体を読んで非常に詳細なコードを割り当ててから、展開したコードをより広いテーマにグループ化するために、それらのコードに戻るのが好きな人がいることに気づいた。これは、当の学生が分析の次のステップとしてやらなければならなかったことであった。しかし、広いテーマで概念化し、それからそれがどのようにより狭いコードに分けられるかを検討する人もいる。最終的な成果は同じであるべきことから、いずれのルートをたどるかはまったく問題ではない。

　ワークショップの場では、そして、実生活におけるプロジェクトの文脈でも、データを手作業で分析するとき、私はカラーペンを使うのが好みである。カラーペンを使うことで、トランスクリプトにおいて関連するコーディングされた部分を手作業で探し出すのが容易になるだけでなく、これを用いることにより、研究者は、単にテーマを箇条書きにして蓄積することに頼るような、単に記述的な方法ではなく、データを概念的に考えることに慣れることができる。市販されているすべてのソフトウェアパッケージは、見出しの下にカテゴリーをまとめる必要性を強調している。しかし、パッケージごとに使用する用語が異なり、家族関係のアナロジーを用いているものもあれば、「ツリー」や「ノード」という用語を使用しているものもある。これだ、というアドバイスを提供することは不可能であるが、私の場合、通常プロジェクトが生成するテーマは概ね 20 程度にとどめる。これによって、最終レポートの小見出しに十分な余地を与えられるだけでなく、さらに論文（学位論文を書いているなら章）を書き上げる際に、コーディング・フレームの特定のセクションに焦点を当てるという選択肢もあるため、策を練る余地が大きい。

　利用可能なすべてのソフトウェアパッケージは、グループ（および実際、個々のメンバー）に関する情報（たとえば、NVivo では「属性」と呼ばれる）を保存することができ、これらの情報は、コーディング完了後に検索を実行する

際、量的分析でクロス集計を使用するのとほぼ同じ方法で、これらを対象に
データの問い合わせがなされる（本章で後述するボックス8.3のグリッドまたは
マトリックスを参照）。テーマ・コーディングは、質的データの分析において、
事実上すべての研究者が採用している（Braun and Clark, 2006）。これは、「グ
ラウンデッドセオリー」として知られるアプローチと同義であると思われが
ちであるが、これがテーマを特定することから始まるのに対して、「グラウン
デッドセオリー」は、単にデータにラベルをつける以上のことを含んでいる。

グラウンデッドセオリー

　多くのフォーカスグループ研究者は、データ分析に「グラウンデッドセオ
リー」（Glaser and Strauss, 1967）アプローチを使用していると主張している
が、これはテーマ（またはコード）を開発する際に参加者によって生成された
カテゴリーを使用することに依存している。しかしながら、明らかに、見つけ
そうなものについて何の先入観もなしに、完全な「空の船」でデータ分析にア
プローチすることは実際問題としては可能ではなく、メリア（Melia, 1997）は、
実際にはほとんどの研究者が、実用的バージョンのグラウンデッドセオリーを
使用していると指摘している。これは、（研究計画書を書き、資金援助を得、倫
理的承認を得るために必要な）何らかの焦点と意図を述べることの必要性を認
める立場である。おそらく最初の時点で、持ち上がりそうなテーマ──リッ
チーとスペンサー（Ritchie and Spencer, 1994）が「アプリオリ」コードと呼ん
でいるもの──について、かなりアイデアをもっているであろうが、これは出
発点となる以上のものではない。
　フォーカスグループの参加者が使用したフレーズや彼らが訴えた概念の
分析可能性についても注意を払う必要がある。ウド・ケレは、「インビボ
（in-vivo）」コードについて述べ、それを「研究された文化のメンバーの理論」
（Kelle, 1997）と説明している。これは、その意味が直ちには明らかではなく、
研究者による説明を必要とする可能性が高いという点で、「アプリオリ」コー
ドと容易に区別できる。この種の「フレーミング」は、グループがディスカッ
ションのために集まると自然に起こりがちなものである。たとえば、ウッドと

ビーアシュミット（Wood and Beierschmitt, 2014）は、彼らが「フレーミング会話」と呼ぶものに言及している。彼らのパートナーと利害関係者（警察官やアウトリーチワーカー[訳注1]を含む）が「メンタルヘルスの移送の管理」（誰かを安全な場所や収容施設に移送するために介入しなければならない場合）について話したことを用いて、彼らは予備的なコーディング・カテゴリー——それに限られたわけではないが——を開発した。この最初のディスカッションは、プロジェクトの焦点の「リフレーミング」にもつながった。というのも、メンタルヘルスの移送だけでなく、より一般的な行動保健上の脆弱性——この2つの境界線は実際には曖昧であることが多い——にも焦点を当てる必要があることが明らかになったからである。そして、このことに研究者の注意を向けさせたのは、警察官とアウトリーチワーカーが職務の中で遭遇した「いつもの人たち」（慢性的に問題をもつ人びと）についての話だった。見出されたもう1つの側面は、「時間的パターン」、「場所」、「ホットスポット」の役割の中心性であったが、リングレンとネルソン（Lindgren and Nelson, 2014）は、「時間」と「空間」の分類について、やや異なる文脈特有の「捉え方」を採用している（ウッドとビーアシュミットの知見と結論については、9章で詳述する）。

　フォーカスグループは、「インビボ」コードの開発に特に適しており、特に研究者が積極的に参加者を巻き込んでいろいろ考えたり暫定的な理論化を行う場合に適している。これは「サウンドバイト」[訳注2]のようなものと説明するとわかりやすいかもしれない。そして、たいていはある1人のフォーカスグループ参加者の、きわだって鮮やかな引用に関係しており、それにもかかわらず共通の、あるいは共有された視点を要約している。産後の減量に関するフォーカスグループ参加者からのある引用が、健康増進のアドバイス全般、特にBMI（Body Mass Index）チャートに対する女性の疑念を非常に鮮やかに表現しており、研究チームは彼女の言葉を使って、この一連の考えに言及するようになった。この「お尻にでも貼り付けておけば！」というコメントは、複雑な考え方と感情を要約しており、反抗、懐疑、医療専門家に対する不満や怒り、そして

［訳注1］　問題を抱えた人の来訪を待つのではなく、その人のいるコミュニティや生活の場所に出向いて援助を行う人のこと。
［訳注2］　報道番組などで使用される、政治家や評論家などの言動の一部を引用した言葉や映像。

根底にある傷ついた感覚を同時に伝えている。研究者だけでなく参加者もまた、複雑な社会的プロセスを照らし出すコメディの可能性、そして最近では、ソーシャルメディアで広く言及され、流行のキャッチフレーズやコンセプトの可能性を認識している。しかし、研究者が問題のグループの言葉や「内輪の冗談」に十分に通じていないと、こうした言及を見逃してしまう可能性がある（そして、フォーカスグループがオンラインで行われている場合、この困難はさらに悪化する可能性が高い）。最善のアドバイスは、参加者が使う興味をそそる言葉や言い回しについて、恐れずに参加者に説明を求めることである。

マンデイ（Munday, 2006）は、同じ女性研究所に所属するフォーカスグループの参加者が「女性たち」と「メンバー」という用語を使っていることに気づいた。このように区別することで、参加者は他の人びとと自分を区別することができた。マンデイは、「女性たち」は「賢く巧みで、何でもやってのけることができるが、メンバーの真正な温かさや自発性が欠けていると見られている」と説明している（2006, p.102）。

コーディング・フレームは、すべてのコードとサブコード、つまり見出しと小見出しをまとめるスキームであり（論文や本の目次に似ている）、理想的には、これらの間のつながりを示すものである。ボックス 8.1 に示す開発中のコーディング・フレームの例は、いかにより予測可能なコードをインビボ・コードと意味深くリンクさせ、包括的なコーディング・フレームの一部を形成するかを表している。この関係性は、通常フォントと斜体フォント、および標準文字と太字を使用して描写され、太字は見出しを示し、標準文字は関連するサブ見出しを示している。

ボックス 8.1 **開発中のコーディング・フレーム**

産後の体重減少に関するプロジェクト

介入による関与
- 説明と正当化
- *天候*
- *費用*

- *時間割り当ての問題*
- *ズル*
  - *この活動に対する認識*
  - *この活動の称揚*
  - *競争的パフォーマンス*

情報の適切性／解釈
- 情報源
- *より信頼できる／より信頼されない情報源*
- *「状況に埋め込まれた知識」（Haraway, 1988）*
- *家事／日常生活／優先事項*
  - *母親になること／適応*
- *外見と魅力*
- *緊張（「性的魅力のある母親」）*
  - *友人との比較*
- *アンビバレンス —— 減量がゴール？*
- *「太っていても健康」——「体の健康」（Rail et al., 2010）*
- *相反する健康増進のアドバイス*
- *BMI*
- *お尻にでも貼り付けておけば！*
- *運動*
- *ダイエット*

　やや珍しいかもしれないが、このコーディング・フレームには、記述に関連文献への参照も含まれている。ここに厳密なルールはなく、文献レビューや読書のメモにリンクさせるためにコーディング・フレームを使用することができる。このプロセスは、これらのノートをデータの意味を理解するために採用したのと同じ見出しを使用してコーディングすると、促進される（Barbour, 2014a）。そして、データ分析に理論を持ち込むのに非常に役立つ（これは9章で、例を示すため同じ研究プロジェクトを用い議論する）。参考文献：Haraway（1988）およびRail et al.（2010）.

コーディング・フレームのモデル化と改良

　現在利用可能なすべてのソフトウェアパッケージは、コードを階層的に並べる必要性を強調している。しかし、NVivo の「モデルエクスプローラー」や Atlas.ti の「ネットワークビュー／ダイアグラム機能」のように、コードをダイアグラム形式で表示する機能もあり、単純なリスト（上記のようなもの）を使用するよりも、サブカテゴリー間のリンクをより明確に、より高度なかたちで表示できるので便利である。ウッドとビーアシュミット（Wood and Beierschmitt, 2014）は、Atlas.ti のこの機能を使って、研究結果の予備的な概念図を作成したが、執筆の過程でさらに修正したと説明している。この機能は、文書に使うこともでき、さらに便利である。このようなモデルを使用して、研究プロジェクトに適用された議論や説明の枠組み全体を実質的に要約することができる（Gibbs, 2018 も参照）。

　異なる大テーマの下にグループ化された小カテゴリーの関連性を問題視するよりも、データが何の関連性もなくきれいに別々のカテゴリーに分けられるとしたら、そのほうがずっと案ずべきことだと強調しておきたい。これは、私にとって、データからカテゴリーが派生したのではなく、利用可能なカテゴリーに合うようにデータを押し込んだ可能性を示している。特に質的研究においては、データは複雑で多面的であることが多く、トランスクリプトの個々のセクションは、同時に複数のコーディング・カテゴリーに分類することが可能であり、そのうちのいくつかは異なる大きなテーマに関連する可能性がある。長い（あるいは短い）データの抜粋を、最大で約9つの異なるテーマまたはサブコードを使用してコーディングすることができる（これは、すべてのコンピュータ・パッケージで許容されている）。トランスクリプトのまったく同じセクションが複数のコードに関連することもあり、1つのコードに関連するセクションが、より広いコードに関連する、より大きなセクションの中に「入れ子」になっていることもある。また、コードが重複している場合もある。入れ子や重複が見られるコーディングされたデータの抜粋の実例については、フランクランドとブルーア（Frankland and Bloor, 1999）の例を参照してほしい。

これは学校での喫煙と禁煙に関する研究で、作成されたフォーカスグループ材料の系統的分析をどのように行ったかについて説明がなされている（1999, pp.148-149）。

コーディング・カテゴリーに使用するラベルは、必然的に自分自身の学問的背景を反映するだろう（Barbour, 2014a）。そして、学際的なチームの場合、概念や使用された言語、および関連する強調点についてのディスカッションは、コーディング・カテゴリーを精査し改良するための特に実りのある場となりうる。アンダースとレスター（Anders and Lester, 2014）は、「単一のストーリー」、つまり研究者の学術的解釈を支持するようなストーリーを作成しないよう警告している。彼らは、異なる学問的レンズから生じた課題について特に述べているが、それは、難民の立場のブルンジ人の男女から得られたデータを解釈する際に持ち上がった。そして、「学問的トレーニングの再生産の力」を認め、「（それらの中の）欠陥のある視点が蔓延していることに留意する」必要性を強調している。彼らは続けて、「私たちの間の不一致を受け、私たちは質的研究の『コーディング』の実践に立ち返り、ブルンジ人自身から明確化と指導を求めることを選んだ」（2014, p.15）と述べている。マコスキー＝デイリーら（Makosky-Daley et al., 2010）は、参加型アプローチにおいて、研究者とネイティブ・アメリカンのコミュニティメンバーが使用する用語が異なることを明確に利用し、どのように共同でコードブックを作成したかを説明している。

参加者が明確に言及している緊張やジレンマに常に注意を払うこと——これはまた、暗黙のうちになされることでもあるだろう。さまざまな視点を理解する上で、両端の論点（つまり対立的な発言）を参照して説明するのがベストなのか、それとも連続体を形成するものとして説明するのがベストなのかを考えることも有益である。しかしながら、ベッカー（Becker, 1998）が指摘するように、このようなひらめきがいつ訪れるかについてのタイムテーブルはなく、むしろ、不確実で継続的に進化する質的研究の反復プロセスの一部なのである。

　　本書で紹介する考え方のコツは、どれもそのような仕掛け（私たちが論じているケースでは、コーディング・フレーム）を構築するためのタイムテーブルの中に「適切な場所」をもってはいない。あなたの研究を前進させると

思われるときに──研究を開始するとき、中間、終わりに向かって──使用すればよい。（1998, p.9）

　リンドグレンとネルソン（Lindgren and Nelson, 2014）のスウェーデンに住む国際養子縁組者の経験に関する研究は、複雑なフォーカスグループ・データの意味を理解するために、比較的シンプルなコーディング・フレーム（ボックス 8.2）をどのように活用できるかの良い例を示している。

ボックス8.2　一見ミニマリストなコーディング・フレーム

　2つの大まかなコーディング・カテゴリーが提示された。「時間」と「空間」である。リンドグレンとネルソン（2014）は、これらを以下のように説明している。

　時間：参加者が語りの中で自分自身を位置づける、2つの両極端が識別された。「ここ」と「今」であり、そこでは出自は意識されているが、特に興味はないものとして提示された。そして「そこ」と「その時」であり、これらは養子縁組の重要性と見捨てられたという感情を強調するものであった。参加者はオルタナティブでパラレルな生活という概念をアピールし、これは通常、出生国を訪問したことと関連していた。

　空間：空間との関連では、「そこ」は場所と人の両方を表現し、広くて集団的なものから、狭くて自分の個人的な歴史と結びついたものにまでわたる尺度に沿って定義された。自分の「そこ」を「狭める」可能性、そしてその国を訪れることが個人的なつながりを探すことになる可能性は、新たな関係に関与する自分自身の意欲と、そのような接触が他の人びとの生活にどのような影響を与えうるかとの関連において、慎重な検討を要する決定として議論された。（2014, p.551）

　しかし、このような一見単純なコーディング・フレームの開発の背景には、必然的な作業があり、また、発表された論文に現れることのない重要な「袋小路」も認識されるべきである。

脳卒中後の自己管理を探究するためにフォーカスグループを招集したボガーら（Boger et al., 2015）は、「分析的帰納」のプロセスに関する洞察を提供している（「分析的帰納」の詳細な説明については、フランクランドとブルーア（Frankland and Bloor, 1999）参照）。これには、例外（または命題の矛盾や異種）を特定し、コードを洗練させ、データの創発的な説明を洗練させるために使用するプロセスが含まれる。ボガーら（Boger et al., 2015）は次のように説明している。

　　　分析の初期に、データを説明するため、理論的な言明が作成された。たとえば、「人びとが自己管理活動を行うためには動機づけが必要である」……その後、分析が進むにつれて、できるだけ正確にデータを反映し、異常も正当なものとして理由づけできるまで、記述を修正し、継続的に改訂した。たとえば、動機づけは追加的な要因（たとえば、医療専門家の対応、自己管理を助けるリソースへのアクセス）に影響を受けるようであった。また、参加者が用いた言葉を反映させるため、「動機づけ」という用語は「決意」に修正された。こうして、最初の言明は2つの仮説に修正された。「人びとが自己管理リソースを利用していくには決意が必要である」、「自己管理への人びとの決意は、専門家の対応に左右されるであろう」（2015, p.177）。

　多くの質的研究者は、自分たちのコーディング・フレームが十分に強固であり、これ以上の修正は必要がないと判断する時点を説明するために、「飽和」という概念に訴えてきた。しかし、この時点とは幻想のようなものである。マウスナーら（Mauthner et al., 1998）が示唆しているように、おそらく数年後に、さらに文献を読んだり、その後の研究プロジェクトや個人的な人生の出来事から得た洞察を活かしながらデータセットに戻り、さらにテーマを特定することはほぼ常に可能である。しかし、研究助成団体への報告書の締め切りや、短期研究契約の終了が迫る「現実の世界」では、「十分な」コーディング・フレームと言えるものに落ち着くのが賢明な場合もある。
　このことは、研究者が上に述べてきた反復プロセスを行うこと、コーディング・フレームを開発するために徹底的かつ体系的にアプローチを適用すること、または分析のプロセス全体を通してとられた手順の段階を記録することを免責

するものではない。しかし、最終的にコーディング・フレームが必要とする詳細さのレベルは、データを使用する目的によって異なる。たとえば、資金提供機関への報告書を作成する場合、サブコードを使って例示的な詳細を示すことはしても、それより広いレベルのコーディング以上の詳細は必要ないかもしれない。より洗練されたコーディング・スキームは、特定の学問分野に焦点を当てた査読付き学術雑誌に、より理論的な情報にもとづいた論文を書くために使うことができる。

　多くのフォーカスグループ研究者——特にマーケティングリサーチ関係者——は、セッションの終わりに司会者がディスカッションの要約を提供するよう提唱している。データの提示方法は、公刊された論文であっても、複雑なディスカッションが過度に単純化されたものとなることがあり（Green and Hart, 1999）、グループによって達成された合意の内容を報告することと、フォーカスグループのディスカッションによって作り出された特定の状況の外で、すべてのメンバーがこれらの意見を必然的に共有していると仮定することには、重要な違いがある。フォーカスグループは、コンセンサスを強調しすぎることがある（Sim, 1998）。見かけ上のコンセンサスが重要なグラデーションや強調を覆い隠してしまうだけでなく、ウォータートンとワイン（Waterton and Wynne, 1999）が指摘するように、多くのディスカッションは最終的に一致した立場に達することができないのである。もちろん、研究者が、各グループがコンセンサスに達し、その結果、比較のための決定的な根拠が得られるという暗黙の前提でフォーカスグループを行っているのでない限り、これは問題ではない。5章で強調したように、フォーカスグループのデータを分析する際に比較を可能とする鍵はサンプリングにある。これは、グループ間の違いと、グループ内の強調点や意見の違いの両方に関係している。

継続的比較 —— グループ間およびグループ内の違い

　フォーカスグループのデータを分析しようとする研究者は、どの程度までグループのレベルで分析を行うべきか、またグループ内の個人が表明したコメントにどの程度注意を払う必要があるかについて、しばしば指針を求める。常に

そうであるように、答えは単純ではない。思慮深いデータ分析者であれば、いくつかの異なる戦略を同時に追求するだろう。7章で論じたように、フォーカスグループ参加者に関する詳細を記録しておくと、グループの構成の概略にアクセスできるだけでなく、個人に関する情報を使ってグループ内の違いをさらに探ることができる。これはまた、これまで見てきたように、さらなるサンプリング方略に示唆を与えもするだろう。しかし、個人の声に焦点を合わせることは、ある視点がどの程度集団的なものであるかを判断するのに、とりわけ役立つ。また、デ・オリヴェイラ（de Oliveira, 2011）が行ったように、特定のコメントや視点が、個人から発せられたものか、集団が作り出したディスコースなのかを分析中に記録しておくことも有用である。これはフォーカスグループの後に判断することもできるが、データを生成し、トランスクリプトを作成する間に分析を予測することの価値を強調するものでもある。

　質的データ分析が純粋に記述的な説明の限界を超えるのを助けるのは、継続的比較を体系的に適用することである。これは実際には、観察されるパターンを特定し、その説明の提供を目指して、グループ間とグループ内の違いの両方に焦点を当てることを意味する。パターン化も、司会者の質問に対する参加者の反応という点から明らかになるかもしれない。ヒークラ（Heikklä, 2011）の味の良し悪しに関する研究では、異なる社会階層に属するスウェーデン語を話すフィンランド人の相違を探ることを目的とし、社会階層の低位、中位、上位のグループを招集することから始めた。しかし、ディスカッションの内容の違いだけでなく、「良い味とは何だと思いますか」という質問に対して、各グループが特徴的な応答をしたとヒークラは報告している。これらの対照的な応答は、生成されたデータのパターン化を予見させるものであり、最初フォーカスグループの相互作用のありふれたことと見える側面に注意を払うことの価値を浮き彫りにしている。

　カウントすることは、質的データ分析にとってまったく異質なアプローチというわけではない。実際、シルヴァーマン（Silverman, 1993）は、データのパターンを特定する上でカウントすることの重要性を強調しており、実際の値に意味をもたせるように数字を使う試みとは区別している。リッチーとスペンサー（Ritchie and Spencer, 1994）が提唱する「フレームワーク分析」と呼ばれるデータ分析のアプローチは、グリッドを使ってデータのパターンを特定す

る——実際に「フレームに入れる」——というものである。これによって、研究の過程で招集されたさまざまなフォーカスグループにおける特定のテーマに関するコメントの何が優勢かと、それらの分布を、一目で見ることができる。テーマやコーディング・カテゴリーの全体をカバーするために、複数のグリッドを作成したい場合もあるかもしれない。この場合も、ソフトウェア・パッケージには同様の表を作成する機能があり、他の文書にインポートすることができる（Gibbs, 2018 参照）。

　ボックス 8.3 には、最近出産した女性とのフォーカスグループ・ディスカッションの中で、妊娠前および妊娠初期の葉酸サプリメントの摂取について表明された視点のパターンを探るために作成されたグリッドの例が示されている。

　このグリッドでは、同じ女性か異なる参加者かにかかわらず、ディスカッションの過程で言及されたトピックがチェックマークで示されている。このような図では、個人のコメントを示すためにイニシャル（適切に匿名化されたもの）を使用することも有益だろう。また、コーディングされたトランスクリプトからの特定の抜粋の位置を示す参照を含めるのも有用だろう（これは、書き上げるとき、引用を選択するのに役立つ）。このようにすることで、研究者は個人の声を考慮することができ、たとえば、若い女性と年配の女性、初産の母親と他に子どもをもつ母親との視点の違いなど、さらなる理論化が可能になるかもしれない。しかし、ボックス 8.3 のグリッドは、初産婦と多産婦の視点の違いを明らかにするのにも役立つ（この研究結果に関するさらなる議論については、バーバーら（Barbour et al., 2012）参照）。葉酸サプリメントの有効性に関して最も懐疑的な意見を述べたのが多産婦であったことは明らかである。しかし、ディスカッションの過程で、多産の女性の中には、「母親の知恵」をもっているという優位性から初産婦に「指導している」と見受けられる人もいた。初産婦の中にはこのような意見をはっきり言う人はこれまでのところいなかったが、通常、注意深く、敬意をもって聞いていた。そして他者からのそのようなコメントは、将来妊娠したときに彼女たちの行動に十分影響を与える可能性がある。懐疑的な意見を支持する女性たちを、単に誤った情報をもっていると見なしたくなるかもしれないが、彼女たちの推論は比較的洗練されており、健康増進の文献で指摘される「予防のパラドックス」（Davison et al., 1991）の「素人バージョン」と言えるだろう。「予防のパラドックス」とは、一定の行動

が集団全体の結果に影響を与えても、そのアドバイスに従う個人には望ましい効果を生み出さないかもしれないことを言う。

ボックス 8.3　葉酸研究（Barbour et al., 2012）の分析グリッド

	葉酸サプリメントの目的に関する混乱	健康上の問題を葉酸のせいにする	妊娠中の「部分的遵守」の報告	葉酸なしで良好な結果を挙げる	「母親の知恵」の優越性を持ち出す
フォーカスグループ A 同等の混合*	✓✓✓	✓✓✓	✓　✓✓	✓✓✓	✓✓✓
フォーカスグループ B 同等の混合	✓✓✓✓	✓✓✓✓	✓✓	✓✓✓	✓✓
フォーカスグループ C 初産婦	✓			✓	
フォーカスグループ D 多産婦*	✓✓	✓✓✓	✓✓✓✓	✓✓✓	✓✓✓
フォーカスグループ E 同等の混合	✓✓	✓	✓✓	✓✓	✓✓✓
フォーカスグループ F 多産婦	✓✓	✓✓✓	✓✓✓	✓✓✓	✓✓✓✓
フォーカスグループ G 多産婦	✓✓			✓✓✓	✓✓✓
フォーカスグループ H 初産婦	✓✓		✓		

* 【定義】
　初産婦　：出産経験が1回の女性
　多産婦　：2人以上の出産経験のある女性
　同等の混合　：初産婦と多産婦の混合

　研究者がこのようなグリッドを体系的に使用しデータのパターンを特定したら、次には、説明を生み出す作業が始まる。多くの研究者が「フレームワーク分析」（リッチーとスペンサー（Ritchie and Spencer, 1994）によって概略が示されたが、最近になるまでこの用語は使用されなかった）を採用したと主張しているが、そのようなパターン化を吟味し、説明しようとした証拠を示しているものはわずかである（Barbour, 2003）。リッチーとスペンサーは、帰納的思考や解釈的思考は、捉えるのがより難しいスキルであることを認めており（1994, p.193）、これが、多くの研究者が分析をさらに一歩進めるのに尻込みする理由

かもしれない。

　もちろん、サンプリング方略（およびデータを分析する際に行おうとする比較）に反映される直感の中には、グループ間やグループ内の個人の違いを説明する上で実を結ばないとわかるものもある。幸いなことに、最初の仮説が支持されなかったとしても――もし、データを精査する際に行う比較がパターン化をもたらさず、したがって望んだ分析の成果が得られなかったとしても――質的研究においてはすべてが失われるわけではない。質的方法、特にフォーカスグループは、豊富なデータを生成するため、常に探索できる他の違い、次元、またはプロセスが存在する。マキュアンら（McEwan et al., 2003）は、12〜13歳、14〜15歳、16歳以上ごとに別々に行われたフォーカスグループに参加した青少年のてんかん患者の視点には、大きな違いがあるだろうと予想していた。結果として、各グループの間には驚くべき共通点があった。マキュアンらは、これは単に思春期に割り当てられる「期間」が長くなったという一般的な文化的変化を反映しているのかもしれないと推測し、このテーマに関して、今後の研究に18歳以上を含めることが有益であろうと結論づけている。

　重要なのは、印象にもとづく評価が分析に入り込まないよう、グリッドを作成し活用することである。研究者はデータを生成し、処理を始めながら、何がしかの暫定的な分析を始める必要があることを考えると、他の研究メンバーに最初のアイデアを要約するだけかもしれないにせよ、研究者が何らかの一般化をすることは避けられない。ここで重要なのは、当初の司会者（モデレータ）を通じてチームにもたらされる追加情報を活用することである。分析のプロセスの間にこれらの追加的洞察を活用するためのメカニズムを作ること、そして特に、研究チームが集合的に、観察された類似点と相違点の説明を行おうとする際に、グリッドで特定されたパターンを精査するためにこれらを使用することは価値がある。これは私たちが、人種差別事件に対する見方と反応に関する研究で用いたアプローチで、このときは司会者（モデレータ）チームを採用した。私たちは、チーム分析セッションと、大半が大学院生だった司会者（モデレータ）のためのさらなるトレーニングを組み合わせた。彼らのグループ・ディスカッションについての直接的な想起にのみ頼っていたなら、彼らの観察を十分に活用できなかったと思われる。というのも、そうすることは、フォーカスグループのディスカッションのいずれの側面や個人の状況が分析において関連しそうかを、事前に特定することを意味する

かもしれないからである。

　人種差別事件の過少報告に関するこの研究から、これをよく示す例が得られた。チーム・メンバーが「先住民」の白人青年グループからの引用を含む初期の草稿を見たときのことである。そこには「白人のパキの店」について言及されていた。このような発言は白人女性グループだけにあったと考えられていたため、チームメンバーの中には、この発言は間違ったグループに帰属されていると考える者もいた。しかし、トランスクリプトを再チェックしたところ、この言及は確かに正しく帰属されていることが判明した。おそらく、若い白人男性グループが、他のテーマとの関連において非常に豊かなデータ源であることがわかっていたため、この言及が司会者の記憶にも上らなかったのだろう。記憶とは、常に偏っていて部分的なものである。この例は、グループ間の相違ではなく、予期せぬ類似によって明らかになる分析の可能性を強調している。

グループ間の類似 ── 意外性を精査する

　グループ間の類似は、相違と同様に示唆に富むことがあり、これらに細心の注意を払い、研究の結果として構築されつつある説明的枠組みにとって意味するところを考慮することで、分析的な成果を得ることができる。類似は ── 特に、相違を浮き彫りにするという明確な目的でフォーカスグループが招集された場合 ──、何らかの驚きをもたらすことがあるが、同様の徹底した方法で問うことが重要である。ボックス 8.4 の最初の抜粋は、若い白人男性とのフォーカスグループからのものである。しかしながら、この点はそれ以上展開されていないため、調査チームがこのテーマに注意をしておらず、分析のプロセスがもっと体系的でなかったなら、この言及は見逃されていたかもしれない。このことは、貴重な洞察を与えてくれるかもしれない重要な類似を見逃さずに、データを徹底的に精査し続けることの重要性を強調している（ボックス 8.4 に示した例を参照）。

ボックス 8.4　啓発的な類似の可能性を認識する

司会者：
では、これは警察が関与した人種差別事件ですが——警察が関与していない事件についてはどうですか？

デイブ：
黒人と白人の間で喧嘩があったとして、それが人種に関連した事件なのか、それとも純粋な意見の相違なのか、どうやって見分けられる？　思うんだけど……。

スチュアート：
一般的に人は、たとえば赤を見ただけで攻撃するんだ。肌の色が違う人間ってだけで——白人2人でも、黒人2人でも、起こりうるけど。まったく同じ理由で——、1人が白人で、1人が黒人だっただけだ。

ロディ：
（地元コミュニティが、閉店の危機に瀕したアジア系の店主を支援する嘆願書に署名したことを語る）。彼らは孤立してないってことを示したんだ。

司会者：
うーん……

ロディ：
ほら、もし喧嘩して、それがたとえば2人の——「白人」という言い方は嫌いなんだ——2人の白人の子どもで、互いに怒鳴ったり、泣き喚いたり、喧嘩していたとして、もし彼らが黒人と白人で、互いに喧嘩をしていたら、腹が立って、知性のスイッチが切れて、この部分が支配して、ただ思い浮かんだことを何でも言うんだ——そして、もしやつが黒人なら、何であれ黒人って呼ぶんだ。

デイブ：
うーん……

ロディ：
それで、もしこれも人種差別にかられたものになったら、ちょっと脳の思考回路を切っちゃったからで……

デイブ：
……そして彼らを侮辱する何かを見つけただけだって……

ロディ：
そう。

デイブ：
もし相手が黒人じゃなかったら、何か見つけるだろうな——眼鏡をかけてるとか。

ロディ：
あるいは、相手が自分より小柄だったら——「チビ」。

デイブ：
そう、彼らは「おチビ」なんだ。さもなきゃ、えー……

（「地元」の若い白人男性のフォーカスグループ）

若い男性が口論や喧嘩といった「トラブル」に巻き込まれやすい傾向は、現役警察官とのフォーカスグループの多くでも認められた。また、アジア系若者のグループでのディスカッションでも、このことについての言及がちらほら見られた（ここでは、グループは人種差別的な事件の原因について考えていることについて話している）。

ハープリート ： 最初に何か言って、それを言い返されたとき……誰かが何かを言って、それを言い返すとき ── どっちも同じように間違ってる。でも、そうするに及ばないなら、それは人種差別です。

（若いアジア人男性のフォーカスグループ）

　フォーカスグループのディスカッションの間に**言われなかったこと**は、**言われたこと**と同じように重要であり、そして実際、すべての質的研究において重要でありうる。ポーランドとペダーソン（Poland and Pedersen, 1998）は、沈黙がもちうる複数の意味について述べている。データ生成をする実在論のアプローチでは、沈黙は問題であり（Collins, 1998）、より敏感な司会によって対処すべきことと見なされるだろう。もちろん、沈黙の中には、研究者がディスカッションを封じたり、重要な質問をし落としたりした結果生じるものもある。責任は研究者にあるだけではない。「良い」回答者を構成するものに関する暗黙の仮定を持ち出し、参加者に責任があるとすることもありうる（ポーランドとペダーソン（Poland and Pedersen, 1998, p.301）が強調しているように）。
　しかし、分析の可能性を秘めた沈黙は、安易に研究者、あるいは研究参加者の側の欠点に帰することはできない。ポーランドとペダーソン（1998）が論じているように、彼らの言う「疎遠の沈黙」（参加者にとって問題が重要でない場合）も「熟知の沈黙」（問題の重要性が当然視されているため、問題に明示的に言及されない場合）も、そうでなければ見落とされたかもしれない重要なテーマを浮き彫りにする役割を果たすため、こうした沈黙は価値ある分析のリソースなのである。注意深く、理論的に敏感な司会者は、フォーカスグループ・ディスカッション中のそのような沈黙に気づき、「他のグループはXについて

話しましたが、これはあなたが実際触れていないことです……」というような導入コメントを用い、グループの最後にこのことを提起する機会を利用することができるだろう。これはまた、フォーカスグループのデータを生成しているさなかであっても、分析的な思考を始めることで得られる利点を強調している。

　ディマントとレイヴン（Demant and Ravn, 2010）は、データ中の沈黙をどのように分析的に有利になるように精査できるかについての例を提供している（ボックス 8.5 参照）。

ボックス8.5　データの不在を分析する

　薬物に関するフォーカスグループに参加した若者たちが興味をそそられ、彼らによって再形成された多くのディスコースを特定した上で、ディマントとレイヴン（Demant and Ravn, 2010）は、これらのディスコース間の相互作用に論を進めている――たとえば、コカインとアンフェタミン、エクスタシーの違いに関する議論に関連して、中毒、自然さ、死亡率についてなど。その上で、データに存在しないものについての観察にもとづき論じている。

　　これらの……ディスコースとの関連でもう1つの興味深い側面は、死亡率に
　　関するディスコースも中毒に関するディスコースも、薬物使用による長期的な
　　身体的・精神的害に触れていないことである。これは、グループの若者たちが
　　まったく考慮に入れていない側面であり、彼らの薬物使用に関連するリスクで
　　はない。このことは、彼らが快楽を得るための今ここにある可能性と、起こり
　　うるリスクとの間を行き来していることを強調するものである。(2010, p.535)

リソースとしての個人的・専門的背景

　データの中の強調と不在の両方について研究者がしばしば警戒しなければならないのは、研究者自身の考えとデータに表れている考えとの間の不一致である。研究チームは――特に学際的なチームである場合――、それゆえ分析にお

ける貴重なリソースとなりうる。病気の認定に対する一般開業医（GP）の見解と経験を探るプロジェクトにおいて、私は4人のGPとともに1人の社会科学者として研究に携わった。そうしたところ、そこでの私の役割は、同じように貴重な視点をもたらした。プロジェクト・ミーティングの1つで、私たちはコーディング・カテゴリーについて議論し、コーディング・フレームを改訂したが、GPが病気診断書を請求してくる患者よりも自分の体調が悪いことが多いという事実を嘆いている例が多いことに気づいた。チームのGPたちは同僚の憤懣を共有する一方、私はこれを「データ」と捉えた。私たちはその後、この考えをさらに掘り下げるため、フォーカスグループの第2ラウンドにこうした発言を1つ加えることにした。

　質的データ分析の反復プロセスは、特に純粋に記述的なものを超えて、より分析的な説明を提供することを目的とする場合、時間がかかり、知的要求が厳しいものであることは、ここで提供した例から明らかであろう。

　コーディング・フレームを割り当て、発展させることによって質的データの意味を理解することは、複雑で本質的に「厄介な」プロセスである。なぜなら、質的手法は、明らかになる多くの矛盾や、回答者が途中で行う区別や加える条件を含め、回答者が用いる高度に洗練された社会的構築への洞察を提供するものだからである。たとえば、ディマントとレイヴン（Demant and Ravn, 2010）は、参加者（この場合は薬物についてディスカッションしていたデンマークの若者たち）が、幻覚作用のある薬物と刺激作用のある薬物を区別していたと述べている。彼らはディスカッションを通じて、「幻覚作用のある薬物は、自分がどう反応するかわからないため、日常生活と組み合わせることができず、よりリスクが高いと考えられている」（2010, p.535）という見解をまとめた。

　しかし、データをきっちりと、整然としたコーディング・フレームに当てはめることができないことは、フォーカスグループ研究の限界ではない。むしろ、多様な見解や集団的アイデンティティの展開を支えるプロセスを精緻化し、より深く理解するためのユニークな可能性を証明するものである。厳密さは、体系的かつ徹底的な反復プロセスによって達成される。そうすることで、コーディング・カテゴリーが、確認された概念やパターンに対する否定的な例や例外に照らして、継続的に見直される。

　この反復プロセスは、特に純粋に記述的な説明を超越し、より分析的な説明

を提供することを目的とする場合、時間がかかり、知的要求が高い。先に論じたように、このプロセスの鍵は、理論にもとづいたサンプリングと、理論に敏感な司会進行、そしてディスカッション中に起こるグループのプロセスに細心の注意を払うことにある。推奨される分析アプローチは、その名が示すように、参加者のコメントを継続的に比較対照し、個人やグループ間の違い、個人やグループが行う可能性のある区別、正当化の理由や追い求められた論拠を探し、説明しようとする「継続的比較法」にかかっている。

　体系的な分析の鍵となるのは、データ中のパターンを特定し（何らかの形式のカウントを使用する）、これらのパターンに対する説明を作り上げ、そして場合によっては実際に、特定のパターンの欠如に対する説明を探すことである。このとき研究者は、分析を洗練させ、特に例外を識別し、それらが提供する洞察を探究するのに伴い、他のコード、他のコーディングされた抜粋の間の関係を問うことに頻繁に巻き込まれる。

▰▰▰　キーポイント

- コーディング・カテゴリーを作り上げる際に、トピックガイドに頼らない。
- 「アプリオリ」コードだけでなく、「インビボ」コードも含める。参加者が訴えた概念、言語、文の構造、修辞法に注意する。緊張関係やジレンマがないか、また、視点が両極的、あるいは連続的な観点から表現されているかに注意する。
- カテゴリー間の関連性を考え、それらを大まかなテーマの下にグループ分けしてみる。
- コーディング・フレームの間を（反復的に）行き来し（テーマやカテゴリーの追加、削除、名前の変更、または他のテーマへのカテゴリーの再配置）、またトランスクリプトの間も同様に行き来する（改訂されたコーディング・フレームを使用して再コーディングし、コーディング・フレームをさらに修正するための新しいアイデアを生み出す）。
- カテゴリーが複数のテーマの下に現れることがあるので、それがどこで発生したかをメモしておくことを忘れないようにする。
- テクストのどのセクションにも、適切と思われるコードをいくつでも割

り当てることができる。コードは、境界を共有するものであったり、入れ子関係にあったり、重複していたりしうる。

- コーディング・カテゴリーを修正することはできるが、途中で割り当てたより詳細なコーディング・カテゴリーは決して破棄しない。その後の論文での焦点になる可能性がある。

- グループは分析の主な単位であるが、個人の声^{ヴォイス}にも注意を払うべきである。フォーカスグループはコンセンサスを強調しすぎることがあるが、個々のメンバーに焦点を当てることで、不和な声^{ヴォイス}が浮かび上がり、見かけ上のコンセンサスを精査することができる。

- 特定されたパターンについて、他の説明を受け入れる姿勢を保つ。グループ間の違いは、サンプリングの決定の際に考慮した共通の特徴に言及することで説明できるかもしれない。しかしながら、フォーカスグループは複雑な相互作用の諸部分からなり、グループダイナミックス、個々の参加者の貢献、個人間の予期せぬ違い（特性または視点のいずれか）など、他の要因が関係している可能性がある。

- フォーカスグループは、非常に豊かなデータを生み出し、たとえそれがサンプリング・フレームを作成するときに当初予見していたものと別の線に沿ったものであったとしても、常にかなりの比較可能性がある。

- 時には、グループ間の予期せぬ類似が、相違と同じくらい示唆に富むことがある。

- データのパターンを特定する鍵は、何らかの形式のカウントを使用することである。

- グリッドは役に立つが、それは、そのようなパターンの理由を推測し、理論化するための基礎として結果を使用する限りにおいてである。

- 沈黙は、司会者^{モデレータ}がディスカッションを打ち切ったり、特定の質問をしなかったりした結果生じたものではないことを示すことができるならば、同じ程度に光を与えるものとなる。

- フォーカスグループ・ディスカッションの抜粋に対する自身の反応を再帰的に利用する。個人的な背景だけでなく、学問的な背景も、データの解釈のしかたに影響を及ぼすことから、チームは分析において貴重なリソースとなりうる。

さらに学ぶために

　以下の著作は、フォーカスグループ・データの分析を開始する方法について、より多くのアドバイスを与えてくれる。

Barbour, R. S. (2014a) 'Analysis: processing, coding and interrogating data', Chapter 11 in *Introducing Qualitative Research: A Student's Guide*. London: Sage, pp.255-274.

Gibbs, G. R. (2018) *Analyzing Qualitative Data* (Book 6 of The SAGE Qualitative Research Kit, 2nd ed.). London: Sage.［ギブズ, G. R.／砂上史子・一柳智紀・一柳梢（訳）(2017)『SAGE 質的研究キット6 質的データの分析』新曜社（初版の訳)］

Ritchie, J. and Spencer, L. (1994) 'Qualitative data analysis for applied policy research', In A. Bryman and R. G. Burgess (eds.), *Analyzing Qualitative Data*. London: Routledge, pp.173-194.

訳者補遺

安梅勅江 (2010)『ヒューマンサービスにおけるグループインタビュー法Ⅲ／論文作成編』医歯薬出版.

木下康仁 (2020)『定本 M-GTA——実践の理論化をめざす質的研究方法論』医学書院.

戈木クレイグヒル滋子 (2016)『グラウンデッド・セオリー・アプローチ——理論を生みだすまで 改訂版』(ワードマップ) 新曜社.

レヴィット, ハイディ M.／能智正博・柴山真琴・鈴木聡志・保坂裕子・大橋靖史・抱井尚子（訳)(2023)『心理学における質的研究の論文作法——APA スタイルの基準を満たすには』新曜社. [Heidi, M. Levitt (2020) *Reporting Qualitative Research in Psychology*, Revised ed., Washington, DC: American Psychological Association. の訳]（特に、第6章参照)

9章　フォーカスグループを最大限に活かす

相互作用とグループダイナミックスを上手に分析に活用する

「共同分析者」としてのフォーカスグループ参加者

複雑さを受け入れる

理論と関わる

ハイブリッド、または複合的アプローチ

フォーカスグループ研究から得られた知見を提示し、活用する

フォーカスグループで得られた知見の転用可能性

おわりに

この章の目標

- フォーカスグループのより深い分析に関連する問題を理解する。
- データを分析する際のリソースとして、相互作用とグループダイナミックスを利用できる。
- フォーカスグループ参加者が分析的な洞察の展開にどのように貢献できるかがわかる。
- 分析の複雑さに対処する方法を知る。
- データ分析において理論的枠組みをどのように活用するかについて、ある程度の考えをもつ。
- ハイブリッド・アプローチや複合的アプローチがもたらす可能性について理解する。

本章では、フォーカスグループ研究が提起する分析上のさらなる課題を探り、

フォーカスグループを最大限に活用する方法について、いくつかアドバイスをする。まず、グループの相互作用というきわめて重要な特徴をどのように捉え、分析的に利用するかについて議論し、ヒントを提供する。会話分析やディスコース分析など、言語分析にもとづく特徴的なアプローチの可能性を探る。このような分析から得られる洞察を活用することが可能であることを論じ、複合的なアプローチを提唱する。フォーカスグループが用いられてきた方法についてその限界を概説し、分析的洗練度を高めるという最終的な目的をもってデータを理論的枠組みに活かすために、ここでも比較に焦点を当てることが推奨される。フォーカスグループに「転用可能な」知見を生み出す力量に「エッジ」を与えるのは、この比較可能性であることを論じる。また、フォーカスグループ・データを書き上げ、提示するという課題についても検討し、これらの問題を予測し、対処することに関していくつかの提案をする。最後に、この章では、「新しいテクノロジー」と混合研究法が広く採用されていることがもたらす可能性を批判的に検討し、フォーカスグループ研究の将来について考察する。

相互作用とグループダイナミックスを上手に分析に活用する

キッジンガー（Kitzinger, 1994）が強調しているように、フォーカスグループを開催する核心は、参加者間の相互作用を捉えることにある。全体は部分の総和よりも無限に大きくなりうるので、個人によってなされたコメントを単に抽出するよりも、ひとまとまりの相互作用の間で何が起こっているかに十分な注意を払うほうが益が大きい。前章で見てきたように、ディスカッションを単純化した説明で済ませたくなることがあるが、それではそこに含まれる微妙な要素のすべてを反映できない。繰り返しになるが、研究者が相互作用の細部にどこまで関与したいかは、研究を行う目的によって異なる。

フォーカスグループに関する一連の文献を分析して、ベルジールとオーバーグ（Belzile and Öberg, 2012）は、「理論と実践の間に……乖離がある」と指摘している（2012, p.461）。彼らはこの論争が、研究者が「社会中心主義」か「個人中心主義」か、どちらかのグループに属するという、やや二極化した見方をもたらしたと論じている。しかし、モーガン（Morgan, 2010）は、「フォーカ

スグループにおける相互作用がデータを生成すると言うことは、相互作用そのものがデータであると言うことと同じではない」(2010, p.315) という有益な見解を示している。ベルジールとオーバーグは、実際には使用の連続体があると論じている。連続体の一端——相互作用の低い使用——の場合、相互作用は主にデータが生成されている間に対処され、研究知見の報告には明示的に述べられず、ディスカッションの内容に焦点が当てられるだろう。これは、研究が応用の側に位置する場合によくとられるアプローチであり、政策や実践のための提言に直ちに変換される幅広いテーマや問題を特定する際には完全に正当である。研究者は、相互作用のきめ細かい分析を行うために必要な時間と労力を投資する価値があるかどうかを判断しなければならず、場合によっては、これは明らかに不要である（ただし、別の目的をもって、後の段階でデータに戻ると、実り多いことがわかるかもしれない）。相互作用の中間的な使用では、内容の検討と並行して、その一部が分析の中に統合される。対照的に、相互作用の高い使用では、内容よりもこの側面が強調される。「相互作用が分析に利用されても、研究結果には提示されない場合があることを指摘するのは重要である——これは次のような疑問を投げかける。フォーカスグループの研究者は、研究の各段階で参加者の相互作用をどのように用いたかについて、もっと明示的に報告すべきなのだろうか」(Belzile and Öberg, 2012, p.466)。

　ベルジールとオーバーグが指摘するように、「グループの『相乗効果』が、何らかのかたちで個人からより多くの意見を引き出すことができるという考えは、そもそもそういう考えがもたれていることに依存している」(2012, p.462)。これは、サンプリング方略（理想的には、さまざまな見解をもつ個人の選択を可能にする）と質問と刺激材料の選択（願わくば、見解の違いを明らかにし、それらを発展させ議論するための根拠を提供する）に関連している。

　単にさまざまな参加者の意見を特定しようとするのではなく、コメントが出された背景やグループメンバー間のやりとりに注意を向けることで、調査に参加した人びとによる説明、正当化、暫定的な仮説など、複雑な要素を考慮した分析を展開することができる。

「共同分析者」としてのフォーカスグループ参加者

フォーカスグループの参加者は――6章で論じたように、しばしばグループ設定での相互のやりとりに非常に熟練していることが多い――、非公式な「共同司会者」、さらには「共同分析者」の役割も引き受けて、ディスカッションに参加するかもしれない。ボックス9.1で報告した研究ではこれが起こっており、参加者が活発に、互いに有益な質問を投げかけあった。参加者たちはまた、時には自分自身や他者の反応について説明しようとし、研究者たちとともに推測し、何が起こっているかについて「理論化」を始めた。参加者の中には――8章で述べたフォーカスグループの参加者と同じく――「パキ」という用語が不快感を与えるのであれば、その使い方を考え直す必要があると認める者もいたが、他の参加者は、愛称として捉えているものが意図したように受け入れられなければ、気分が悪いかもしれない、あるいは拒絶されたと感じるかもしれないとほのめかした。このように、このフォーカスグループで、参加者の見方と、どこまでそれを守る用意があるかという点で、濃淡があることが明らかになった（ボックス9.1参照）。

ボックス9.1 「共同分析者」としてのフォーカスグループ参加者

人種差別事件の報告に関する研究の過程で実施された「地元の白人」のフォーカスグループの参加者は、「chippie」[訳注1]、「bookie」[訳注2]、「offie」[訳注3]のように、単語に「ie」をつけて縮小形にするスコットランドの一般的な慣習に言及した。これは、ジェニーが説明したように、人びとの名前を縮小形を使って言う際に特に多く見られた。

　　名前を言うとき、西海岸の文化では何でも短くして、最後に 'ie' をつけるん

[訳注1]　フィッシュ・アンド・チップス（fish & chips）を売るファストフードの店。
[訳注2]　馬券などの賭けを扱う人、賭け屋。
[訳注3]　酒類販売の店。

です。ジミー（Jimmy）、ヒュー（Hugh）——いえ、ヒューイ（Hughie）、ウィ
リアム（William）——ウィリー（Willy）。パキスタン人（Pakistani）はちょっ
と長いから、短くして「パキ（Paki）」になります。

　ごく少数の例外を除いて、白人のフォーカスグループ参加者は、これはある
種心情を込めた見方だと指摘し、このような使い方を少数民族のグループ
にも広げるのは、受け入れていることを意味すると主張する者もいた。加え
て、以下に引用する女性のように、人種以外の属性を指す略語として「パ
キ」という言葉を使っていると主張する参加者もいたが、このことは、この
ような用法が一般的な言い方に取り込まれ、正確な意味を探り出すのが非常
に難しいことを示している。エレンは、さらに明確にしようと続けた。

　　「パキ・ショップ」は、とても早くから開いていて、夜遅くに閉める店のこ
　　とです。そういうふうな、近所の店です。私の家の近くにも一軒店があるので
　　すが、そこは白人の店で「ホワイト・パキ」って呼んでます……その店はとん
　　でもない時間に開いていて、陰に隠れているのは白人のチャッピー（男性）な
　　んです。

（「地元」の白人専門職女性のフォーカスグループ）

　また、これと同じ研究の文脈で、いくつかのグループの参加者は、かなり熱
心に一般的な言葉に疑問を投げかけたり「問題化」したりするという課題を自
ら買って出たが、これは人びとが自分自身の視点や行動を、少し違った、より
分析的なレンズを通して見るように促すフォーカスグループの力量を浮き彫り
にしている（ボックス9.2参照）。

ボックス9.2　フォーカスグループの参加者は、一般的な言葉や概念を
「問題化」する

　興味深いことに、アジア人グループの1つでのディスカッションで、ス
コットランド人の子育てが形成的な影響を及ぼしていることを認め、人びと

が深く考えずにこの言葉を使っているかもしれないという見方に多少とも共感を示した。ある男性参加者はこうコメントした。

> それは、彼らが育った文化のせいです……ほら、彼らの家族は私たちのことを「パキ」って呼びます。で、両親からその言葉を学びます――そして、明らかに、仲間からの圧力や仲間グループもありますから、そういう文化的な環境の中で、こういう言葉が染みこむんです。そして同時に、彼らは実際にその意味で人種差別主義者じゃないでしょうけど、一種ごく普通の言葉になるんです。彼らは実際には、おわかりのように、それが人種差別的だって気づいてません。

(アジア系団体の代表とのフォーカスグループ)

　この例が示すように、司会者^{モデレータ}は、特定の言葉や用語の使われ方に注意を払い続けることが求められる。これらの言葉は、さもなければ見落とされるかもしれない微妙さを探り出す鍵となりうるからである。

複雑さを受け入れる

　先に強調したように、フォーカスグループ・データの分析は、決して整然とした作業ではない。複雑さを敬遠するのではなく、複雑さに取り組み、複数の解釈が可能な領域をさらに探究することで、価値のある分析的洞察を得ることができる。上記の研究の文脈では、アジア人参加者の何人かが、自分たち自身が「パキ」という言葉を使っていると明らかにしたことで、そこに含まれる複雑さに鋭く焦点が合わされることになった。これは、活発なディスカッションを引き起こした。明らかに、一部のアジア人には受け入れられるかもしれないが、他のアジア人は眉をひそめるだろう。アフリカ系カリブ海出身者のグループもこれと類似しており、ある人びとにとっては、この言葉を使う背後に込められた意図が決定的な要因である一方、他の人びとにとっては、そのような言葉の使用は決して許されないことが示唆された（ボックス9.3参照）。

```
┌─────────────────────────────────────────────────────────────┐
│  ボックス9.3    複雑さを探る──例A                            │
│     ベン  ：      どんなふうに言われるかによりますね。たとえば、誰かが私の   │
│                  ことを「ニガー」って呼ぶかもしれないですけど、黒人が黒人    │
│                  にそう言ったのなら、言葉のあやで言ってるだけです。黒人が    │
│                  そう言ったのなら、私は不快だとは思いませんが、場合により    │
│                  ますね。白人が私に言ったとしたら──言い方にもよりますね。   │
│     ユージェニー：いや、黒人であろうと白人であろうと、私は不快に思うね──     │
│                  絶対。                                        │
│                                                               │
│  （アフリカ系カリビアンのフォーカスグループ）                        │
└─────────────────────────────────────────────────────────────┘
```

　グループ間で顕著な違いがあるだけでなく、「地元」の白人グループと同じ
ように、民族的マイノリティの位置づけを共有するグループ内でも、重要な見
解の違いがあった。上で引用した女性のように明確な言い方をする人がいる一
方で、意味は状況次第であり、明確な指針を示すのは難しいとする人もいた。
これは、こうした出来事が起こる相互作用の文脈によるかもしれない（ボック
ス9.4参照）。

```
┌─────────────────────────────────────────────────────────────┐
│  ボックス9.4    複雑さを探る──例B                            │
│     つまり、大勢やってきて、いろいろくだらない質問をしてくるんです。時に   │
│  は皮肉な言い方でね。でも、私は「彼らはただ訊いてるだけかもしれない」っ   │
│  て思うんです……私たちアジア人は、「黒人だから」とか「アジア人だから」   │
│  とか、言葉の暴力やハラスメントや常に背景にあるものに、ちょっと熱くなっ   │
│  てしまうことがあると思うんです……。                              │
│                                                               │
│  （若いアジア人女性のフォーカスグループ）                            │
└─────────────────────────────────────────────────────────────┘
```

　このプロジェクトで生成されたすべてのフォーカスグループ・データを併せ
考えると、一部の白人フォーカスグループ参加者にとって、フォーカスグルー

プでの話し合いは、自分たちが当たり前だと思っている行動の一部が受け手側に与える影響を探り始める場となったようである。しかし、「民族的マイノリティ」の参加者の一部にとっては、セッションは、発言者の意図と彼ら自身がコメントを解釈するしかたとの間の潜在的なギャップについて考えさせることになった。このように、2つの大きなグループ分けは、まったく異なる立場からではあるが、1つのポイントに収束すると見ることができる。

　マードックら（Murdoch et al., 2010）は、喘息患者へのインタビューから得られた予備的な知見をもとに、予防薬の服用に関する認識がグループ・ディスカッションによってどのように形成されるかを探るために開催されたフォーカスグループで用いる、短いヴィネットを作成した。ボックス9.5の例は、参加者が刺激材料に積極的に反応し、さらに考えを探究していく議論の展開に注意を払うことの付加的価値を示している。

ボックス 9.5　　相互作用の文脈を研究する

　マードックら（Murdoch et al., 2010）は、次のように説明している。

　　参加者がこの短いヴィネットにどのように向き合ったかのバリエーションは……参加者が彼らの語りの中で、道徳的ディスコースとどのように関わったかについてさまざまなタイプの証拠を提供する。いくつかの時点で……ジレンマは……多様な戦略を用いて解決されたと見ることができる。これは、ヴィネットへの直接的な言及を避けたり、視点を薬の服用に関する医療指示と集合的に一致させたりすることによって行われた……しかし、参加者は薬に対する懸念を明らかにし、ストーリーを通して薬に対する理解を試していたと見ることもできる。このような懸念は、ディスカッションがヴィネットそのものからさらに離れるにつれて、よりオープンに示され、服薬への志向性のタイプを示すように見え、それは参加者の日常生活にもとづく道徳的なディスコースに根ざしていた。（2010, p.592）

　グループ・ディスカッション全体を通して相互作用のプロセスに注意を払うことで、さらなる洞察が得られた。マードックたちはこう続けている。「薬

の安全性に関する参加者の明確な立場のこうした変化は、先の抜粋が示唆する、参加者が薬の服用に関する一貫した医学的見解を必ず『もっている』という解釈を覆すものである」（2010, p.592）。「この論文で提示されたデータは、データが参加者と共有される方法は、研究知見を確認したり異議を唱えたりするといった、単純な問題ではないことを示している」（2010, p.593）。

　マードックら（2010）が使用したアプローチによってさらなる洞察が得られたことを考えると、現れてきた分析を洗練させるために伝達普及セッションを使用することには、ほとんど開拓されていない、さらなる可能性があると思われる。このようなセッションで使用する材料を準備する際に、すでに生成されたデータを利用するだけでなく、理論的枠組みも有用なリソースとなりうる。理論的モデルや枠組みは、ディスカッションの過程で参加者によって提起されたさまざまな議論を理解するための部分的な、あるいは潜在的なひな型となり、さらに吟味する際に、一般の人びとが利用しやすいかたちで提示するのに適しているかもしれない（これにはさらなる課題があり、本章で後述する）。

理論と関わる

　研究者がデータをどのように「枠づけるか」（すなわち、関連するテーマやコードをどのように決定するか）に対する学問的背景の役割とその影響については、すでに論じた。理論的前提（社会構築主義をめぐるものなど）は、明示的に参照されず、暗黙のうちに言及されることもある。特定の理論モデルの検証を目的としたフォーカスグループ研究は比較的少ない。これは、理論的志向や学問的関心よりもトピック（そして多くの場合、実践や政策的関心との関連）を優先する傾向のある、研究助成環境の影響でもある。しかし、まさしく理論的枠組みとの適合性からフォーカスグループが選ばれた例もある。これは、集合的アイデンティティの研究に関連して最もしばしば行われており、「ハビトゥス」という分析的に豊かな理論的枠組みを解明するためにフォーカスグループが使用されてきた（たとえば、Callaghan, 2005; Munday, 2006）。キャラハン（Callaghan, 2005）は、フォーカスグループのディスカッションに参加す

ることで、参加者は個人のアイデンティティを提示することができると同時に、集合的な表象を作っていると論じている。「ハビトゥス」(Bourdieu, 1990) という言葉は、個人（および集団）がどのように世界を理解するかということに関連しており、固定された実体であるというより、さまざまな活動——重要なことに、相互作用を含む——を通して絶えず形成され、再形成され、修正されるものと考えられている。

　重要なことに、このような使用には、理論的概念に批判的に関わること、そしてそれらを探究するためのデータの使用が求められる。そうして、理論的概念のどこが修正、改訂、拡張の必要があるのか、あるいは、「ハビトゥス」のような概念を他の理論的枠組みとともに、どこで使用するのがより適切なのかを特定するのである。質的分析における理論の使用と同様に、一般的に言えることであるが、データを特定の理論的枠組みに合わせ、押し込みたくなる誘惑に注意しなければならない——現実生活では、1つの理論的枠組みを使って、観察されるすべてのデータ、パターン、ニュアンスを説明することは事実上不可能である (Barbour, 2014a)。したがって、1つの理論に終始する必要はなく、また特に役立つわけでもない。データ分析へのハイブリッド・アプローチと同様に、データの特定の部分の意味を理解するために、異なる（そして潜在的に矛盾しさえする）理論的枠組みを利用することができる。このような矛盾が生じた場合、それらは懸念を引き起こす元ではなく、無視せずに批判的に対処するならば、分析上実り多いとわかることが多い。

　集団的アイデンティティへの洞察を導き出すという点では、細部の詳細に注意を払うことが、データとしてのフォーカスグループの相互作用を分析するのに非常に役立つことがわかる。アトキンソンら (Atkinson et al., 2013) は、テレビにおけるアルコールと飲酒の描写に関する若者の認識を探るために、フォーカスグループを招集した。アトキンソンら (2013) は、このディスカッションの間ずっと代名詞が使われていることに注目し、彼らが「三人称効果」と呼ぶものを特定した。つまり、参加者は、他の人たち（おそらくもっと若い人たち）はテレビ番組に影響を受けるかもしれないが、自分たちは個人的には、影響を受けないだろうと指摘したのである。

　研究者や研究チームの学問的な立ち位置も、データ分析のアプローチの選択に関係してくる。さまざまな学問分野（カルチュラルスタディーズ、言語

学、哲学、心理学、社会学など）の研究者が、データの意味を理解するために「ディスコース分析」の変種を使っている。上で引用した例においてマードックら（2010）は、彼らのアプローチを「ディスコース心理学」の原理を用いていると述べ、これは「明確なポジション」、「方向づけ」、「ジレンマ」、「方略」といった用語の使用にも反映されている。

ウィリグ（Willig, 2014）が説明するように、ディスコース分析は言語と思考を分かちがたく結びついたものとして捉えている。なぜなら、言語は現実のバージョンや説明を生み出すが、現実は特定の社会的・歴史的・文化的文脈に埋め込まれ、それらに依存しているからである。マードックらの分析と同じように、データとしてカウントされるもの、つまり詳細な分析に値するものは、参加者が訴える言葉、フレーズ、表現、説明の枠組みである。

（内容分析や標準的なテーマ分析のように）取り上げられたトピックを強調するのではなく、ディスコース分析は「会話の行動志向性」（Willig, 2003, p.163）、すなわちフォーカスグループ参加者間のやりとりの間に何が達成されているかに焦点を当てる。ディスコース分析の応用の中には、既存のディスコースがどのように展開され、議論され、あるいは挑戦されるか、また、新しいディスコースが相互作用を通してどのように生み出されるかに焦点を当てるものもあれば、会話に関わるミクロレベルのプロセスに詳細な注意を払うものもある。これら後者のアプローチは、会話分析に関連する技法を利用する可能性が高い。というのも、フォーカスグループのトランスクリプトは会話として分析するのに適しているからである（Macnaghten and Myers, 2004）。ディスコース分析のいくつかのバリエーションとは対照的に、会話分析では、間の取り方、重複する発話、中断、ターンテイキングなど、トークに関連する特徴を示すために、特殊な規則（ジェファーソン式トランスクリプト）を使用したトランスクリプトを作成する必要がある（ジェファーソン式トランスクリプトの詳細については、ジェファーソン（Jefferson, 2004）による手引き、会話分析の議論については、ラプリー（Rapley, 2018）またはトーリエン（Toerien, 2014）を参照）。

会話分析といくつかのタイプのディスコース分析は、いずれも会話の瑣末な部分に焦点を当てるという点で批判されてきたが、トーリエン（Toerien, 2014）は、会話のメカニズムに焦点を当てることは、現実が相互作用を通じてどのように構築され、再構築されるかに焦点を当てるため、構築主義的な見方

に合致していると主張している。さらに、制度的ディスコース分析の多くの支持者や「批判的」ディスコース分析、あるいは「フーコー派」ディスコース分析を支持する人びとは、特定のディスコースが権力関係を生み出し、維持する方法を明らかにすることに特に関心を寄せており、会話のメカニズムやディスコースの内容だけに焦点を当てるのではなく、ディスコースの効果に関心を寄せている（Willig, 2014）。

　フォーカスグループのデータを分析する方法には、正しい方法も間違った方法もない。むしろ研究者は自由に独自の手順を開発すべきであり、それによって興味深く生産的なハイブリッド・アプローチを生み出すことができる。ハントとチャーチル（Hunt and Churchill, 2013）の研究がそうであった。彼らは、ディスコース分析と並行して、相互作用の一部でキーワードが果たした機能を調べるため、体系的な一連の手順（この場合はコーパスを用いた言語学的手法）を採用した。彼らは、これは「テーマ分析で使用されるオリジナルのコーディングに類似したプロセスを実行するが、［それは］もっぱら、これらの単語やフレーズが参加者によって繰り返し展開されていることを確認することによって実行される」と説明している（キーワード分析については、シールとチャータリス＝ブラック（Seale and Charteris-Black, 2010）も参照）。彼らは、「話し手が会話を通してキーワードを使い、拒食症、患者、専門家の役割について、特定の理解を構築する方法を考察する」ためにディスコース分析を用いた（Hunt and Churchill, 2013, p.461）。彼らはこの分析方法を採用することで、「頻度分析とキーワード分析によって提供されるフォーカスグループ・トランスクリプトの当初の『トップダウン』の見方が、重要なテーマ領域がどのように文脈の中で参加者によって導入され、交渉されるかを示す『ボトムアップ』のテクスト分析によって補完される」と説明している（2013, p.461）。

　以上見てきたように、会話分析もディスコース分析のいくつかのバリエーションも、（より広い組織的、制度的、社会的、政治的、文化的文脈との関連において）マクロな考察を排除してミクロな相互作用を強調しているとして批判されてきた。ハイブリッド、あるいは複合的なアプローチは、相互作用のメカニズムに注目することで得られるユニークな洞察を、他の方法によって得られるものと有意義に組み合わせることで、折り合う方向へと進むことができる。

ハイブリッド、または複合的アプローチ

　ハルケーア（Halkier, 2010）は、彼女が「穏健な社会構築主義的見方」と呼ぶものを提供するために、ディスコース分析と会話分析、および「ポジショニング理論」を組み合わせた強力な例を示している。これは、フォーカスグループの相互作用のパフォーマンス面を認めるもので、参加者は自身の自己ナラティヴを形成する一方で、他者のナラティヴを支持したりそれに挑戦したりし、その過程で関係を作り、試し、時には「修復」している。ハルケーアは、フォーカスグループの参加者は、会話分析で確認されたテクニックのいくつかを使って、自分自身と他者の位置づけを行っていると論じている――たとえば、「カテゴリー付与」があり、特定の役割や地位を占めるというかたちで正当化がなされ、それによって主張が申し立てられたり、ディスカッションが展開されたりする。このようなプロセスが、産後の減量をテーマにした女性たちとのフォーカスグループのトランスクリプトで観察された。そこでは、女性たちは食事やダイエットのアドバイスを無視することを正当化するために、子育てや家事の必要性を持ち出した。時には、女性たちはさまざまな方略を用いて、互いの説明を支持したり、異議を唱えたりし、時には、特定の利益を共同構築するために協働した。これらはしばしばユーモラスなやりとりでなされ、多様な要求や軽蔑に直面する経験をした連帯感を生み出していた（この特定のデータセットの分析におけるアプローチの適切性については、バーバー（Barbour, 2014b）を参照）。

　このようなハイブリッド・アプローチの魅力は、会話分析によって得られる洞察の一部を（そして、潜在的には他の技法も）活用する一方で、特定のアプローチをそのままのかたちで使う場合（完全なジェファーソン式トランスクリプトが必要で、分析の焦点はもっぱら会話のメカニズムに絞られる）の制約から研究者を解放できる点にある。さらに、ハイブリッド・アプローチでは、これらの選択された技法は、特定の抜粋（特に、解釈の点で厄介なもの、または特に分析的に豊かなものになると期待されるもの）に関してのみ採用されることを意味する。

ディマントとヤルヴィネン（Demant and Järvinen, 2011）は、デンマークの若者を対象にフォーカスグループを開催し、そのデータを用い、飲酒に関する規範がピアグループの相互作用を通じてどのように喚起され、展開していったかを探究している。彼らは、「社会的資本」を「行動のためのリソース」——潜在的にアルコールの使用を促進、または制限する——として、また、相互作用を通じて交渉されるものであると見ていたと説明している。彼らの分析はまた、会話分析に関連するいくつかの技法を用いている（ボックス 9.6 参照）。

ボックス 9.6　複雑なデータを理解するための、ハイブリッド・アプローチ

　ディマントとヤルヴィネンは、参加者が 14 ～ 15 歳、15 ～ 16 歳、18 ～ 19 歳の 3 つの時点で調査を行った。ここで引用する論文（Demant and Järvinen, 2011）は、参加者が 18 ～ 19 歳のときの最後のフォーカスグループに関するものである。研究者たちは彼らに、以前の行動と比較し自分の飲酒を振り返るよう促した。研究者たちは、大量飲酒と社会的リソース資本との関係はまだ見られたが、規範はこの段階までに（初期のデータ生成ラウンドと比較して）より微妙で複雑になっていたと指摘している。参加者の中には、以前ほど頻繁にコントロールを失わず、より責任をもって飲酒していると主張し、「コントロールされた酔い」という新しい理想を唱える者もいた。参加者は、大量のアルコールに耐えられることに価値を置いている。以前話されたストーリーは「吐く」ことに焦点が当てられていたが、現在では「弱い酒飲み」の指標と見なされている。

　　　たまにコントロールを失うのは正当なことであり、一緒に酔うギブ・アンド・テイクの一部であって、グループの酔っぱらい仲間に貢献する。したがって、飲みすぎることは**決してない**参加者は、ディスカッションの中で社会的資本を得ることはない。なぜなら、それは少々非社会的で、慎重な態度と見なされるからである。（2011, p.96）

　参加者は、「間違った理由で」酒を飲むという考えに訴え、その代わりに、「仲間と一緒に『中庸から昂揚した状態』になるための手段として」、つまり

「飲むために飲む」のではなく、社交的な飲酒として、酒を用いることを支持している（2011, p.96）。

　彼らは、グループの規範を共有しながら、自分自身がグループからの批判の対象になっていったと訴えた参加者の例を挙げている。ディマントとヤルヴィネンは、参加者全員が長い間の知り合い同士であったため、閉鎖のメカニズムが働く様子を観察する機会が得られたと説明している。

　　フォーカスグループで私たちが観察した閉鎖のメカニズムは、通常微妙で目立たず、個人的な逸脱によるところが大きい。参加者が社会的リソース資本の面で強ければ、多数派の規範的社会資本と相容れない行動を報告してもとがめられないかもしれない。しかし……社会的資本の２つの次元は通常、互いに支えあっており、……両者の不一致 —— 社会的リソース資本が高くて規範的社会的資本が低い、あるいは、社会的リソース資本が低くて規範的社会的資本が高い —— は、長期的には維持することが難しい。人気のある参加者が集団の規範を無視し続けた場合、他の参加者には２つの可能性があるようである。「逸脱した」友人から距離を置き、社会的リソース資本を奪うか、グループの規範を「逸脱した」友人の行動に適応させ、規範的社会資本をその人物に再割り当てするかである。酒に弱いメンバーが酒に強い社会的飲酒の規範に沿った行動を報告しだした場合、集団はこの個人を受け入れるのではなく、規範的社会的資本を変更する可能性がある。（2011, p.97）

　彼らはこう続ける。「他人の行きすぎのコントロールを、パーティーの陽気な仲間意識、また自らの酔っぱらい状態と両立させるのは難しい」（2011, p.98）。否定的な発言は、社会的リソース資本が低い人に向けられやすい。ディマントとヤルヴィネンは、ある禁酒者の例外について論じているが、彼は禁酒者であるにもかかわらず、「飲酒は陽気な社交の場である」というグループ規範を繰り返し、決して１人では、また落ち込んでも飲酒せず、自制心の重要性を強調した —— そして、「アルコールは……フォーカスグループによって語られた社会的仲間意識にとって唯一の重要な要素ではない」と結論している（2011, p.98）。

　その上で、ディマントとヤルヴィネンはこう要約している。

> フォーカスグループ・インタビューは、グループ・レベルの態度や概念が構築される社会的プロセスを分析する可能性を与えてくれる……個々の若者が規範を共有する集団の多数派に属するにせよ、それに抵抗する集団の少数派に属するにせよ、規範を完全に無視することはできない。なぜなら、飲酒は —— そして正しい飲み方は —— デンマークの若者の間で社会的リソース資本を獲得するために中心的なことだからである。(2011, p.100)

フォーカスグループ研究から得られた知見を提示し、活用する

1946年から1996年の間に公表されたフォーカスグループ研究をレビューしたウィルキンソン (Wilkinson, 1998) は、データがあたかも1対1インタビューから得られたかのように提示されることが最も多く、「グループ参加者間の相互作用が分析されることはおろか、報告され［てい］ることもほとんどない」(Wilkinson, 1998, p.202) と報告している。これはおそらく、1対1インタビューの使用をしばしば支えている実在論的な仮定を反映しており (Billig, 1987; Potter and Wetherell, 1987)、そのためインタビューは（そして実際、フォーカスグループも）「データをつかむ」(Collins, 1998, p.1) 機会と見なされている。

もちろん、学術誌によっては字数制限が厳しいため、フォーカスグループの研究知見を提示するのはかなり難しく、抜粋を短くしたり、他のところでグループ全体で追究したディスカッションを反映していると見なせる個人のコメントの例を見つけることに集中したくなることがある。これは字数を減らすのに役立つが、コメントを文脈から外すという不幸な効果をもたらし、そもそもなぜフォーカスグループが採用されたのかと、読む者に疑問を抱かせることになりかねない。

専門学術誌（理論的な議論を展開し、長いデータの抜粋を提示し議論する余地があるかもしれない）に研究結果を発表することと、医療専門家や政策立案者が読み、耳を傾ける可能性のある学術誌で発表することの間には、必然的に

葛藤がある。どちらのタイプの論文も、詳細な査読を受ける可能性が高く、実務家を読者とする雑誌の多くは、実際にインパクトファクターが高い（おそらく、論文が短く、各号に掲載される数が多く、発行頻度が高い——これらはすべて、学術誌ランキングに貢献する）。そのため、学術研究者は自分の研究の概念的な高度の程度に値しないと感じるかもしれないという問題はあるにせよ、まさに一種の「要約」論文を、おそらく実務家が読むであろう雑誌のために書くケースもあるかもしれない。このような「概説」論文は、専門誌のために作成されるのが最も一般的であるが、「データ中心で理論が軽い」傾向があり、記述的な方向に向かうことはまったく問題ない。対照的に、専門学術誌に掲載される論文は、「理論中心でデータが軽い」傾向があり、フォーカスグループのトランスクリプトからの抜粋はほとんど使われないかもしれない。ここで重要なのは、データの抜粋が理論的構成概念に光を当てたり、異議を唱えたりする力量である。

　字数制限を考慮することは、最も適切な学術誌を選び、その要件に合わせて書く点にも関わっている。出版戦略をもつことは有用であり、これにより特に、研究知見や考察を複数の論文に振り分け、一連の論文にすることができる（Barbour, 2014a）。査読付き学術誌での発表は、研究職の任命や昇進、つまり「インパクト・アジェンダ」（研究評価や多くの研究助成機関の優先順位に反映されている）との関係で依然として重要であるが、研究の展開と並行して、査読のない学術誌やオンラインといったかたちで研究成果を公表するという他の可能なルートを考えてみるのも価値があるだろう。インターネットもまた、画像、ビデオ、ブログを参加者やより広く一般の人びとと共有する機会を与えてくれるが、これには特有の倫理的問題も生じる（7章で論じた）。

　すべての質的調査は信頼性が低く、逸話的であると考える人がいることは避けられないが、フォーカスグループの調査結果は非常に説得力のあるものとなりうる。マクナハテンとマイヤーズ（Macnaghten and Myers, 2004）は、次のように述べている。「何か新しいことを言っているという主張は、少なくとも部分的には、紙面上の口語的な言葉によって伝えられる信憑性の感覚と、それとかみ合って行われる学術的な議論との対比に依存している」（2004, p.77）。フォーカスグループ・データの威力は、一部はそれ自体がもつ訴求力の機能であり、一部は著者の用いる修辞的装置の結果である（Seale, 1999）。マクナハ

テンとマイヤーズのコメントは、フォーカスグループ参加者の不明確な表現を残しつつ、複数の草稿を使用することを通して、自身の理論的な議論を整理する（Barbour, 1998）ことの意味を思い出させてくれる。繰り返しになるが、簡単な答えはない。しかし、データを分析するときは彼らの元々の言葉を保持することが間違いなくより重要であるが、対照的に、出版を意図しているときは、参加者のコメントを整理するのを拒否することに何らかの本質的な価値があるのか、問う必要があるだろう。

　会話分析（CA）は、関心が政策や実践のための提言をすることにある、研究スペクトルの応用の側にある資金提供機関や研究仲間には好まれないかもしれない。しかし、法政策の分野で研究しているマトシアンとコルドレン（Matoesian and Coldren, 2002）は、CAにもとづいたフォーカスグループ・データの分析を、彼らが知見を「馴染ませる」と述べるプロセスを通して、公共政策の評価報告書においてうまく適切なものにすることができた。これは、フォーカスグループ研究者が、特定の聴衆にとって適切な方法で調査結果を提示するためには特別な努力を要することを浮き彫りにしている。したがって、データ分析の特定の方法に固執するのではなく、欠点、すなわち提示されたデータが特定の議論を支持するという点で「目的に合っている」と見なされないとき、それは研究者の関与不足の結果であるかもしれない。

　ディマントとレイヴン（Demant and Ravn, 2010）は、自分たちの研究を明確にディスコース分析と位置づけていないが、参加者がさまざまな薬物についてディスカッションする際に訴えた関連するディスコースをいくつも特定している。薬物使用の意味を理解する際に用いられたさまざまなディスコース、ひいては参加者自身の薬物関連行動を形成する可能性のあるディスコースを明らかにするためにデータを用いることで、政策立案者やサービス提供者が予防戦略の策定と実施にどのようにアプローチすべきか、焦点を絞った提言を提供するためのきめ細かな分析が可能になった（ボックス9.7）。

ボックス9.7　提言のためにディスコース分析を用いる

　ディマントとレイヴン（Demant and Ravn, 2010）は、フォーカスグループの参加者が、特定の薬物の使用をめぐる問題を理解する際に、多くの潜在的

に対立するディスコースを用いていることを示した。これらのディスコース（4章で概説した）は、自然さ、投与（経路）、中毒、死亡率、日常生活である。

大麻

　　自然さに関するディスコースも、投与経路に関するディスコースも、大麻を薬物の特徴を共有しない薬物として位置づける上で中心的なものである。加えて、大麻の軽度の使用を論じる際、中毒に関するディスコースも、死亡率に関するディスコースも、日常生活に関するディスコースも活性化していない。（2010, p.537）。

　常用に関しては、「依存症に関するディスコースと日常生活に関するディスコースは、大麻を気持ちを落ち着かせる薬物として位置づけている……［しかし］弊害は……主に大麻のかなり激しい使用に関連させて強調される」（2010, p.537）。

コカイン

　より両義的である。コカインは、しばしば依存症に関するディスコースと関連づけられるが、大麻とまったく異なると見られているものの、人気のある薬物と認識されている。この薬物は一般的に、アンフェタミンよりもリスクが低いとされるが、アンフェタミンはコカインよりもパフォーマンスを向上させるものではないと認識されている。「その不明確な位置づけのため、ディスコース間の相互作用の結果、コカインは部分的に常態化の過程をたどっているのかもしれない」（2010, p.528）。

エクスタシー

　いずれのグループでも、自然さに関するディスコースと死亡率に関するディスコースがディスカッションの中心だった。

　　エクスタシーが「殺人ドラッグ」であるというイメージ（以前のキャンペーンで提示された）が根強く残っている……しかし、エクスタシーの使用に関連するありうるリスクについてのメッセージが明らかに明確であった一方で、この悪影響として、他の薬物がエクスタシーよりもリスクが低いと認識され、そのため、ある意味ではより受け入れられていた。（2010, p.539）

ディマントとレイヴンはこう結論づけている。

> 私たちの知見は、デンマーク社会におけるコカインの常態化を避けるために、この薬物に関連するリスクの認識を変える努力の重要性を示している。したがって、予防政策にとっての中心は、コカインを比較的リスクのない薬物として位置づける現行のディスコースに働きかけることである。(2010, p.539)。

　政策と実践のために特に詳細な提言を行うことができた例として、ウッドとビーアシュミット（Wood and Beierschmitt, 2014）の研究がある。彼らは、参加型アクションリサーチの枠組み（フォーカスグループ・ディスカッションと移送データの分析、パートナーや利害関係者間の会議の観察フィールドノーツ、鍵となるインフォーマントへのインタビューが組み合わされていた）を用いた。このプロジェクトは、フィラデルフィア警察との協働で実施され、アウトリーチワーカーと警察官によるメンタルヘルス／行動的移送（すなわち、加害者を地元から治療施設や矯正施設に移送すること）に対処する実践に情報を提供しようとするものであった。ウッドとビーアシュミットは、その研究結果を実行に適したかたちでまとめることができた（ボックス9.8）。

ボックス9.8　**詳細な提言の例**

　調査結果は、5つの主要な見出しのもとに要約された。

1)「脆弱で微視的な場所」に関する警察の知識は、微妙で未開拓である

> 警察官は、特定の交差点、公園、交通の要所、建物について言及し、これらは彼らが日常的に注目する対象であった。彼らがよく口にするのは、（時には何年もかけて）知り合った社会的に脆弱な立場におかれている人びとは、自分たちが心地よいと感じる空間で、そういう空間を通って、日々を過ごしている……彼らは目撃した行動の地理的パターンを指摘するだけでなく、時間的パターンも指摘した。(Wood and Beierschmitt, 2014, p.443)

たとえば、「路上でお金や食べ物を要求する行為には……予測可能なリズムがある」は、警察官は「お金を配る心優しい市民」が、それと気づかず精神的／行動的健康事象の連鎖に加担してしまうことへのいらだちを挙げることにつながった。

　2）危機対応のサイクルは永遠である
　警察官は、非自発的収容の長期効果に疑問を呈し、「持続的なフォローアップ・ケアの欠如が、収容を繰り返すサイクルを永続させていると推測した」（2014, p.443）。

　3）行動に影響を与える「鞭」が足りず、「ニンジン」はもっと少ない
　警察は、慢性的な精神的／行動的健康問題を抱えた他の「常連」への対処について報告したが、法律的・非法律的な手段やリソースが不足しているため、その影響力は限られていた。自主的に関与するよう連れていこうにも、物理的な場所がないことがこの状況を悪化させている（2014, p.444）と言う者もいた。ある警察官は、移動ユニットがもたらす可能性を挙げた。

　4）手続き的公正さは、関与と回復に不可欠である
　この見方によれば、当局者と出会ったとき尊重されていると感じ、「声」（ヴォイス）を与えられ、公正さと尊厳をもって扱われた人は、当局者を正当なものと見なす可能性がはるかに高く、行動指針に自発的に従う可能性が高い……「人びとを移動させる」あるいは「彼らを連れ去る」手助けをするアウトリーチワーカーが感じる外的圧力は、かなりのストレスの源である……強制力を行使したり、刑法を発動したりする警察官の命令は、長期的な回復に関するアウトリーチの懸念に優先することがある（2014, p.444）。

　5）システム全体の情報共有が不可欠である
　警察とアウトリーチワーカーとの間の情報連携に改善の余地がある。アウトリーチワーカーにとって、（非自発的な収容に気づかず）「レーダーから外れる」ことは懸念の種であった。
　ウッドとビーアシュミットは次のようにまとめ、「場所の管理」は事例の管理と同様に重要であると強調している。

より小さな地理的な分析単位に移行し、行動健康上の問題が集中し、警察から多くの注意を受ける空間を理解する必要がある。このような公式データを補完するのは、警察、特に、アウトリーチワーカーのように共起している社会問題について「文脈の中で」理解を深めている、自転車や徒歩でパトロールする警察の広範でローカルな知識である。(2014, p.445)

現在、社会的に脆弱な立場におかれている人びとの救済のための、警察や警備員などによる非公式な取り組みは「公式な」活動ではないため、公式には記録されていない。(p.446)

要するに、通報に応答するという一般的な対応は、リスクの高いグループや環境に合わせた集中的な介入よりも効果が低い。(2014, p.445)

「セクター横断的プロトコル」が推奨されている。「このアプローチは、パターンと傾向を確立するためのデータ分析が中心であり、その後に『よりソフトな』犯罪防止戦略の使用を促す介入策を開発する」——たとえば、既知のホットスポットにおける向社会的活動の導入や、「路上でお金や食べ物を要求する人」に現金の代わりに食券を寄付するよう人びとに奨励する公共教育キャンペーンなどである（2014, p.445）。

フォーカスグループで得られた知見の転用可能性

比較を容易にするためにサンプリングに注意深く配慮することのもう1つの利点は、研究結果を文脈に位置づける機会が得られることである。2章で論じたように、フォーカスグループは「なぜ……でないのか」という問いを探るのに優れているが、たとえばスクリーニングの機会を逸した人だけを対象にする、つまり欠如によるサンプリングをすると、問題にぶつかる可能性があることが論じられている（MacDougall and Fudge, 2001）。

何人かの論者は、フォーカスグループが「状況に埋め込まれた説明」（Haraway, 1988）を生み出す可能性があることを認めている。データは文脈固

有であり、特定の共有特性をもつ参加者でグループを招集することで増幅される可能性があるからである。ディマントとレイヴン（Demant and Ravn, 2010）（これまで述べた、薬物に関する若者の意見に関する研究を実施した）は、「これらのフォーカスグループに参加した若者は……薬物経験がなく薬物や関連するリスクに関する社会的なディスコースやイメージを利用しているため、デンマークの若者全般の典型である」（2010, p.540. 強調は原文）と主張している。

　しかし、5章で強調したように、サンプリングに注意を払い、異なる設定やグループ構成によって比較の可能性を確保することで、そうしなければ起こりうる過度の単純化を防ぐことができる。データセットの比較可能性を利用することは、フォーカスグループ研究で得られた知見を転用可能にする点においても貢献できる。カーティスら（Curtis et al., 2002）が行った研究では、その計画段階においてすでに、かなりの理論的洗練の証拠がある。この研究は、終末期ケアにおける医師のスキルに関する患者の視点を調査したもので、慢性閉塞性肺疾患（COPD）、ガン、AIDS の患者を比較することで、転用可能性の問題を予測していた。私たちは、このように研究を文脈化するフォーカスグループの可能性を心に留めておくとよいだろう。ウォーターズら（Waters et al., 2012）は、インシデントレポートに関する調査の研究サイトの選択について、次のようにコメントしている。「研究結果は、他の設定場面の分娩看護師には転用できないが……複数の病院を調査することで、この限界は部分的に軽減された。病院間に共通するテーマが見つかったことは、これらのテーマが他の場面の分娩看護師にも関連する可能性を高めた」（2012, p.820）。

　このように比較の可能性が最初から組み込まれていなくても、研究の進行中に状況を立て直すことは可能かもしれない。そのトピックについて十分に広く読み、そこから浮かび上がった説明や理論的枠組みを転用できそうな他の文脈についてある程度わかれば、仮説を検証するために2、3回以上の追加フォーカスグループを招集する必要はめったにない。もちろん、他の研究サイトを追加して研究を拡大することになるので、追加の提案と倫理申請が必要になるだろう。

　しかし、もっと経済的な方法で比較可能性を高め、研究結果の転用可能性を強化することができるかもしれない。異なる組み合わせの個人で構成されるグループをさらに招集するだけで、転用可能性に関するこれらの難問のいくつか

を解決する方向に向けることができる。ここにフォーカスグループのユニークな可能性がある。つまり、グレイザーとストラウス（Glaser and Strauss, 1967）が提唱した伝統的な方法で、しかしプロジェクトに多大なコストや時間を追加することなく、研究者がフィールドに戻ることを可能にする力量である。フォーカスグループが真の経済性を提供するのはこの点であり、この点のみである。私は、「ワイルドカード・グループ」（Kitzinger and Barbour, 1999）という言葉を読んだときに示唆されるような、追加グループを「突然」招集することを提唱しているのではない。もちろん、そのようなアプローチは倫理的な問題を引き起こすだろうし、関連する委員会からの倫理的許可を再交渉する必要もあるだろう。私はむしろ、研究者が追加のフォーカスグループに、もとのグループに正当に参加してもらうことができた個人をリクルートすることを検討し、しかし彼らが異なる組み合わせになるように集め、特性が異なる点からグループ分けすることを推奨しているのである。これは、私たちが疾病認定に関する一般開業医（GP）の見解と経験についての研究で、第2ラウンドのフォーカスグループを招集する際にとったアプローチである（Hussey et al., 2004）。これによって、すでに特定されていたのと同じ人びとからなる新しいグループを招集したため、元のサンプリング・フレームを使用することができた。

　フォーカスグループ・データの分析に伴う主な課題の1つは、グループのダイナミックスを考慮しながら、参加者間の相互作用を反映し活用することである。フォーカスグループのデータは本質的に複雑であり、ディスカッションはしばしば複数のレベルで起こり、応答の共同構築に携わるさまざまな参加者にとって複数の機能を果たす。フォーカスグループは、個人が特定の問題や一連の問題について「悩みを取り去る」場として機能することで、潜在的な解決策を策定するのに役立つ。これがフォーカスグループ・セッションを開催する表だった目的でない場合でも、このことは、フォーカスグループ・ディスカッションの「全体」が「部分の総和よりも大きく」なりうるもう1つの方法を示している。

おわりに

　さらなる研究の必要性を訴えて終わるのは、ほとんど「お決まり」ではある。しかし、フォーカスグループ研究の設計に、決定的に正しい方法とか間違った方法はない。選択は常に、リサーチクエスチョン、求めているデータの種類、理論的枠組み、研究者がトピックにもたらすスキルと認識論的前提、研究が実施される場面、潜在的参加者の利用可能性と人口統計学的特性、利用可能な資金、および研究スケジュールに依存する。質的研究そのものがそうであるように、他の研究から学び、他の人の経験や自身の過去の経験に照らし合わせ、どのような調査プロジェクトであれ、フォーカスグループを招集し、実施する可能性について慎重に検討することに答えがある。

　フォーカスグループは、適切かつ想像力豊かに使用すれば、実際に「他の方法では到達できない部分にまで到達できる」（Kitzinger, 1995）。しかし、その貢献を最大限にするためには、研究者が質的方法としてのフォーカスグループの哲学的・認識論的な基盤に注意深く配慮することがきわめて重要である。これは、フォーカスグループの乱用、たとえばサーベイ型データへの「裏口」として使うなどを防ぐだけでなく、そうでなければ失望させられるだけの不合理な期待を抱かせないようにするためでもある。これはまた、研究者があれこれ限界や難題を感じて苦悩する多くの時間を節約できる可能性もある。そして、データ生成への研究者の積極的な関与、グループダイナミックス、絶えず進化する視点などの側面を、克服すべき問題としてではなく、リソースとして認識することができる。フォーカスグループは、分析的に洗練された発見を展開するために使用することができるが、それは思慮深いサンプリングによって、その比較可能性が十分に活用された場合に限られる。関連する継続的な精査と、出現した説明の枠組みの見直しと結びついた継続的比較の方法は、印象論的なアプローチを採用する誘惑からフォーカスグループ研究者を守るのに役立つ。さらに、コーディング・フレームの開発と、分析実施のプロセスを透明性をもって報告することで、そのような疑惑は過去のものとなるはずである。フォーカスグループ・データの計画、運営、分析には、間違いなく多くの困難

が伴うが、その見返りは努力に見合うものである。成功裡にフォーカスグループを行うことは、研究者が実に魅力的な材料を生み出し、それが生み出されているときに、「その場で」分析を予期し、初期の、しかしそれにもかかわらず理論化された説明を共同生成する参加者の協働を引き出すことから、真の「活気あるざわめき」を生み出すことができる。

こうすればよいという答えがあるわけではないが、フォーカスグループを想像的かつ創造的に使う余地は十分にある。フォーカスグループは固有の柔軟性を備えているため、ほとんど無限の可能性がある。インターネットは、フォーカスグループ参加者へのアクセスという点でも、彼らと関わるという点でも、新しい可能性を与えるが、新しい万能薬であるというにはほど遠い。オンライン・フォーカスグループは、新しい課題（司会者とデータ分析者は新しいスキルを開発する必要がある）と、より伝統的なフォーカスグループで出会う積年の問題を引き起こす。これらの課題の中でも大きな課題は倫理的な問題に関連するものであり、フォーカスグループ研究者は、計画を立て、実施し、報告する際に、これらに注意を払い続ける必要がある。

フォーカスグループの適用に価値を置きすぎないことが重要であり、また自身の学問的な「確かさ」を心地よく感じ、その魅力に屈しないことも重要である。グループメソッドは、この研究コミュニティだけの占有ではない。このことは、私たちとは異なるグループワークのスキルをもつ専門家（経営コンサルタントやチームワーク・ファシリテータなど）との協力という興味深い可能性を開く。課題がないわけではないが、このような学際的な作業は、刺激的な結果をもたらす可能性がある（Barbour, 1999a）。新しいアプローチに対してオープンであり続けることは、時に危惧されるように、厳密さを犠牲にすることを意味する必要はない。私はよく、フォーカスグループはSF小説のジャンルを書くことと似ていると思う。フォーカスグループとSFが与えてくれる可能性の幅の広さは、研究者や作家の想像力の限界を特に際立たせる。自分の専門分野、研究経験のレベル、研究テーマが何であれ、方法としてのフォーカスグループが提示する刺激的な可能性を探るとき、創造的に、しかし厳格に、この課題を受け止めてほしいと思う。

最後に手引きとして、以下のことを提案したい。

- フォーカスグループのデータは記述的に使えるが、このアプローチには重要な限界がある。
- フォーカスグループでの相互作用中に何が起こっているかに注意を払い、これを分析のリソースとして使用する。
- データ中の「より厄介な」抜粋を探究する —— 複雑さに注意を払えば、有益な配当が得られる。
- 参加者の洞察をどのように活用して分析を行うかを考える。
- 理論に裏打ちされたサンプリングとデータセットの広範な精査を通して、研究の比較可能性を最大化するように努める —— 単にパターンを特定するだけでなく、これらの説明（理論に裏打ちされた説明を含む）を提供するよう努める。
- 理論的枠組みを精査するためにデータを活用する —— その限界を正確に指摘し、理論的枠組みをどのように修正、拡大、または組み合わせることができるかについてのアイデアを提供するためである。
- ハイブリッドまたは複合的な分析アプローチによってもたらされる可能性を探究する。
- フォーカスグループは、調査結果の転用可能性を高める力量という点で、ユニークな利点を提供する。
- 調査結果を発表する際、個人からの引用だけに頼らないこと。参加者間の相互作用を反映するような抜粋を使用する。特に、その相互作用に関わった参加者が、フォーカスグループのメンバー間で協働して、あるいはディスカッションを通じて、展開した箇所を使用する。
- 文脈を無視して抜粋しないよう注意する。ディスカッションのどこでそれが出たのか、他にどのような発言がその発言を促したのかに注目し、発言者がその発言で何を達成しようとしているのか、たとえば、他者を支援する環境を提供する、特定のグループの一員であることを主張する、他者との隔たりを強調する、などを考慮する。
- フォーカスグループのディスカッション中に何が起きているのか（グ

ループダイナミックスと最終的な成果物／ポイントの観点から）に注意を払う。グループは協働的に説明、可能性のある解決、青写真を生み出しているのか、参加者の1人が他の参加者に促されて自分の意見や経験を再構成しているのか、参加者が個々に自分の考えを再構成しているのか。

- さまざまな読者に向けて研究を書き上げることを考え、適切な学術誌を特定する。これには、普段は考えないような場所での出版も含まれるかもしれない。
- 出版戦略を考え、可能性のある異なる学問的関心に応える学術雑誌の範囲について、チームメンバー全員の知識を動員する。
- フォーカスグループは本質的に柔軟な方法であり、その使用における唯一の制限は、研究者の想像力であるだろう。
- 「新しい技術」は魅力的な新しい可能性を提供してくれるが、長所と短所を天秤にかけることが重要であり、新しい可能性が、これまで私たちが使ってきたフォーカスグループに取って代わるとは考えにくい。
- 最後に、フォーカスグループを最大限に活用できるよう考え抜かれた研究デザインのプロジェクトに代わるものはない。

さらに学ぶために

Barbour, R. S. (2014) 'Theorizing in qualitative analysis', Chapter 12 in *Introducing Qualitative Research: A Student's Guide*, 2nd ed London: Sage, pp.275-306.

Barbour, R. S. (2014) 'Analysing focus groups', In U. Flick (ed.), *The SAGE Handbook of Qualitative Data Analysis*. London: Sage, pp.313-326.

Halkier, B. (2010) 'Focus groups as social enactments: integrating interaction and content in the analysis of focus group data', *Qualitative Research, 10*(1): 71-89.

訳者補遺

レヴィット, ハイディ M./能智正博・柴山真琴・鈴木聡志・保坂裕子・大橋靖史・抱井尚子（訳）(2023)『心理学における質的研究の論文作法――APA スタイルの基準を満たすには』新曜社。［Heidi, M. Levitt (2020) *Reporting Qualitative Research in Psychology*, Revised ed., Washington, DC: American Psychological Association. の訳］（特に、第7章・第9章参照）

訳者あとがき

　本書は、ロザリン・バーバー（Rosaline Barbour）著 *Doing Focus Groups*, 2nd edition（London: Sage, 2018）の翻訳である。SAGE 社の「SAGE 質的研究キット（The SAGE Qualitative Research Kit）」の一冊であり、2007 年に第 1 版が出版されている。

　これまで我が国では、フォーカスグループは、マーケティングリサーチにおける一つの手法として紹介されることが多かった。そこでは、比較的安価に実施が可能であり、時間もそれほどかけずにデータを取ることができるといった、主に実用面に目が向けられてきた。これに対し、本書は、フォーカスグループを質的研究の観点から捉え、質的研究の中に明確に位置づけている点に特徴がある。すなわち、フォーカスグループを、「インタビュー」（SAGE 質的研究キット 2）と「エスノグラフィーと観察」（SAGE 質的研究キット 3）の中間領域に位置づけ、これら 2 つのデータ収集方法と並ぶ、質的研究におけるデータ収集方法の三本柱の一つと位置づけている。

　主要なデータ収集方法の一つと位置づけることによって、従来一般的に採用されてきた、語られた内容をいくつかのカテゴリーに分け考察するといった分析方法だけでなく、さまざまな質的データ分析手法との組み合わせを考えることも可能となった。これまでも行われていた、語られた内容に着目した分析も当然可能であるが、グループダイナミックスの考え方がフォーカスグループの土台にあるならば、そうしたグループダイナミックスの観点から、司会者（モデレータ）と参加者、また参加者と参加者といった相互の間で展開されるやりとりに着目した分析も可能となる。バーバー自身も述べているように、フォーカスグループにおいて語られた結果としての内容の分析にとどまらず、フォーカスグループの場において参加者らが語る発話行為に注目し、そのやりとりをディスコース分析や会話分析といったシークエンスの分析手法を用い、動的なやりとりを分析していくことも可能となる。さらには、こうした質的分析を単独で行うだけで

なく、混合研究法（mixed methods）として、質問紙調査に基づく量的研究と組み合わせたり、あるいは、テキストマイニング研究と組み合わせ、フォーカスグループのデータに対し、グラウンデッドなテキストマイニングアプローチ（Grounded Text Mining Approach：GTxA）を行うことも可能である（Inaba & Kakai, 2023）。このように、フォーカスグループには、多様な分析が可能である。

　本書のもう1つの特徴は、社会的に脆弱な立場におかれている人々、声が届きにくい人々の声_{ヴォイス}に注目している点にある。こうした人々からの声_{ヴォイス}を聞き取るには、1対1のインタビューが望ましいと考えがちであるが、インタビュアーとインタビュイーという関係の中ではかえって語りにくい場合がある。インタビューにおける1対1関係の中に生じる権力関係にはしばしば無視できないものがあり、インタビュイーが社会的に脆弱な立場におかれている人であるときには、とりわけ重要である。このような人々から声_{ヴォイス}を聞き取る場合には、同じような立場におかれた人々が複数参加するフォーカスグループの場の方が語りやすいことが考えられる。したがって、こうした人々のさまざまな声_{ヴォイス}を聞き取る方法として、フォーカスグループはとても適した方法と言える。これまで紹介されてきたフォーカスグループの方法では、できるだけ統制されたグループを構成したり、平均的な意見を抽出したりすることに重きがおかれる傾向があったが、バーバーは、グループ内の比較やグループ間の比較を行うことが大切であり、必ずしもグループの均一性や平均値を求めるのではなく、むしろ、多様性を重視している。こうしたことは、ずれやはみだしに注目することにもなる。このように参加する人々のさまざまな声_{ヴォイス}を聞き取り、それらの相違点や共通点に着目しながら分析を行っていくことが、フォーカスグループでは大切となるだろう。

　以上、本書の特徴を2点挙げたが、この他にも、本書を読んでいくと、質的研究としてのサンプリングの方法や、研究資金を提供した機関向けの報告と理論的な考察を含めた専門的な学術誌への投稿論文との書き分けといった、さまざまな具体的なアイデアを読み取っていくことができる。本書はフォーカスグループについて長年取り組まれた著者によって書かれた本であり、読み返すごとに新たな発見があり、懐の深い内容となっている。読者の皆さんが、本書を繰り返し読み、フォーカスグループの実践と研究に活かしていくことが期待さ

れる。

　「SAGE 質的研究キット　全8巻」の中では、本書が最後の翻訳となってしまった。翻訳作業が遅れてしまった責任はひとえに私にある。また、今回の著者が医療や健康科学の領域での研究を専門とし、挙げられている研究事例もそうした領域の研究が多かったことから、健康科学や看護学等を専門とする方々と一緒に翻訳作業を行うことにした。共訳者の方々をご紹介いただいた、桜美林大学特任教授である長田久雄先生には感謝申し上げたい。最後に、本書を翻訳する機会を与えてくださり、且つ、辛抱強く待ってくださった新曜社の塩浦氏には改めて感謝申し上げたい。

　　2024 年 3 月 8 日

訳者を代表して

大橋靖史

文献

Inaba, M. & Kakai, H. (2023) Grounded text mining approach: An integration strategy of grounded theory and textual data mining. In C. N. Poth (Ed.) *The Sage Handbook of Mixed Methods Research Design* (pp.328 - 345). Thousand Oaks, CA: Sage.

 **用語解説**

アプリオリ・コード（A-priori codes）　何が重要である可能性が高いかについての研究者の事前の考え方に由来する、データの抜粋に割り当てられるカテゴリー（研究者の事前の考え方はまた、フォーカスグループのトピックガイドに含まれる質問や、刺激材料に含まれる項目の内容に反映されている可能性がある）。

ヴィネット（Vignette）　仮説的なシナリオであり、一連の状況や決定に対する具体的な反応を探るために、通常は研究者／研究チームによって構成される。これにより、研究参加者が、自身の経験や同僚／仲間の経験を間接的なかたちで引き出すことが促される。

回答者による妥当性確認（Respondent validation）　フォーカスグループに参加した人たちと一緒に、研究者によって作り出された解釈や知見の正しさについて、（口頭もしくは文書で）チェックをする試み。

会話分析（Conversation analysis）　話されたやりとりの詳細なトランスクリプションを頼りに、合意され標準化された一連の慣例を利用して、質的データを生成し分析する特定のアプローチ。

グラウンデッドセオリー（Grounded theory）　質的データを分析するアプローチで、データの切片を調べ、比較・対比することによって、理論的説明や理論的モデルさえも作り上げることが可能であると主張する。

継続的比較法（Constant comparative method）　独立した別々のフォーカスグループにおいて、そしてグループ内のさまざまな個人によってなされたコメントを、連続的・組織的に比較・対比することを意味する。また、類似点や相違点を強調し、説明を求めることを通じて、自身の研究結果を文脈に位置づけるために、他の研究の結果を利用する

ことも指す。

ケーススタディ（Case study）　選択された現象に関する研究を実施し、特定の望ましい特性をもつフォーカスグループのメンバーの選択を可能にする、研究デザインと特定の設定の選択に関係している。

構築主義（Constructionism）（社会構築主義（Social constructionism）も参照）「実在論」と対比してしばしば引き合いに出され、世界の社会的に構築された性質と、研究対象となる人びとの見方を強調し、それらは、相互作用のプロセスを通して生じてくると見なされる。

コーディング・フレーム（Coding frame）　トランスクリプトの内容をテーマやサブテーマへと組織化するためのテンプレート、もしくはシステム。広範なテーマとそれに対応するサブカテゴリーのリストから構成されることも、テーマとコーディング・カテゴリーのより複雑な関係を示す図表形式で表現されることもある。このようなテンプレートは手作業で作成することもできるし、質的データ分析用に設計されたコンピュータソフトウェア・パッケージを使用して生成することもできる。

コミュニティ開発（Community development）　物質的、社会的条件を改善する目的をもって（問題の同定と潜在的解決の開発を可能にする）知識を生産するために、（必ずしもそうではないが、しばしば発展途上国における）不利な状況に置かれたコミュニティを研究対象とするアプローチ。

混合研究法（Mixed methods studies）　データを生み出す際に2つ以上のアプローチをとる研究を指す。量的方法と質的方法の組み合わせもあれば、（観察的フィールドワークやインタビュー、フォーカスグループといった）異なる質的アプローチを組み合わせる場合もある。

再帰性（Reflexivity）　研究者が研究しようとしている状況を積極的に共同構築する際に、自身の入力があることの認識を指す。これはまた、そうした洞察が、データを理解したり解釈する際に入り込みうることに対する使われ方もほのめかしている。

208

サンプリング・フレーム（Sampling frame）　フォーカスグループ参加者を選ぶ際に、適切な範囲／多様性を確保するためのスキーマ。視点や体験に影響を及ぼすであろう、人口学的特徴もしくは態度の立場の組み合わせを列挙する。サンプリング・フレームは、グループを招集する際に、経過をチェックできるようグリッド形式で表すことができる。

司会者（Moderator）　フォーカスグループを運営する研究者を言い、参加者に質問をしたり、質問をすることで、彼らが意味することやディスカッションにつれて彼らがなす区別を明確にする。

刺激材料（Stimulus materials）　その研究が扱おうとしているトピックをめぐるディスカッションに焦点を当てることを促したり助けたりする、既存の材料、もしくは、特別にデザインされた材料（たとえば、ヘルスプロモーションのリーフレットや新聞の切り抜き、風刺漫画、ビデオクリップ、オンライン材料など）。

社会構築主義（Social constructionism）　社会的現象を、（相互作用を含む）社会的実践を通して、積極的に構築され、媒介され、持続されると見なすアプローチ。

シンボリック相互作用論（Symbolic interactionism）　社会学のシカゴ学派に関連した研究のアプローチで、自然に生じた相互作用もしくは交換の観察が最も一般的である。人間の行為を、重要な他者との議論を通じて意味を能動的に構築することを通じて現れると捉える考え方を含んでいる。

先行試行（Piloting）　質問やトピックガイド、刺激材料を、近い将来行われる研究プロジェクトに必要とされる類いのデータを引き出しやすいかどうかを確証するために試してみること。この手続きは、特定の質問の言い回しや専門用語が参加者に受け入れられるか否かも含まれる。

専門家パネル（Expert panel）　（専門家集団や研究チームによって定義される）専門知識を有すると見なされるグループ。専門家パネルは、フォーカスグループ・ディスカッションのために会うこともあれば、「バーチャル」グループとして携わることもあり、メンバーが電話や電子メール、文書を介し応答を交換したり、研究者と直接個別に連絡を

とったりする。

存在論（Ontology）　社会的世界を構成するものは何か、また、私たちはそれをどのように研究することができるかに関する、私たちの見解を意味する。

ディスコース分析（Discourse analysis）　語りの詳細な研究を伴い、特に、言語の使用と、その社会的・心理的生活を構成する役割に焦点を当てる。

データセット（Dataset）　フォーカスグループ研究においてはディスカッションを通じて生み出されるトランスクリプトやメモ、注釈付きの記録を指し、（上述の）コーディング・フレームにしたがってテーマへと組織化される。

デブリーフィング（Debriefing）　研究者とフォーカスグループ参加者がセッション後に交わすやりとりを指し、（データの使用目的、あるいは、匿名性を保障するための手続きといった）参加者の問いや懸念に対応すること、適切な連絡先の番号（研究者やサービス、電話相談サービスなど）や関連するリーフレットや特別にデザインされた情報シートを提供することからなる。

デルファイ・グループ（Delphi group）　最も一般的には、このアプローチはサーベイの組み合わせを指し、調査結果は（上記の）専門家パネルへとフィードバックされ、その後結果について討議がなされ、その適切性について決定がなされる。

トピックガイド（Topic guide）　フォーカスグループ・ディスカッションにおいて取り扱われる領域を予期した、大まかな問いや項目のセット。

トライアンギュレーション（Triangulation）　異なる方法を用いて得られたデータを比較しようとする試みを指し、量的研究の伝統から借用した、確証や検証の概念にもとづいている。

トランスクリプト（Transcript）　グループ・ディスカッションにおける相互作用を文字化したもので、通常逐語的に再現される。

２段階サンプリング（Second-stage sampling）　後の（１回目のフォーカスグループが実施され、予備分析が実行された）段階において、新たなタイプの人びとを含むグループを招集したり、あるいは、単に同じタイプの人びとを異なる組み合わせでフォーカスグループに集めることで、サンプリングを補強することを指す。

認　識　論（Epistemology）　私たちの知識の理論、私たちが世界を知るに至った方法、また、エビデンスや知識の性質に関する私たちの考えを指す。
（エピステモロジー）

ノミナル・グループ技法（Nominal group technique）　文字どおりには、すでにあるグループではない「研究のために召集された」グループを意味し、この用語は、参加者が後で順位づけする優先事項を作り出す、順位づけ課題を含むグループセッションに言及する際に最もしばしば用いられる。

バーチャル・フォーカスグループ（Virtual focus groups）　電話によるディスカッション（対面型のフォーカスグループ・セッションと類似している）や、ディスカッション・フォーラムを媒介とした連鎖的な反応、ライブでの参加者同士のリアルタイムのやりとりを含むウェブによるものなどがある。このようなアプローチでは、（従来のフォーカスグループと同様に）研究者がグループを招集し、トピックや質問を指示する場合もあれば、本来は研究目的として意図されていなかった、それとは無関係に生み出された利用可能なディスカッションを用いる場合もある。

批判的ディスコース分析（Critical discourse analysis）（フーコー派ディスコース分析（Foucauldian discourse analysis）も参照）　語りの構造や、会話方略と語彙の展開に細心の注意を払うディスコース分析を指す。この典型的な特徴は、相互作用を通した権力関係の影響とその実行に注意を払い、解明しようとすることに焦点を当てる点にある。

フォーカスグループ・インタビュー（Focus group interview）　各参加者に同じ質問（もしくは一連の質問）を順次尋ねることによる、グループ法。

フォーカスグループ・ディスカッション（Focus group discussion）　参加者間で作り出されたディスカッションのデータを利用する、研究目的のために招集されたグループ。

フーコー派ディスコース分析（Foucauldian discourse analysis）（**批判的ディスコース分析**（Critical discourse analysis）も参照）　会話の構造や、会話方略と語彙の展開に細心の注意を払うディスコース分析を指す。この典型的な特徴は、相互作用を通した権力関係の影響とその実行に注意を払い、解明しようとすることに焦点を当てる点にある。

フレームワーク分析（Framework analysis）　継続的比較を支援するために開発されたアプローチで、データのパターンを組織的に同定することを可能にするグリッド（もしくはフレーム）を作成する。

プロンプト（Prompts）　（上述の）トピックガイド上の広範な質問に加えられる追加の質問ないしは項目。これらが自発的に生じてこない場合にのみ用いられる。

ヘルスサービス調査（Health services research）　ヘルスサービスがどのように組織化され、提供され、利用者によって体験されるかを批判的に検討する研究。

目的的サンプリング（Purposive sampling）　時に「理論的サンプリング」と交換可能な用語として使われるが、参加者の選考の案内として、事前の知識を利用することを指す。これは、自身の体験に関する異なった見方や説明を生み出すであろう、潜在的な回答者の特徴を予想し、誰にアプローチし研究プロジェクトへの参加を求めるかについて決定を行うために利用することを通して行われる。

理論的サンプリング（Theoretical sampling）　**目的的サンプリング**（Purposive sampling）を参照。

ワイルドカード・グループ（Wildcard groups）　この用語は、研究が進むにつれ明らかにされた対象範囲のギャップを埋めるために招集される、追加的なグループに関係する。これには、新たなカテゴリーの参加者のグループを集める場合もあれば、単に研究者が敏感になった新たな基準に関して、グループメンバーを選ぶこともある。

文　献

Aldridge, J. (2014) 'Working with vulnerable groups in social research: dilemmas by default and design', *Qualitative Research*, 14(1): 112–30.

Alinejad, D. (2011) 'Mapping homelands through virtual spaces: transnational embodiment and Iranian diaspora bloggers', *Global Networks*, 11(1): 43–62.

Alkhawari, F. S., Stimson, G. V. and Warrens, A. N. (2005) 'Attitudes toward transplantation in UK Muslim Indo-Asians in West London', *American Journal of Transplantation*, 5(6): 1326–31.

Allen, M. D. (2014) 'Telephone focus groups: strengths, challenges, and strategies for success', *Qualitative Social Work*, 13(4): 571–83.

Anders, A. D. and Lester, J. N. (2014) 'Lessons from interdisciplinary qualitative research: learning to work against the single story', *Qualitative Research*, 14(online first), DOI:10.117711468794114557994.

Asbury, J. (1995) 'Overview of focus group research', *Qualitative Health Research*, 5(4): 414–20.

Ashikali, E-M., Dittmar, H. and Ayers, S. (2014) 'Adolescent girls' views on cosmetic surgery: a focus group study', *Journal of Health Psychology*, 3(online first).

Atkinson, A. M., Bellis, M. and Sumnall, H. (2013) 'Young people's perspective on the portrayal of alcohol and drinking on television: findings from a focus group study', *Addiction Research and Theory*, 21(2): 91–9.

Bahn, S. and Weatherill, P. (2012) 'Eliciting data from participants using visual mapping as a collection technique', *Qualitative Social Work*, 11(4): 431–44.

Baker, R. and Hinton, R. (1999) 'Do focus groups facilitate meaningful participation in social research?', In R. S. Barbour and J. Kitzinger (eds.), *Developing Focus Group Research: Politics, Theory and Practice*. London: Sage, pp.79–98.

Bampton, R. and Cowton, C. J. (2002) 'The e-interview', *Forum: Qualitative Social Research*, 3(2). www.qualitative-research.net/fqs-eng.htm.

Barbour, R. S. (1998) 'Mixing qualitative methods: quality assurance or qualitative quagmire?', *Qualitative Health Research*, 8: 352–61.

Barbour, R. S. (1999a) 'Are focus groups an appropriate tool for analyzing organizational change?', In R. S. Barbour and J. Kitzinger (eds.), *Developing Focus Group Research: Politics, Theory and Practice*. London: Sage, pp.113–26.

Barbour, R. S. (1999b) 'The case for combining qualitative and quantitative approaches in health services research', *Journal of Health Services Research and Policy*, 4(1): 39–43.

Barbour, R. S. (2001) 'Checklists for improving the rigour of qualitative research: a case of the tail wagging the dog?', *British Medical Journal*, 322: 1115–17.

Barbour, R. S. (2003) 'The newfound credibility of qualitative research? Tales of technical essentialism and co-option', *Qualitative Health Research*, 13(7): 1019–27.

Barbour, R. S. (2010) 'Focus groups', In I. Bourgeault, R. Dingwall and R. de Vries (eds.), *The SAGE Handbook of Qualitative Methods in Health Research*. London: Sage, pp.327–52.

Barbour, R. S. (2014a) *Introducing Qualitative Research: A Student's Guide*, 2nd ed. London: Sage.

Barbour, R. S. (2014b) 'Analyzing focus groups', In U. Flick (ed.), *The SAGE Handbook of Qualitative Data Analysis*. London: Sage, pp.313–26.

Barbour, R. S. (2018) 'Quality of data collection' in U. Flick (ed.), *The SAGE Handbook of Qualitative Data Collection*. London: Sage.

Barbour, R. S., Macleod, M., Mires, G. and Anderson, A. S. (2012) 'Uptake of folic acid supplements before and during pregnancy: focus group analysis of women's views and experiences', *Journal of Human Nutrition and Dietetics*, 25(2): 140–7.

Barbour, R. S., Stanley, N., Penhale, B. and Holden, S. (2002) 'Assessing risk: professional perspectives on work involving mental health and child care services', *Journal of Interprofessional Care*, 16(4): 323–33.

Barrett, J. and Kirk, S. (2000) 'Running focus groups with elderly and disabled elderly participants', *Applied Ergonomics*, 31(6): 621–9.

Becker, H. S. (1998) *The Tricks of the Trade*. Chicago: University of Chicago Press. ［ベッカー, H. S.／進藤雄三・宝月誠（訳）(2012)『社会学の技法』恒星社厚生閣. ］

Belanger, F. (2012) 'Theorizing in information systems research using focus groups', *Australasian Journal of Information Systems*, 17(2): 109–35.

Belzile, J. A. and Öberg, G. (2012) 'Where to begin? Grappling with how to use participant interaction in focus group design', *Qualitative Research*, 12(4): 459–72.

Berge, J. M., Arikian, A., Doherty, W. J. and Neumark-Sztainer, D. (2012) 'Healthful eating and physical activity in the home environment: results from multi-family focus groups', *Journal of Nutrition Education and Behavior*, 44(2): 123–31.

Berger, P. and Luckmann, T. (1966) *The Social Construction of Reality*. London: Penguin Press. ［バーガー, L.・ルックマン, T.／山口節郎（訳）(2003)『現実の社会的構成——知識社会学論考』新曜社. ］

Bhaskar, R. (1989) *Reclaiming Reality: A Critical Introduction to Contemporary Philosophy*. London: Verso.

Billig, M. (1987) *Arguing and Thinking: A Rhetorical Approach to Social Psychology*. London: Routledge.

Billig, M. (1991) *Ideology and Opinions*. London: Sage.

Bloor, M., Frankland, J., Thomas, M. and Robson, K. (2001) *Focus Groups in Social Research*. London: Sage.

Bloor, M., Sampson, H., Baker, S. and Dahlgren, K. (2013) 'Useful but no oracle: reflections on the use of a multi-methods policy research study', *Qualitative Research*, 15(1): 57–70.

Blumer, H. (1969) *Symbolic Interactionism*. Englewood Cliffs, NJ: Prentice-Hall. ［ブルーマー, H.／後藤将之（訳）(1991)『シンボリック相互作用論——パースペクティヴと方法』勁草書

房.］

Boger, E. J., Demain, S. H. and Latter, S. M. (2015) 'Stroke self-management: a focus group study to identify the factors influencing self-management following stroke', *International Journal of Nursing Studies*, 52: 175–87.

Boss, R. D., Hutton, N., Griffin, P. L., Wieczorek, B. H. and Donohue, P. K. (2015) 'Novel legislation for pediatric advance directives: surveys and focus groups capture parent and clinician perspectives', *Palliative Medicine*, 10 February, DOI: 10.1177/0269216315571020.

Bottorff, J. L., Haines-Saah, R., Oliffe, J. L., Struik, L. L., Bissell, L. J. L., Richardson, C. P., Gotay, C., Johnson, K. C. and Hutchinson, P. (2014) 'Designing tailored messages about smoking and breast cancer: a focus group study with youth', *Canadian Journal of Nursing Research*, 46(1): 66–86.

Bourdieu, P. (1990) *In Other Words: Essays Towards a Reflexive Sociology*. Stanford: Stanford University Press.

Bourdieu, P. (1999) *Outline of a Theory of Practice*. Cambridge: Cambridge University Press.

Brannen, J. and Pattman, R. (2005) 'Work–family matters in the workplace: the use of focus groups in a study of a UK social services department', *Qualitative Research*, 5(4): 523–42.

Braun, V. and Clark, V. (2006) 'Using thematic analysis in psychology', *Qualitative Research in Psychology*, 3: 77–101.

Brink, P. J. and Edgecombe, N. (2003) 'What is becoming of ethnography?', *Qualitative Health Research*, 13(7): 1028–30.

Brinkmann, S. and Kvale, S. (2018) *Doing Interviews* (Book 2 of *The SAGE Qualitative Research Kit*, 2nd ed.). London: Sage.［初版の訳として、クヴァール, S.／能智正博・徳田治子（訳）(2016)『SAGE 質的研究キット 2 質的研究のための「インター・ビュー」』新曜社．がある。］

Bristowe, K., Siassakos, D., Hambly, H., Angouri, J., Yekand, A., Draycott, T. J. and Fox, R. (2012) 'Teamwork for clinical emergencies: interprofessional focus group analysis and triangulation with simulation', *Qualitative Health Research*, 22(10): 1383–94.

Bronstein, L. R. and Mason, S. E. (2013) 'A serial focus group model for understanding experiences of older adult volunteers and non-profit agency managers', *Groupwork*, 23(2): 67–87.

Brooks, O. (2014) 'The interplay between power and reflexivity in feminist research on young women's safety', In K. Lumsden and A. Winter (eds.), *Reflexivity in Criminological Research*, Basingstoke: Palgrave Macmillan, pp.90–101.

Brown, S. (2015) 'Using focus groups in naturally occurring settings', *Qualitative Research Journal*, 15(1): 83–97.

Brüggen, E. and Willems, P. (2009) 'A critical comparison of offline focus groups, online focus groups and e-Delphi', *International Journal of Market Research*, 51(3): 363–81.

Bryan, C. J., Wetmore-Arkader, L., Calvano, T., Deatick, J. A., Giri, V. N. and Watkins Bruner, D. (2008) 'Using focus groups to adapt ethnically appropriate, information-seeking and recruitment messages for a prostate cancer screening program for men at high risk', *Journal of the National Medical Association*, 100: 674–82.

Burman, M. J., Batchelor, S. and Brown, J. A. (2001) 'Researching girls and violence', *British Journal of*

Criminology, 41: 443–59.

Burns, E. (2010) 'Developing email interview practices in qualitative research', *Sociological Research Online*, 15(4): 8. www.socresonline.org.uk/15/4/8.html.

Burr, V. (1995) *An Introduction to Social Constructionism*. London: Routledge.［バー，V.／田中一彦（訳）(1997)『社会的構築主義への招待——言説分析とは何か』川島書店.］

Callaghan, G. (2005) 'Accessing habitus: relating structure and agency through focus group research', *Sociological Research Online*, 10(3). www.socresonline.org.uk/10/3/ callaghan.html.

Campbell, M. K., Meier, A., Carr, C., Enga, Z., James, A. S., Reedy, J. and Zheng, B. (2001) 'Health behaviour changes after colon cancer: a comparison of findings from faceto-face and on-line focus groups', *Family and Community Health*, 24(3): 88–103.

Carlsen, B. and Glenton, C. (2011) 'What about N? A methodological study of sample-size reporting in focus group studies', *BMC Medical Research Methodology*, 11: 26.

Chiu, L. F. and Knight, D. (1999) 'How useful are focus groups for obtaining the views of minority groups?', In R. S. Barbour and J. Kitzinger (eds.), *Developing Focus Group Research: Politics, Theory and Practice*. London: Sage, pp.99–112.

Coffey, A. (2018) *Doing Ethnography* (Book 3 of *The SAGE Qualitative Research Kit*, 2nd ed.). London: Sage.

Coffey, A. and Atkinson, P. (1996) *Making Sense of Qualitative Data: Complementary Research Strategies*. London: Sage.

Cohen, M. B. and Garrett, K. L. (1999) 'Breaking the rules: a group work perspective on focus group research', *British Journal of Social Work*, 29(3): 359–72.

Collins, P. (1998) 'Negotiating selves: reflections on "unstructured" interviewing', *Sociological Research Online*, 3(3). www.socresonline.org.uk/3/3/2.html.

Cooper, C. M. and Yarbrough, S. P. (2010) 'Tell me – show me: using combined focus group and photovoice methods to gain understanding of health issues in rural Guatemala', *Qualitative Health Research*, 20(5): 644–53.

Cote-Arsenault, D. and Morrison-Beedy, D. (1999) 'Practical advice for planning and conducting focus groups', *Nursing Research*, 48(5): 280–3.

Crabtree, B. F., Yanoshik, M. K., Miller, M. L. and O'Connor, P. J. (1993) 'Selecting individual or group interviews', In D. L. Morgan (ed.), *Successful Focus Groups: Advancing the State of the Art*. Newbury Park, CA: Sage, pp.137–49.

Crang, M. (2002) 'Qualitative methods: the new orthodoxy?' *Progress in Human Geography*, 26(5): 647–655. Durham Research Online: dro.dur.ac.uk/199/1/199. pdf?DDD14+dggOjk.

Crawshaw, P. (2012) 'Governing at a distance: social marketing and the (bio)politics of responsibility', *Social Science and Medicine*, 75(1): 200–7.

Cullen-Unsworth, L. C., Nordlund, L. M., Paddock, J., Baker, S., McKenzie, L. J. and Unsworth, R. K. F. (2013) 'Seagrass meadows globally as a coupled social–ecological system: implications for human wellbeing', *Marine Pollution Bulletin*, 83(2). http:// dx.doi.org/10.1016/j.marpolbul.2013.06.001.

Curtis, J. R., Wenrich, M. D., Carline, J. D., Shannon, S. E., Ambrozy, D. M. and Ramsey, P. G. (2002)

216

'Patients' perspectives on physician skill in end-of-life care', *Chest*, 122: 356–62.

Dakin, E. K., Parker, S. N., Amell, J. W. and Rogers, B. S. (2015) 'Seeing with our own eyes: youth in Mathare, Kenya use photovoice to examine individual and community strengths', *Qualitative Social Work*, 14(2): 170–92.

Daley, A. M. (2013) 'Adolescent-friendly remedies for the challenges of focus group research', *Western Journal of Nursing Research*, 35(8): 1043–59.

Davis, K. C., Schraufnagel, T. J., Kajumulo, K. F., Gilmore, A. K., Norris, J. and George, W. H. (2014) 'A qualitative examination of men's condom use attitudes and resistance: "It's just part of the game"', *Archives of Sexual Behavior*, 43(3): 631–42.

Davison, C., Smith, G. and Frankel, S. (1991) 'Lay epidemiology and the prevention paradox: the implications of coronary candidacy for health education', *Sociology of Health and Illness*, 13: 1–19.

de Jong, I. G. M., Reinders-Messelink, H. A., Tates, K., Janssen, W. G. M., Poelma, M. J., van Wijk, I. and van der Sluis, C. K. (2012) 'Activity and participation of children and adolescents with unilateral congenital below elbow deficiency: an online focus group study', *Journal of Rehabilitation Medicine*, 44: 885–92.

de Oliveira, D. L. (2011) 'The use of focus groups to investigate sensitive topics: an example taken from research on adolescent girls' perceptions about sexual risks', *Ciência & Saúde Coletiva*, 16(7). http://dx.doi.org/10.1590/S1413-81232011000800009.

de Vries, J., den Oudsten, B. L., Jacobs, P. M. E. P. and Roukema, J. (2014) 'How breast cancer survivors cope with fear of recurrence: a focus group study', *Supportive Care in Cancer*, 22(3): 705–12.

Demant, J. and Järvinen, M. (2011) 'Social capital as norms and resources: focus groups discussing alcohol', *Addiction Research and Theory*, 19(2): 91–101.

Demant, J. and Ravn, S. (2010) 'Identifying drug risk perceptions in Danish youths: ranking exercises in focus groups', *Drugs: Education, Prevention and Policy*, 17(5): 528–43.

den Oudsten, B. L., Lucas-Carrasco, R., Green, A. M. and The WHO-DIS Group (2011) 'Perceptions of persons with Parkinson's disease, family and professionals on quality of life: an international focus group study', *Disability and Rehabilitation*, 33(25–26): 2490–508.

Espinoza, A. E. and Piper, I. (2014) 'The study of memory sites through a Dialogical Accompaniment Interactive Group Method: a research note', *Qualitative Research*, 14(6): 712–28.

Esposito, N. (2001) 'From meaning to meaning: the influence of translation techniques on non-English focus group research', *Qualitative Health Research*, 11(4): 568–79.

Evans, M., Stoddart, H., Condon, L., Freeman, E., Grizell, M. and Mullen, R. (2001) 'Parents' perspectives on the MMR immunization: a focus group study', *British Journal of General Practice*, 51: 904–10.

Fardy, H. J. and Jeffs, D. (1994) 'Focus groups: a method for developing consensus guidelines in general practice', *Family Practice*, 11(3): 325–9.

Farquhar, C. (with Das, R.) (1999) 'Are focus groups suitable for "sensitive" topics?', In R. S. Barbour and J. Kitzinger (eds.), *Developing Focus Group Research: Politics, Theory and Practice*. London: Sage, pp.47–63.

Felt, U., Schumann, S., Schwarz, C. G. and Strassnig, M. (2014) 'Technology of imagination: a card-based public engagement method for debating emerging technologies', *Qualitative Research*, 14(2): 233–51.

Ferguson, K. M. and Islam, N. (2008) 'Conceptualizing outcomes with street-living young adults: grounded theory approach to evaluating the social enterprise intervention', *Qualitative Social Work*, 7(2): 217–37.

Flick, U. (2018a) *Triangulation and Mixed Methods* (Book 9 of *The SAGE Qualitative Research Kit*, 2nd ed.). London Sage.

Flick, U. (2018b) *Doing Grounded Theory* (Book 8 of *The SAGE Qualitative Research Kit*, 2nd ed.). London Sage.

Flick, U. (2018c) *Designing Qualitative Research* (Book 1 of *The SAGE Qualitative Research Kit*, 2nd ed.). London: Sage.［初版の訳として、フリック, U.／鈴木聡志（訳）(2016)『SAGE 質的研究キット 1 質的研究のデザイン』新曜社. がある。］

Flick, U. (2018d) *Managing Quality in Qualitative Research* (Book 10 of *The SAGE Qualitative Research Kit*, 2nd ed). London: Sage.［初版の訳として、フリック, U.／上淵寿（訳）(2017)『SAGE 質的研究キット8 質的研究の「質」管理』新曜社. がある。］

Flynn, K. E., Jeffery, D. D., Keefe, F. J., Porter, L. S., Shelby, R. A., Fawzy, M. R., Gosselin, T. K., Reeve, B. B. and Weinfurt, K. P. (2011) 'Sexual functioning along the cancer continuum: focus group results from the Patient-Reported Outcomes Measurement Information System (PROMIS)', *Psycho-Oncology*, 20(4): 378–86.

Fox, F. E., Morris, M. and Rumsey, N. (2007) 'Doing synchronous online focus groups with young people: methodological reflections', *Qualitative Health Research*, 17(4): 539–47.

Frankland, J. and Bloor, M. (1999) 'Some issues arising in the systematic analysis of focus group materials', In R. S. Barbour and J. Kitzinger (eds.), *Developing Focus Group Research: Politics, Theory and Practice*. London: Sage, pp.144–55.

Frataroli, S., McDonald, E. M., Tran, N. T., Trump, A. R., O'Brock, R. C. and Gielen, A. C. (2012) 'Igniting interest in prevention: using firefighter focus groups to inform implementation and enhancement of an urban canvassing program', *Journal of Public Health Management and Practice*, 18(4): 382–9.

Frazier, L. M., Miller, V. A., Horbelt, D. V., Delmore, J. E., Miller, B. E. and Paschal, A. M. (2010) 'Comparison of focus groups on cancer and employment conducted face to face or by telephone', *Qualitative Health Research*, 29(5): 617–27.

Freire, P. (1972) *The Pedagogy of the Oppressed*. Harmondsworth: Penguin.

Frith, H. (2000) 'Focusing on sex: using focus groups in sex research', *Sexualities*, 3(3): 275–97.

Gergen, K. J. (1973) 'Social psychology as history', *Journal of Personality and Social Psychology*, 26: 309–20.

Ghio, L., Zanelli, E., Gotela, S., Natta, W. and Gabrielli, F. (2011) 'Involving patients who attempt suicide in suicide prevention: a focus group study', *International Journal of Psychiatric and Mental*

Health Nursing, 18(6): 510–18.

Gibbs, G. R. (2018) *Analyzing Qualitative Data* (Book 6 of *The SAGE Qualitative Research Kit*, 2nd ed.). London: Sage. ［初版の訳として、ギブズ, G. R.／砂上史子・一柳智紀・一柳梢（訳）(2017)『SAGE 質的研究キット6 質的データの分析』新曜社．がある。］

Glaser, B. and Strauss, A. (1967) *The Discovery of Grounded Theory*. Chicago: Aldine.［グレイザー, B.・ストラウス, A.／後藤隆・大出春江・水野節夫（訳）(1996)『データ対話型理論の発見——調査からいかに理論を生み出すか』新曜社．］

Gómez, A., Puigvert, L. and Flecha, R. (2011) 'Critical communicative methodology: informing real social transformation through research', *Qualitative Inquiry*, 17(3): 235–45.

Grant, D., Keenoy, T. and Oswick, C. (1998) 'Organizational discourse of diversity, dichotomy and multi-disciplinarity', In D. Grant and C. Oswick (eds.), *Discourse and Organization*, Sage: London, pp.1–13.

Gratton, M-F. and O'Donnell, S. (2011) 'Communication technologies for focus groups with remote communities: a case study of research with First Nations in Canada', *Qualitative Research*, 11(2): 159–75.

Green, G., Barbour, R. S., Barnard, M. and Kitzinger, J. (1993) 'Who wears the trousers? Sexual harassment in research settings', *Women's Studies International Forum*, 16(6): 627–37.

Green, J. and Hart, L. (1999) 'The impact of context on data', In R. S. Barbour and J. Kitzinger (eds.), *Developing Focus Group Research: Politics, Theory and Practice*. London: Sage, pp.21–35.

Green, J. M., Draper, A. K., Dowler, E. A., Fele, G., Hagenhoff, V., Rusanen, M. and Rusanen, T. (2005) 'Public understanding of food risks in four European countries: a qualitative study', *European Journal of Public Health*, 15(5): 523–7.

Griffiths, C. E. (2014) 'Researching "hidden" populations: reflections of a quantitative researcher in understanding "established" and "immigrant" groups' perceptions of crime and social (dis)order', In K. Lumsden and A. Winter (eds.), *Reflexivity in Criminological Research*. Basingstoke: Palgrave Macmillan, pp.178–91.

Halkier, B. (2010) 'Focus groups as social enactments: integrating interaction and content in the analysis of focus group data', *Qualitative Research*, 10(1): 71–89.

Hammersley, M. (1992) *What's Wrong with Ethnography? Methodological Explorations*. London: Routledge.

Hannay, J., Dudley, R., Milan, S. and Leibovitz, P. K. (2013) 'Combining photovoice and focus groups: engaging Latina teens in community assessment', *American Journal of Preventive Medicine*, 44(3) supplement: S215–S224.

Haraway, D. J. (1988) 'Situated knowledges: the science question in feminism as a site of discourse on the privilege of partial perspective', *Feminist Studies*, 14: 575–99.

Haycock-Stuart, E. and Kean, S. (2013) 'Shifting the balance of care? A qualitative study of policy implementation in community nursing', *Journal of Nursing Management*, 21(6): 867–77.

Heary, C. M. and Hennessy, E. (2002) 'The use of focus group interviews in pediatric health care research', *Journal of Pediatric Psychology*, 27(1): 47–57.

Heikklä, R. (2011) 'Matters of taste? Conceptions of good and bad taste in focus groups with Swedish-speaking Finns', *European Journal of Cultural Studies*, 14(1): 41–61.

Hillier, L., Mitchell, K. J. and Ybarra, M. L. (2012) 'The internet as a safety net: findings from a series of online focus groups with LGB and non-LGB young people in the United States', *Journal of LGBT Youth*, 9: 225–46.

Hitzler, S. (2011) 'Fashioning a proper institutional position: professional identity work in the triadic structure of the care planning conference', *Qualitative Social Work*, 10(3): 293–310.

Hollis, V., Openshaw, S. and Gable, R. (2002) 'Conducting focus groups: purpose and practicalities', *British Journal of Occupational Therapy*, 65(1): 2–8.

Howell, J. L., Shepperd, J. A. and Logan, H. (2013) 'Barriers to oral cancer screening: a focus group study of rural black American adults', *Psycho-Oncology*, 22(6): 1306–11.

Hunt, D. and Churchill, R. (2013) 'Diagnosing and managing anorexia nervosa in UK primary care: a focus group study', *Family Practice*, 30(4): 459–65.

Hurd, T. L. and McIntyre, A. (1996) 'The seduction of sameness: similarity and representing the other', In S. Wilkinson and C. Kitzinger (eds.), *Representing the Other*. London: Sage, pp.78–82.

Hussey, S., Hoddinott, P., Dowell, J., Wilson, P. and Barbour, R. S. (2004) 'The sickness certification system in the UK: a qualitative study of the views of general practitioners in Scotland', *British Medical Journal*, 328: 88–92.

Hutchby, I. and Wooffitt, R. (1998) *Conversation Analysis: Principles, Practices and Applications*. Cambridge: Polity.

Iliffe, S., De Lepeleire, J., van Hout, H., Kenny, G., Lewis, A., Vernooij-Dassen, M. and the DIADEM Group (2005) 'Understanding obstacles to the recognition of and response to dementia in different European countries: a modified focus group approach using multinational multidisciplinary expert groups', *Aging and Mental Health*, 9(1): 1–6.

Iversen, M. D., Vora, R., Servi, A. and Solomon, D. H. (2011) 'Factors affecting adherence to osteoporosis medications: a focus group approach examining viewpoints of patients and providers', *Journal of Geriatric Physical Therapy*, 34(2): 72–81.

Järvinen, M. and Demant, J. (2011) 'Normalisation of cannabis use among young people: symbolic boundary work in focus groups', *Health, Risk and Society*, 13(2): 165–82.

Jefferson, G. (2004) 'Glossary of transcript symbols with an introduction', In G. H. Lerner (ed.), *Conversation Analysis: Studies from the First Generation*. Philadelphia: John Benjamins, pp.13–23.

Jimbo, M., Shultz, C. G., Nease, D. E., Fetters, M. D., Power, D. and Ruffin, M. T. (2013) 'Perceived barriers and facilitators of using a web-based interactive decision aid for colorectal cancer screening in community practice settings: findings from focus groups with primary care clinicians and medical office staff', *Journal of Medical Internet Research*, 15(12): e286.

Johnson, A. (1996) '"It's good to talk": the focus group and the sociological imagination', *Sociological Review*, 44(3): 517–38.

Jones, J. B. and Neil-Urban, S. (2003) 'Father to father: focus groups of fathers of children with cancer', *Social Work in Health Care*, 37(1): 41–61.

Julien, C. (2015) 'Bourdieu, social capital and online interaction', *Sociology*, 49(2): 356–73.

Kaehne, A. and O'Connell, C. (2010) 'Focus groups with people with learning disabilities', *Journal of Intellectual Disabilities*, 14(2): 133–45.

Keane, V., Stanton, B., Horton, I., Aronson, R., Galbraith, J. and Hughart, N. (1996) 'Perceptions of vaccine efficacy, illness, and health among inner-city parents', *Clinical Pediatrics*, 32(1): 2–7.

Kelle, U. (1997) 'Theory building in qualitative research and computer programs for the management of textual data', *Sociological Research Online*: 2. www.socresonline. org.uk/2/2/1.html.

Kelle, U. (2006) 'Combining qualitative and quantitative methods in research practice: purposes and advantages', *Qualitative Research in Psychology*, 3: 293–311.

Kevern, J. and Webb, C. (2001) 'Focus groups as a tool for critical social research in nurse education', *Nurse Education Today*, 21: 323–33.

Khadka, J., Ryan, B., Margrain, T. H. and Woodhouse, J. M. (2012) 'Listening to the voices of children with a visual impairment: a focus group study', *British Journal of Visual Impairment*, 30(3): 182–96.

Kidd, P. S. and Parshall, M. B. (2000) 'Getting the focus and the group: enhancing analytical rigor in focus group research', *Qualitative Health Research*, 19(3): 293–308.

Kirchberger, I., Coenen, M., Hierl, F. X., Dieterle, C., Seissler, J., Stucki, G. and Cieza, A. (2009) 'Validation of the International Classification of Functioning, Disability and Health (ICF) core set for diabetes mellitus from the patient perspective using focus groups', *Diabetic Medicine*, 26(7): 700–7.

Kitzinger, J. (1994) 'The methodology of focus groups: the importance of interaction between research participants', *Sociology of Health and Illness*, 16(1): 103–21.

Kitzinger, J. (1995) 'Introducing focus groups', *British Medical Journal*, 311: 299–302.

Kitzinger, J. and Barbour, R. S. (1999) 'Introduction: the challenge and promise of focus groups', In R. S. Barbour and J. Kitzinger (eds.), *Developing Focus Group Research: Politics, Theory and Practice*. London: Sage, pp.1–20.

Klaeson, K., Sandell, K. and Berterö, C. M. (2011) 'To feel like an outsider: focus group discussions regarding the influence on sexuality caused by breast cancer treatment', *European Journal of Cancer Care*, 20(6): 728–37.

Krol, M., Sixma, H., Meerdink, J., Wiersma, H. and Rademakers, J. (2014) 'Exploring young patients' perspectives on rehabilitation care: methods and challenges of organising focus groups for children and adolescents', *Child Care, Health and Development*, 49(4): 507–14.

Krueger, R. A. (1993) 'Quality control in focus group research', In D. L. Morgan (ed.), *Successful Focus Groups: Advancing the State of the Art*. London: Sage, pp.65–83.

Krueger, R. A. (1994) *Focus Groups: A Practical Guide for Applied Research*. Newbury Park, CA: Sage.

Kurtz, S. P. (2005) 'Post-circuit blues: motivations and consequences of crystal meth use among gay men in Miami', *AIDS and Behavior*, 9(1): 63–72.

Küster, I. and Vila, N. (2011) 'Successful SME web design through consumer focus groups', *International Journal of Quality and Reliability Management*, 28(2): 132–54.

Kuzel, A. J. (1992) 'Sampling in qualitative inquiry', In B. F. Crabtree and W. I. Miller (eds.), *Doing Qualitative Research*. Newbury Park, CA: Sage, pp.31–44.

Lane, F. J., Huyck, M. H. and Troyk, P. (2011) 'Looking ahead: planning for the first human intracortical visual prosthesis by using pilot data from focus groups of potential users', *Disability and Rehabilitation: Assistive Technology*, 6(2): 139–47.

Lee-Lin, F., Menon, U., Nail, L. and Lutz, K. F. (2013) 'Findings from focus groups indicating what Chinese American immigrant women think about breast cancer and breast cancer screening', *Journal of Obstretric, Gynecologic and Neonatal Nursing*, 41(5): 627–37.

Lehoux, P., Poland, B. and Daudelin, G. (2006) 'Focus group research and "the patient's view"', *Social Science and Medicine*, 63: 2091–104.

Lindgren, C. and Nelson, K. Z. (2014) 'Here and now – there and then: narrative time and space in intercountry adoptees' stories about background, origin and roots', *Qualitative Social Work*, 13(4): 539–54.

Linhorst, D. M. (2002) 'A review of the use and potential of focus groups in social work research', *Qualitative Social Work*, 1(2): 208–28.

Littlechild, R., Tanner, D. and Hall, K. (2015) 'Co-research with older people: perspectives on impact', *Qualitative Social Work*, 14(1): 18–35.

Luther, J. B., Reichert, E. S., Holloway, E. D., Roth, A. M. and Aaisma, M. C. (2011) 'An exploration of community re-entry needs and services for prisoners: a focus on care to limit return to high-risk behavior', *AIDS Patient Care and STDs*, 25(8): 475–81.

MacDougall, C. and Fudge, E. (2001) 'Planning and recruiting the sample for focus groups and in-depth interviews', *Qualitative Health Research*, 11(1): 117–25.

Macnaghten, P. and Myers, G. (2004) 'Focus groups', In C. Seale, G. Gobo, J. F. Gubrium and D. Silverman (eds.), *Qualitative Research Practice*. London: Sage, pp.65–79.

Maiter, S., Joseph, A. J., Shan, N. and Saeid, A. (2013) 'Doing participatory qualitative research: development of a shared critical consciousness with racial minority research advisory group members', *Qualitative Research*, 13(2): 198–213.

Makosky-Daley, C., James, A. S., Ulrey, E., Joseph, S., Talawyma, A., Choi, W. S., Greiner, K. A. and Coe, M. K. (2010) 'Using focus groups in community-based participatory research: challenges and resolutions', *Qualitative Health Research*, 20(5): 697–706.

Mason, J. (1996) *Qualitative Researching*. London: Sage.

Matoesian, G. M. and Coldren, J. R. (2002) 'Language and bodily conduct in focus group evaluations of legal policy', *Discourse and Society*, 13(4): 469–93.

Mauthner, M. (1997) 'Methodological aspects of collecting data from children: lessons from three research projects', *Children and Society*, 11: 16–28.

Mauthner, N. S., Parry, O. and Backett-Milburn, K. (1998) 'The data are out there, or are they? Implications for archiving and revising qualitative data', *Sociology*, 32: 733–45.

Maxwell, J. A. (2011) *A Realist Approach for Qualitative Research*. Thousand Oaks, CA: Sage.

Mays, N. and Pope, C. (1995) 'Rigour and qualitative research', *British Medical Journal*, 311: 109–12.

McEwan, M. J., Espie, C. A., Metcalfe, J., Brodie, M. and Wilson, M. T. (2003) 'Quality of life and psychological development in adolescents with epilepsy: a qualitative investigation using focus group methods', *Seizure*, 13: 15–31.

McParland, J. L. and Flowers, P. (2012) 'Nine lessons and recommendations from the conduct of focus group research in chronic pain samples', *British Journal of Health Psychology*, 17(3): 492–504.

Melia, K. M. (1997) 'Producing "plausible stories": interviewing student nurses', In G. Miller and R. Dingwall (eds.), *Context and Method in Qualitative Research*. London: Sage, pp.26–36.

Merton, R. K. and Kendall, P. L. (1946) 'The focused interview', *American Journal of Sociology*, 51: 541–57.

Michell, L. (1999) 'Combining focus groups and interviews: telling it like it is; telling how it feels', In R. S. Barbour and J. Kitzinger (eds.), *Developing Focus Group Research: Politics, Theory and Practice*. London: Sage, pp.36–46.

Miller, T. and Boulton, M. (2007) 'Changing constructions of informed consent: qualitative research and complex social worlds', *Social Science and Medicine*, 65(11): 2199–211.

Mills, C. W. (1959) *The Sociological Imagination*. London: Penguin. ［ライト・ミルズ, C.／伊奈正人・中村好孝（訳）(2017)『社会学的想像力』筑摩書房.］

Mishna, F., Saini, M. and Solomon, S. (2009) 'Ongoing and online: children and youth's perceptions of cyber bullying', *Children and Youth Services Review*, 31: 1222–8.

Moran, P., Kelesidi, K., Guglani, S., Davidson, S. and Ford, T. (2012) 'What do parents and carers think about routine outcome measures and their use? A focus group study of CAMHS attenders', *Clinical Child Psychology and Psychiatry*, 17(1): 65–79.

Moretti, F., van Vliet, L., Bensing, J., Deledda, G., Mazzi, M., Rimondini, M., Zimmerman, C. and Fletcher, I. (2011) 'A standardized approach to qualitative content analysis of focus group discussions from different countries', *Patient Education and Counselling*, 82(3): 420–8.

Morgan, D. L. (1988) *Focus Groups as Qualitative Research*. London: Sage.

Morgan, D. L. (1993) 'Future directions in focus group research', In D. L. Morgan (ed.), *Successful Focus Groups: Advancing the State of the Art*. London: Sage, pp.225–44.

Morgan, D. L. (1998) *The Focus Group Guidebook* (*Focus Group Kit*, Book 1). Thousand Oaks, CA: Sage.

Morgan, D. L. (2010) 'Reconsidering the role of interaction in analyzing and reporting focus groups', *Qualitative Health Research*, 20(5): 718–22.

Morgan, D. L. and Bottorff, J. L. (2010) 'Advancing our craft: focus group methods and practice', *Qualitative Health Research*, 20(5): 579–81.

Morgan, D. L. and Hoffmann, K. (2018) 'Generating focus group data', In U. Flick (ed.), *The SAGE Handbook of Qualitative Data Collection*. London: Sage.

Morgan, D. L. and Krueger, R. A. (1993) 'When to use focus groups and why', In D. L. Morgan (ed.), *Successful Focus Groups: Advancing the State of the Art*. London: Sage, pp.1–19.

Morgan, M., Gibbs, S., Maxwell, K. and Britten, N. (2002) 'Hearing children's voices: methodological issues in conducting focus groups with children aged 7–11 years', *Qualitative Research*, 2(1): 5–20.

Munday, J. (2006) 'Identity in focus: the use of focus groups to study the construction of collective identity', *Sociology*, 40(1): 89–105.

Murdoch, J., Poland, F. and Salter, C. (2010) 'Analyzing interactional contexts in a data-sharing focus group', *Qualitative Health Research*, 29(5): 582–94.

Murphy, B., Cockburn, J. and Murphy, M. (1992) 'Focus groups in health research', *Health Promotion Journal of Australia*, 2: 37–40.

Myers, G. and Macnaghten, P. (1999) 'Can focus groups be analyzed as talk?', In R. S. Barbour and J. Kitzinger (eds.), *Developing Focus Group Research: Politics, Theory and Practice*. London: Sage, pp.173–85.

Neale, J., Finch, E., Marsden, L., Mitcheson, L., Rose, D., Strang, J., Tompkins, C., Wheler, C. and Wykes, T. (2014) 'How should we measure addiction recovery? Analysis of service providers' perspectives using online Delphi groups', *Drugs: Education, Prevention and Policy*, 21(4): 310–23.

NHS Quality Improvement Scotland (2008) *Attention Deficit and Hyperkinetic Disorders: Services over Scotland – Report of the ADHD Project User and Parent/Carer Subgroup*. NHS Quality Improvement Scotland www.healthcareimprovementscotland.org/ idoc.ashx?docid=1d73def4-691a-4214-ba34-2f53c3372a61&version=-1

Nicholas, D. B., Lach, L., King, G., Scott, M., Boyell, K., Sawatzky, B. J., Reisman, J., Schipel, E. and Young, N. L. (2010) 'Contrasting internet and face-to-face focus groups for children with chronic health conditions: outcomes and participant experiences', *International Journal of Qualitative Methods*, 9(1): 105–21.

Nilvarangkul, K., Srithongchai, N., Saensom, D., Smith, J. F., Supornpan, A. and Tumnong, C. (2013) 'Action research to strengthen women weavers' self-care in North-East Thailand', *Public Health Nursing*, 30(3): 213–20.

O'Brien, K. (1993) 'Using focus groups to develop health surveys: an example from research on social relationships and AIDS-preventive behaviour', *Health Education Quarterly*, 20(3): 361–72.

O'hEocha, C., Conboy, K. and Wang, X. (2010) 'Using focus groups in studies of ISD team behaviour', *Electronic Journal of Business Research Methods*, 8(2): 119–31.

O'Neill, S. and Nicholson-Cole, S. (2009) '"Fear won't do it": promoting positive engagement with climate change through visual and iconic representations', *Science Communication*, 30(3): 355–79.

Ong, B. N. (2003) 'Involving users in low back pain research', *Health Expectations*, 6(4): 332–41.

Orr, L. C., Barbour, R. S. and Elliott, L. (2013) 'Carer involvement with drug services: a qualitative study', *Health Expectations*, 16(3): e60–e72.

Owen, S. (2001) 'The practical, methodological and ethical dilemmas of conducting focus groups with vulnerable clients', *Journal of Advanced Nursing*, 36(5): 652–8.

Padilla, R. V. (1993) 'Using dialogical research methods in group interviews', In D. L. Morgan (ed.), *Successful Focus Groups: Advancing the State of the Art*. London: Sage, pp.153–66.

Pearce, J. M., Rubin, J., Selke, P., Amlôt, R., Mowbray, F. and Rogers, M. B. (2013) 'Communicating with the public following radiological terrorism: results from focus groups and national surveys in Britain and Germany', *Prehospital and Disaster Medicine*, 28(2): 1–10.

Poland, B. and Pedersen, A. (1998) 'Reading between the lines: interpreting silences in qualitative research', *Qualitative Inquiry*, 4(2): 293–312.

Potter, J. and Wetherell, M. (1987) *Discourse and Social Psychology: Beyond Attitudes and Behaviour*. London: Sage.

Powell, K. H. (2014) 'In the shadow of the ivory tower: an ethnographic study of neighborhood relations', *Qualitative Social Work*, 13(1): 108–26.

Powney, J. (1988) 'Structured eavesdropping', *Research Intelligence (Journal of the British Educational Research Foundation)*, 28: 10–12.

Prades, A., Horlick-Jones, T., Barnett, J., Constantin, M., Enander, A., Espluga, J., Konrad, W., Pourmadère, M. and Rosenhead, J. (2013) 'Shining a light on sustainability: making visible, and promoting policy reflecting upon, knowledge about citizens' everyday environment-related behaviours', In A. Martinuzzi and M. Sediacko (eds.), *Knowledge Brokerage for a Sustainable Europe: Innovative Tools for Enhancing the Connectivity of Research and Policy Making on Sustainable Development Issues*. Berlin: Springer.

Prior, L. (2008) 'Repositioning documents in social research', *Sociology*, 42(5): 821–36.

Puchta, C. and Potter, J. (1999) 'Asking elaborate questions: focus groups and the management of spontaneity', *Journal of Sociolinguistics*, 3(3): 314–35.

Puchta, C. and Potter, J. (2002) 'Manufacturing individual opinions: market research focus groups and the discursive psychology of evaluation', *British Journal of Social Psychology*, 41(3): 345–63.

Puchta, C. and Potter, J. (2004) *Focus Group Practice*. London: Sage.

Rail, G., Holmes, D. and Murray, S. J. (2010) 'The politics of evidence on "domestic terrorists": obesity discourses and their effects', *Social Theory and Health*, 8: 259–79.

Rapley, T. (2018) *Doing Conversation, Discourse and Document Analysis* (Book 7 of *The SAGE Qualitative Research Kit*, 2nd ed.). London: Sage. ［初版の訳として、ラプリー，T.／大橋靖史・中坪太久郎・綾城初穂（訳）『SAGE 質的研究キット7 会話分析・ディスコース分析・ドキュメント分析』新曜社. がある。］

Regan, S. (2003) 'The use of teleconferencing focus groups with families involved in organ donation: dealing with sensitive issues', In J. Lindsay and D. Turcotte (eds.), *Crossing Boundaries and Developing Alliances Through Groupwork*. New York: Haworth Press, pp.115–31.

Richardson, L. (1994) 'Writing: a method of inquiry', In N. K. Denzin, and Y. S. Lincoln (eds.), *Handbook of Qualitative Research*. Thousand Oaks, CA: Sage, pp.500–15. ［デンジン，N. K.・リンカン，Y. S.／平山満義（監訳）(2006)『質的研究ハンドブック（全三巻）』北大路書房.］

Ritchie, J. and Spencer, L. (1994) 'Qualitative data analysis for applied policy research', In A. Bryman and R. G. Burgess (eds.), *Analyzing Qualitative Data*. London: Routledge, pp.173–94.

Robson, K. and Robson, M. (1999) '"Your place or mine?": ethics, the researcher and the internet', In T. Wellance and L. Pugsley (eds.), *Ethical Dilemmas in Qualitative Research*. Aldershot: Ashgate, pp.94–107.

Ruppenthal, L., Luck, J. and Gagnon, A. J. (2005) 'Enhancing research with migrant women through focus groups', *Western Journal of Nursing Research*, 27(6): 735–54.

Ryan, J., Al Sheedi, Y. M., White, G. and Watkins, D. (2015) 'Respecting the culture: undertaking focus groups in Oman', *Qualitative Research*, 15(3): 373–88.

Seale, C. (1999) *The Quality of Qualitative Research*. London: Sage.

Seale, C. and Charteris-Black, J. (2010) 'Keyword analysis: a new tool for qualitative research', In I. Bourgeault, R. Dingwall and R. de Vries (eds.), *The SAGE Handbook of Qualitative Methods in Health Research*. London: Sage, pp.536–55.

Seymour, J., Bellamy, G., Gott, M., Ahmedzai, S. H. and Clark, D. (2002) 'Using focus groups to explore older people's attitudes to end of life care', *Ageing and Society*, 22(4): 517–26.

Silverman, D. (1993) *Interpreting Qualitative Data: Methods of Analyzing Talk, Text and Interaction*. London: Sage.

Sim, J. (1998) 'Collecting and analyzing qualitative data: issues raised by the focus group', *Journal of Advanced Nursing*, 28(2): 345–52.

Skop, E. (2006) 'The methodological potential of focus groups in population geography', *Population, Space and Place*, 12: 113–24.

Smith, M. (1995) 'Ethics in focus groups: a few concerns', *Qualitative Health Research*, 5(4): 478-86.

Smithson, J. (2000) 'Using and analyzing focus groups: limitations and possibilities', *International Journal of Social Research Methodology*, 3(2): 103–19.

Song, Y., Liu, D., Chen, Y. and He, G. (2014) 'Using focus groups to design a psychoeducation program for patients with schizophrenia and their family members', *International Journal of Clinical and Experimental Medicine*, 7(1): 177–85.

Sparks, R., Girling, E. and Smith, M. V. (2002) 'Lessons from history: pasts, presents and future of punishment in children's talk', *Children and Society*, 16: 116–30.

Stahl, B. C., Tremblay, M. C. and LeRouge, C. M. (2011) 'Focus groups and critical social IS research: how the choice of method can promote emancipation of respondents and researchers', *European Journal of Information Systems*, 20: 378–94.

Stalmeijer, R. E., Mcnaughton, N. and van Mook, W. N. K. A. (2014) 'Using focus groups in medical education research', *Medical Teacher*, 36(11): 923–39.

Stanley, N., Penhale, B., Riordan, D., Barbour, R. S. and Holden, S. (2003) *Child Protection and Mental Health Services*. Bristol: Policy Press.

Stellefson, M., Chaney, B. H. and Chaney, J. D. (2010) 'Using exploratory focus groups to inform the development of targeted COPD self-management education DVDs for rural patients', *International Journal of Telemedicine and Applications*, DOI:10.1155/2010/450418.

Stewart, K. and Williams, M. (2005) 'Researching online populations: the use of online focus groups for social research', *Qualitative Research*, 5(4): 395–416.

Strandberg, E. L., Brorsson, A., Hagsta, C., Troein, M. and Hedin, K. (2013) '"I'm Dr Jekyll *and* Mr Hyde": are GPs' antibiotic prescribing patterns contextually dependent? A qualitative focus group study', *Scandinavian Journal of Primary Health Care*, 31(3): 158–65.

Strickland, C. J. (1999) 'Conducting focus groups cross-culturally: experiences with Pacific Northwest Indian people', *Public Health Nursing*, 16(3): 190–7.

Suchar, C. S. (1997) 'Grounding visual sociology research in shooting scripts', *Qualitative Sociology*, 20(1): 33–55.

Tang, C. S. K., Wong, D., Cheung, F. M. C. and Lee, A. (2000) 'Exploring how Chinese define violence against women: a focus group study in Hong Kong', *Women's Studies International Forum*, 23(2): 197–209.

Tansey, J. D. and Burgess, M. (2008) 'The meaning of genomics: a focus group study of "interested" and lay classifications of salmon genomics', *Public Understanding of Science*, 17: 473–84.

Tates, K., Zwaanswijk, M., Otten, R., van Dulmen, S., Hoogerbrugge, P. M., Kamps, W. A. and Bensing, J. M. (2009) 'Online focus groups as a tool to collect data in hard-to-include populations: examples from paediatric oncology', *BMC Medical Research Methodology*, 9: 15.

ten Have, P. (1999) *Doing Conversation Analysis*. London: Sage.

Thompson, T., Barbour, R. S. and Schwartz, L. (2003a) 'Advance directives in critical care decision making: a vignette study', *British Medical Journal*, 327: 1011–15.

Thompson, T., Barbour, R. S. and Schwartz, L. (2003b) 'Health professionals' views on advance directives – a qualitative interdisciplinary study, *Palliative Medicine*, 17: 403–9.

Tinkler, J. (2014) Social media for impact: our experience at the LSE. London: Public Policy Group, London School of Economics. www.gla.ac.uk/media/media_397149_en.pdf

Toerien, M. (2014) 'Conversations and conversation analysis', In U. Flick (ed.), *The SAGE Handbook of Qualitative Data Analysis*. London: Sage, pp.327–40.

Touraine, A. (1981) *The Voice and the Eye: An Analysis of Social Movements*. Cambridge: Cambridge University Press.

Twinn, S. (1998) 'An analysis of the effectiveness of focus groups as a method of qualitative data collection with Chinese populations in nursing research', *Journal of Advanced Nursing*, 28(3): 654–61.

Umaña-Taylor, A. J. and Bámaca, M. Y. (2004) 'Conducting focus groups with Latino populations: lessons from the field', *Family Relations*, 53(3): 261–72.

Underhill, C. and Olmsted, M. G. (2003) 'Reducing selection bias in the use of focus groups to investigate hidden populations: the case of Mexican-American gang members from South Texas', *Drugs and Society*, 14(1/2): 209–24.

Upham, P. and Roberts, T. (2011) 'Public perceptions of CCS: emergent themes in pan-European focus groups and implications for communications', *International Journal of Greenhouse Gas Control*, 5: 1359–67.

Ureda, J. R., Byrd, T. L., Calderón-Mora, J. A., Casillas, M. E., Williams, D. G. and Scott, D. B. (2011) 'The use of illustrated story mapping to enhance focus group discussion', *Health Promotion Practice*, 12(1): 74–8.

Walton, P. (2009) 'Focus groups and familiar social work skills: their contribution to practitioner research', In O. Manor (ed.), *Groupwork Research*. London: Whiting & Birch, pp.71–85.

Wamboldt, F. S., Bender, B. G. and Rankin, A. E. (2011) 'Adolescent decision-making about use of inhaled asthma controller medication: results from focus groups with participants from a prior longitudinal study', *Journal of Asthma*, 48(7): 741–50.

Waters, N. F., Hall, W. A., Brown, H., Espezel, H. and Palmer, L. (2012) 'Perceptions of Canadian labour and delivery nurses about incident reporting: a qualitative descriptive focus group study', *International Journal of Nursing Studies*, 49: 811–21.

Waterton, C. and Wynne, B. (1999) 'Can focus groups access community views?', In R. S. Barbour and J. Kitzinger (eds.), *Developing Focus Group Research: Politics, Theory and Practice*. London: Sage, pp.127–43.

Wawrose, S. (2013) 'What do legal employers want to see in new graduates? Using focus groups to find out', *Ohio Northern University Law Review*, 39: 505.

Webb, C. and Doman, M. (2008) 'Conducting focus groups: experiences from nursing research', *Junctures: The Journal for Thematic Dialogue*, 10. www.junctures.org/ junctures/index.php/junctures/ article/view/49/394.

Whitaker, M. P. and Savage, T. E. (2015) 'Concept reintegration for youth focus group engagement and empowerment', *Qualitative Social Work*, 14(3): 370–82.

Whitley, R. and Campbell, R. D. (2014) 'Stigma, agency and recovery amongst people with severe mental illness', *Social Science and Medicine*, 107: 1–8.

Wilkinson, S. (1998) 'Focus group methodology: a review', *International Journal of Social Research Methodology*, 1(3): 181-203.

Wilkinson, S. (1999) 'How useful are focus groups in feminist research?', In R. S. Barbour and J. Kitzinger (eds.), *Developing Focus Group Research: Politics, Theory and Practice*. London: Sage, pp.64–78.

Wilkinson, S. (2003) 'Focus groups', In J. A. Smith (ed.), *Qualitative Psychology: A Practical Guide to Research Methods*. Thousand Oaks, CA: Sage, pp.184–204.

Willig, C. (2003) 'Discourse analysis', In J. A. Smith (ed.), *Qualitative Psychology: A Practical Guide to Research Methods*. London: Sage, pp.159–83.

Willig, C. (2014) 'Discourses and discourse analysis', In U. Flick (ed.), *The SAGE Handbook of Qualitative Data Analysis*. London: Sage, pp.341–53.

Wilmot, S. and Ratcliffe, J. (2002) 'Principles of distributive justice used by members of the general public in the allocation of donor liver grafts for transplantation: a qualitative study', *Health Expectations*, 5: 199–209.

Wilson, V. (1997) 'Focus groups: a useful qualitative method for educational research?', *British Educational Research Journal*, 23(2): 209–24.

Wodak, R. (2004) 'Critical discourse analysis', In C. Seale, G. Gobo, J. F. Gubrium and D. Silverman (eds.), *Qualitative Research Practice*. London: Sage, pp.197–213.

Wojcieszak, M. E. and Mutz, D. C. (2009) 'Online groups and political discourse: do online discussion spaces facilitate exposure to political disagreement?', *Journal of Communication*, 59: 40–56.

Wood, J. D. and Beierschmitt, L. (2014) 'Beyond police crisis intervention: moving "upstream" to manage cases and places of behavioral health vulnerability', *International Journal of Law and Psychiatry*, 37(5): 439–47.

Wood, R. T. A. and Griffiths, M. D. (2007) 'Online data collection from gamblers: methodological issues', *International Journal of Mental Health and Addiction*, 5: 151–63.

Wu, L. C., Lie, D., Malhotra, R., Allen, J. C. Jr, Tay, J. L., Tan, T. C. and Østbye, T. (2013) 'What factors influence midwives' decision to perform or avoid episiotomies? A focus group study', *Midwifery*, 29(8): 943–9.

Wutich, A., Lant, T., White, D. D., Larson, K. L. and Gartin, M. (2010) 'Comparing focus group and individual responses on sensitive topics: a study of water decision makers in a desert city', *Field Methods*, 21(1): 88–110.

Ybarra, M. L., DuBois, Z., Parsons, J. T., Prescott, T. L. and Mustanski, B. (2014) 'Online focus groups as an HIV prevention program for gay, bisexual, and queer adolescent males', *AIDS Education and Prevention*, 26(6): 554–64.

Zeldenryk, L., Gray, M., Gordon, S., Speare, R. and Hossain, M. (2013) 'The use of focus groups to develop a culturally relevant quality of life tool for lymphatic filariasis in Bangladesh', *Quality of Life Research*, 23(1): 299–309.

Zhao, S., Grasmuck, S. and Martin, J. (2008) 'Identity construction on Facebook: digital empowerment in anchored relationships', *Computers in Human Behavior*, 24(5): 1816-36.

人名索引

Alinejad, D.　64, 81
Alkhawari, F. S　21
Allen, M. D.　61
Anders, A. D.　158
Asbury, J.　13
Ashikali, E-M.　134
Atkinson, A. M.　152, 184

Bámaca, M. Y.　82, 86, 105, 142, 144
Barbour, R. S.　2, 3, 15, 19, 24, 27, 35, 54-56, 67, 71, 74, 84, 86, 87, 91, 96, 103, 122, 140, 156, 158, 163, 164, 184, 187, 191, 192, 198, 200, 203
Barrett, J.　86, 137
Becker, H.　158
Beierschmitt, L.　8, 154, 157, 194
Belzile, J. A.　176, 177
Berge, J. M.　90
Berger, P.　40, 41
Bloor, M.　24, 32, 55, 62-65, 84, 86, 89, 115, 157, 160
Blumer, H.　39
Boger, E. J.　54, 82, 84, 160
Bottorff, J. L.　9, 15, 25
Bourdieu, P.　42, 184
Bristowe, K.　69
Bronstein, L. R.　59
Brooks, O.　32, 57
Brown, S.　89
Brüggen, E.　55
Bryan, C. J.　25
Burgess, M.　44
Burman, M. J.　72, 132

Callaghan, G.　41, 42, 45, 183
Campbell, R. D.　20, 59, 62, 66, 133, 138
Carlsen, B.　85, 87, 88
Churchill, R.　105, 186
Coldren, J. R.　117, 121, 192
Cooper, C. M.　111
Cullen-Unsworth, L. C.　44
Curtis, J. R.　197

Dakin, E. K.　111
Das, R.　21
Davis, K. C.　22
Davison, C.　163
de Jong, I. G. M.　19, 63
de Oliveira, D. L.　7, 21, 60, 115, 162
de Vries, J.　21
Demant, J.　7, 8, 28, 29, 53, 60, 89, 108, 122, 169, 170, 188, 192, 197
den Oudsten, B. L.　26, 54

Espinoza, A. E.　7, 45, 66, 95, 113
Esposito, N.　142, 143
Evans, M.　94

Fardy, H. J.　12
Farquhar, C.　21
Felt, U.　7, 106, 107
Fox, F. E.　19, 63, 118, 130
Frankland, J.　157, 160
Frazier, L. M.　61
Freire, P.　11

Gergen, K. J.　41, 42
Ghio, L.　20, 133
Glaser, B.　87, 95, 153, 198
Glenton, C.　85, 87, 88
Gómez, A.　31
Gratton, M-F.　61
Green, J. M.　88, 132, 161
Griffiths, C. E.　93
Griffiths, M. D.　81

Halkier, B.　187
Hannay, J.　111
Haraway, D. J.　156, 196
Heikklä, R.　162
Hillier, L.　65, 81, 134
Howell, J. L.　9, 133
Hunt, D.　105, 186
Hussey, S.　96, 122, 124, 198

Iliffe, S.   54
Iversen, M. D.   24

Järvinen, M.   8, 29, 122, 188
Jeffs, D.   12
Jimbo, M.   12
Johnson, A.   31
Jones, J. B.   20, 129
Julien, C.   112, 136

Kaehne, A.   20, 133
Keane, V.   30
Kelle, U.   65, 153
Khadka, J.   12, 19
Kirchberger, I.   53, 54
Kirk, S.   86, 137
Kitzinger, J.   2, 3, 15, 19, 27, 54, 68, 71, 74, 86, 91, 96, 176, 198, 199
Klaeson, K.   22
Knight, D.   19, 143
Krol, M.   65, 81, 136
Krueger, R. A.   19, 23, 33, 119, 131, 138
Kurtz, S. P.   19

Lane, F. J.   10
Lee-Lin, F.   9, 133
Lester, J. N.   158
Lindgren, C.   7, 45, 154, 159
Littlechild, R.   11, 12, 133
Luckmann, T.   40, 41
Luther, J. B.   25

Macnaghten, P.   28, 44, 47, 74, 94, 185, 191
Makosky-Daley, C.   11, 12, 144, 158
Mason, S. E.   36, 59
Matoesian, G. M.   117, 121, 192
Mauthner, M.   134, 135
Manthner, N. S.   160
Maxwell, J. A.   37, 38
McEwan, M. J.   151, 165
Michell, L.   68
Mills, C. W.   94
Mishna, F.   20, 134, 136
Moran, P.   26, 139

Moretti, F.   151
Morgan, D. L.   151
Munday, J.   31, 45, 155, 183
Murdoch, J.   182
Murphy, B.   84, 103, 104
Mutz, D. C.   82
Myers, G.   28, 44, 47, 74, 94, 185, 191

Neil-Urban, S.   20, 129
Nelson, K. Z.   7, 45, 154, 159
Nicholas, D. B.   20, 63, 65, 66
Nicholson-Cole, S.   55
Nilvarangkul, K.   11, 67

Öberg, G.   176, 177
O'Connell, C.   20, 133
O'Donnell, S.   63
O'Neill, S.   55
Ong, B. N.   22
Orr, L. C.   93
Owen, S.   86, 132, 138, 139

Padilla, R. V.   11
Pedersen, A.   168
Piper, I.   7, 45, 66, 95, 113
Poland, B.   74, 120, 168
Potter, J.   14, 23, 39, 75, 114, 119, 190
Powell, K. H.   45, 67, 93
Prades, A.   13
Puchta, C.   14, 23, 39, 75, 114, 119

Rail, G.   156
Ratcliffe, J.   29, 56, 81
Ravn, S.   7, 28, 53, 89, 108, 169, 170, 192, 197
Regan, S.   20, 61
Richardson, L.   69
Ritchie, J.   153, 162, 164
Roberts, T.   44, 105, 140
Ryan, C. J.   141

Savage, T. E.   109
Seale, C.   3, 40, 186, 191
Seymour, J.   20, 86, 131, 133, 137
Sparks, R.   135

Spencer, L.   153, 162, 164
Stahl, B. C.   32
Stanley, N.   55, 138
Stellefson, M.   25
Stewart, K.   62-64
Strandberg, E. L.   84
Strauss, A.   87, 95, 153, 198
Strickland, C. J.   141
Suchar, C. S.   112

Tang, C. S. K.   143
Tansey, J. D.   44
Tates, K.   63
Thompson, T.   58, 106, 130
Tinkler, J.   132
Toerien, M.   185
Touraine, A.   31

Umaña-Taylor, A. J.   82, 86, 105, 142, 144
Upham, P.   44, 105, 140
Ureda, J. R.   110

Wamboldt, F. S.   24
Waters, N. F.   10, 197
Weatherill, P.   110, 111
Whitaker, M. P.   109
Whitley, R.   20, 59, 66, 133, 138
Wilkinson, S.   11, 32, 44, 190
Willems, P.   55, 65
William, M.   62-64
Wilmot, S.   29, 56, 81
Wilson, V.   31, 44
Wojcieszak, M. E.   82
Wood, J. D.   8, 12, 154, 157, 194
Wood, R. T. A.   81
Wu, L. C.   10
Wutich, A.   13

Yarbrough, S. P.   111
Ybarra, M. L.   19, 63, 130, 133

Zeldenryk, L.   54

事項索引

■アルファベット────
ADHD　26, 109, 139
e- デルファイ　55
NVivo　152, 157
PROM　54
Q メソドロジー　55
QOL　26, 54, 151

■あ行────
アクションリサーチ　8, 12, 13, 26, 31, 52,
　59, 67, 111, 128, 144, 194
アクター　69
アドバンス・ディレクティブ　58
アプリオリ・コード　150, 153, 171, 207
意思決定プロセス　24
1対1インタビュー　4, 21, 22, 38, 43, 45, 52,
　57-59, 68, 76, 104, 120, 124, 128-130, 133-
　135, 138, 190
異文化間研究　5, 141
移民　9, 19, 91, 92
インターネット　12, 55, 61-64, 81, 113,
　129, 132, 134, 191, 200
　──ミーム　112
インビボ・コード　150, 153-155, 171
ヴィネット　105, 106, 122, 182, 207
ウェブボード　64
エクササイズ　46, 55, 102, 104, 107
エスノグラフィー　38, 43, 45, 66, 67, 93,
　111
　──的転回　43, 44
エンパワメント　11, 20, 25, 34, 59
幼い子ども　134
オンライン・フォーカスグループ　19, 62,
　63, 65, 76, 102, 118, 130, 136, 144, 200

■か行────
解釈主義　36, 43
回答者による妥当性確認　114, 207
会話分析　39, 40, 42, 44, 46, 75, 141, 176,
　185-188, 192, 203, 207
学習障害者　20
学術誌　190, 191, 202, 204

カテゴリー付与　187
カード・エクササイズ　107
観察的フィールドワーク　38, 43, 45, 59,
　113, 208
肝臓移植の臓器提供　29, 56
記憶の場　95
共同司会者　6, 11, 124, 125, 178
共同分析者　6, 178
クィア　63, 130, 134
グラウンデッドセオリー　87, 95, 112, 150,
　153, 203, 207
グループダイナミックス　3, 4, 6, 27, 172,
　176, 199, 203
ゲイ　19, 63, 130, 133, 134
継続的比較　161, 162, 199, 212
　──法　171, 207
ケーススタディ　208
　──・アプローチ　67
ゲートキーパー　83, 88, 97, 123, 128
言語論的転回　44
現象学　39, 143
言説的転回　44
行為主体性　40, 41
構成主義　36, 37, 43, 151
構築主義　47, 185, 208
声　11, 20, 32, 53, 58, 69, 94, 97, 98, 110,
　115, 117, 133, 134, 139, 162, 163, 172, 195,
　204
個人中心主義　176
コーディング・カテゴリー　7, 87, 124,
　150, 154, 157, 158, 163, 170-172, 208
コーディング・フレーム　5, 149-152, 155-
　161, 170, 171, 199, 208, 210
コミュニティ開発　6, 11-17, 18, 45, 54, 208
混合研究法　1, 4, 45, 52-56, 65-67, 76, 91,
　93, 176, 204, 208
コンプライアンス違反　24

■さ行────
再帰性　71, 208
サウンドバイト　154
参加型アクションリサーチ　12, 144, 194

参加型アプローチ　6, 158
サンプリング・フレーム　80, 81, 172, 198, 209
サンプリング方略　13, 41, 79, 86, 162, 165, 177
ジェファーソン式トランスクリプション　75, 122, 185, 187
ジェンダー　134
司会者（モデレータ）　2, 4-6, 27, 47, 53, 62-65, 70-74, 76, 97, 101-104, 112, 114, 115, 117-121, 124, 125, 131, 137, 138, 142-145, 150, 161, 162, 165-168, 172, 180, 200, 203, 209
視覚材料　5, 110, 112
シカゴ学派　39, 209
子宮頸ガン　143
刺激材料　2, 5, 27, 29, 41, 62, 71, 103-105, 112, 115, 122, 125, 139, 177, 182, 207, 209
自殺未遂者　20, 133
事前支払い証明書　131
実在論（リアリズム）　36, 37, 43, 47, 79, 108, 151, 168, 190, 208
実証主義　36
質的サンプリング　5, 80, 83, 84
自閉症スペクトラム　26, 139
社会学的介入　31
社会学的想像力　94
社会構築主義（ソーシャル・コンストラクショニズム）　27, 40, 41, 48, 79, 183, 187, 208, 209
社会中心主義　176
社会的に脆弱な立場におかれている人びと（グループ）　5, 18, 20, 22, 33, 127, 129, 133, 145, 194, 196, 204
集合的アイデンティティ　120, 183
終末期医療　106
終末期ケア　20, 131, 133, 137, 197
終末期の高齢者　86
熟知の沈黙　168
守秘義務　90, 134
少数民族　11, 12, 19, 90, 92, 133, 143, 145, 179
象徴的境界作業（シンボリック・バウンダリーワーク）　60
神経性食欲不振症　105
人種差別　91, 105, 111, 118, 120, 121, 129, 165-168, 178, 180
人種的マイノリティ　91

シンボリック相互作用論　39, 40, 209
数的安全性　19, 20
スティグマ　19, 84, 130
スノーボール・サンプリング　89, 108
性行動に関する研究　22
性的指向　134
性的リスク　7, 21, 60, 115
セクシュアリティ　22, 62, 133
先行試行（パイロッティング）　32, 209
専門家パネル　54, 209, 210
臓器提供　20, 29, 56, 61, 81
疎遠の沈黙　168
ソーシャルマーケティング　18, 25
ソーシャルメディア　53, 102, 105, 112, 113, 132, 136, 137, 155
存在論（オントロジー）　2, 27, 35-37, 67, 210

■た行

態度　2, 9, 13, 14, 18, 23, 27, 29, 33, 36, 84, 209
対話的研究　11
対話的転回　31
対話的同行　66, 113
注意欠陥多動性障害（ADHD）　109
ディスコース　41, 42, 68, 82, 95, 108, 109, 122, 162, 169, 182, 185, 186, 192-194, 197
　　──心理学　185
　　──分析　42, 44, 66, 108, 114, 176, 185, 186, 187, 192, 203, 210-212
データセット　68, 69, 76, 98, 145, 160, 187, 197, 201, 210
データの不在　169
デブリーフィング　5, 129, 131, 145, 210
デリケートなトピック（問題、話題、質問）　18, 20-22, 33, 60, 61, 89, 103, 104, 129, 132, 133, 137
デルファイ・グループ　55, 210
デルファイ研究　55
デルファイ法　54
転用可能性　6, 114, 196, 197, 201
電話会議　61, 76
電話フォーカスグループ　62
ドキュメント分析　45, 52, 64
「届きにくい」人びと　18-20, 33, 81, 133, 204

トピックガイド　2, 5, 27, 32, 47, 71, 101-104, 115, 125, 143, 150, 171, 207, 209, 210, 212
トライアンギュレーション　51, 52, 67-69, 76, 210
トランスクリプション　4, 62, 70, 73-76, 122, 207
トランスクリプト　42, 74, 86, 115, 124, 131, 145, 152, 157, 162, 163, 166, 171, 185-187, 191, 208, 210

■な行

内部者　72, 82
二酸化炭素回収・貯留（CCS）　44, 105, 140
2段階サンプリング　5, 95, 98, 211
二分脊椎　20, 63, 65
乳ガン　9, 12, 21, 22, 25, 143
認識論　2, 27, 31, 36, 37, 58, 67, 199, 211
脳性麻痺　20, 63, 65
脳卒中支援グループ　82, 83
脳卒中の自己管理　54, 84, 160
嚢胞性線維症　20, 63, 65
ノミナル・グループ　28, 108
　――技法　28, 211
ノンアドヒアランス　24

■は行

バイセクシュアル　19, 63, 130, 133, 134
ハイブリッド・アプローチ　15, 184, 186-188, 201
パーキンソン病患者　26, 54
バーチャル・フォーカスグループ　61, 62, 65, 211
パネリスト　55
ハビトゥス　42, 45, 183, 184
パフォーマンスの場　29
パラダイム論争　36
半構造化トピックガイド　29, 104
ピアグループ　30, 57, 136, 188
ビデオ会議　61, 76
批判的実在論　37, 38
批判的ディスコース分析　42, 186, 211, 212
病的肥満　128
ファシリテータ　11, 85, 115, 116, 144, 200

フェミニスト研究　11, 32
フォーカスグループ・インタビュー　1, 27, 190, 211
フォーカスグループ・セッション　59, 104, 129, 131, 137-139, 141, 198, 211
フォーカスグループ・ディスカッション　1, 2, 21, 22, 27-30, 38, 40, 54, 63, 86, 92, 98, 102, 111, 113, 115-117, 124, 128-130, 140, 150, 151, 163, 168, 172, 194, 198, 209-211
フォトボイス　53, 67, 93, 102, 111
部外者　72
フーコー派　32
　――ディスコース分析　42, 186, 211, 212
物質文化　112
ブレインストーミング　32, 151
フレームワーク分析　162, 164, 212
プロンプト　103, 125, 212
分析的帰納　160
ヘルスサービス調査（研究）　25, 28, 54, 212
ヘルスプロモーション　3, 18, 23, 25, 27, 30, 209
保健サービス研究　9, 12
ポジショニング理論　187

■ま行

マーケティング（アプローチ）　8-10, 13, 18, 23, 25, 46, 89
マーケティングリサーチ　10, 13, 23, 25, 46, 86, 88, 89, 104, 114, 161, 203
慢性閉塞性肺疾患（COPD）　25, 197
民族的マイノリティ　181, 182
明確化　14, 30, 74, 111, 116-119, 158
メンタルヘルス　26, 66, 138, 139, 145, 154, 194
　――回復コミュニティ　138
目的的サンプリング　55, 82, 84, 88, 212
問題化　125, 179

■や行

薬物使用　19, 29, 60, 61, 93, 169, 192
薬物治療　93, 131
葉酸サプリメント　86, 163, 164
葉酸摂取　24, 87
予防接種　30, 94

予防のパラドックス　163

■ら行 ─────────────
ランクづけエクササイズ　53, 108
リビングウィル　20, 58, 106
リフレーミング　154
理論的サンプリング　84, 212
臨床的意思決定　10

倫理的問題　5, 70, 127, 137, 145, 191
歴史社会心理学　42
路上生活する若者　19

■わ行 ─────────────
ワイルドカード・グループ　96, 198, 212
話者交代　141

著者紹介

ロザリン・バーバー（Rosaline Barbour）
イギリス・オープンユニバーシティ名誉教授。専門は質的研究法、医療社会学。医療メディアの社会学者として、母子保健やHIV／AIDS、肥満、ガン等、さまざまなトピックについて研究している。社会と臨床が交差する領域での研究が多く、学問的・理論的枠組みを発展させ、問い直し続けている。質的研究、特にフォーカスグループと厳密性の問題に関心がある。著書としては、*Introducing Qualitative Research*, 2nd ed.（SAGE, 2013）や、*A New Era in Focus Group Research: Challenges, Innovation and Practice*（共編者 David L. Morgan, Palgrave, 2017）等がある。

訳者紹介

大橋靖史（おおはし　やすし）【監訳・本書とその第2版について・1章・用語解説】
淑徳大学総合福祉学部教授。早稲田大学大学院文学研究科博士後期課程退学、博士（文学）。専門は質的研究法、ディスコース心理学。著訳書に、『行為としての時間』（2004, 新曜社）、『会話分析・ディスコース分析・ドキュメント分析』（2018, 新曜社, 共訳）、『ソーシャル・コンストラクショニズムと対人支援の心理学』（新曜社, 共編, 2021）等がある。

藤野秀美（ふじの　ひでみ）【2章・6章】
東邦大学看護学部准教授。桜美林大学大学院老年学専攻博士後期課程満期退学、博士（老年学）。専門は看護学。編著書に『健康・医療心理学』（2017, ナカニシヤ出版, 共編）等がある。

片山富美代（かたやま　ふみよ）【3章・7章】
桐蔭横浜大学現代教養学環教授。桜美林大学大学院国際学研究科博士後期課程修了、博士（学術）。専門は健康心理学、医療心理学。

菊池和美（きくち　かずみ）【4章・8章】
帝京平成大学健康メディカル学部作業療法学科教授。桜美林大学大学院博士後期課程修了、博士（老年学）。専門は高齢者のペット飼育、介護予防と健康増進、地域リハビリテーション学。

小林久子（こばやし　ひさこ）【5章・9章】
NPO法人言語障害者の社会参加を支援するパートナーの会和音理事。桜美林大学大学院博士後期課程修了、博士（老年学）。言語聴覚士、専門は言語聴覚障害学。

新曜社 SAGE 質的研究キット 4
質的研究のためのフォーカスグループ

初版第 1 刷発行　2024 年 6 月 5 日

著　者　ロザリン・バーバー

監訳者　大橋靖史

発行者　塩浦　暸

発行所　株式会社　新曜社
　　　　101-0051　東京都千代田区神田神保町 3-9
　　　　電話（03）3264-4973（代）・FAX（03）3239-2958
　　　　e-mail：info@shin-yo-sha.co.jp
　　　　ＵＲＬ：https://www.shin-yo-sha.co.jp/

組　版　Katzen House
印　刷　新日本印刷
製　本　積信堂

心理学における質的研究の論文作法 APA スタイルの基準を満たすには	H・M・レヴィット 著 能智正博ほか 訳	B5判192頁 本体3600円
エスノメソドロジー・会話分析ハンドブック	山崎敬一ほか 編	A5判492頁 本体4200円
アクションリサーチ入門 社会変化のための社会調査	D・J・グリーンウッド／M・レヴィン 著 小川晃弘 監訳	A5判264頁 本体3200円
オートエスノグラフィー 質的研究を再考し、表現するための実践ガイド	T・E・アダムス／S・H・ジョーンズ／ C・エリス 著 松澤和正・佐藤美保 訳	A5判228頁 本体2600円
ワードマップ 質的研究法マッピング 特徴をつかみ、活用するために	サトウタツヤ・春日秀朗・ 神崎真実 編	四六判292頁 本体2800円
質的研究をはじめるための30の基礎スキル おさえておきたい実践の手引き	J・W・クレスウェル／ J・クレスウェル・バイアス 著 廣瀬眞理子 訳	A5判432頁 本体4600円
質的心理学辞典	能智正博 編集代表	A5判432頁 本体4800円
質的心理学ハンドブック	やまだようこほか 編	A5判600頁 本体4800円

SAGE 質的研究キット 全8巻

1. 質的研究のデザイン	フリック , U. ／鈴木聡志 (訳) A5判196頁・本体2100円
2. 質的研究のための「インター・ビュー」	クヴァール , S. ／能智正博・徳田治子 (訳) A5判272頁・本体2700円
3. 質的研究のためのエスノグラフィーと観察	アングロシーノ , M. ／柴山真琴 (訳) A5判168頁・本体1800円
4. 質的研究のためのフォーカスグループ	バーバー , R. ／大橋靖史 (監訳) A5判256頁・本体2900円
5. 質的研究におけるビジュアルデータの使用	バンクス , M. ／石黒広昭 (監訳) A5判224頁・本体2400円
6. 質的データの分析	ギブズ , G. R. ／砂上史子・一柳智紀・一柳梢 (訳) A5判280頁・本体2900円
7. 会話分析・ディスコース分析・ドキュメント分析	ラプリー , T. ／大橋靖史・中坪太久郎・綾城初穂 (訳) A5判224頁・本体2400円
8. 質的研究の「質」管理	フリック , U. ／上淵寿 (訳) A5判224頁・本体2400円

*表示価格は消費税を含みません。